Anderson/Edney

Handling bei Nutz- und Heimtieren

Handling bei Nutz- und Heimtieren

Herausgegeben von

Ronald S. Anderson und **Andrew T. B. Edney**

Bearbeitet von 20 Fachwissenschaftlern

Mit 270 Abbildungen und 3 Tabellen

Gustav Fischer Verlag Jena · Stuttgart · 1994

Titel und Verlag der Originalausgabe

Practical Animal Handling
Pergamon Veterinary Handbook Series
© 1991 Pergamon Press plc
Editors: Ronald S. Anderson, Department of Animal Husbandry, University of Liverpool, United Kingdom / **Andrew T. B. Edney** (Series Editor), Empingham, Rutland, United Kingdom

Anschrift des Übersetzers

Prof. Dr. med. vet. habil. **Olof Dietz**
Platanenstraße 104
D-13156 Berlin

Die Deutsche Bibliothek — CIP-Einheitsaufnahme

Handling bei Nutz- und Heimtieren / hrsg. von Ronald S. Anderson und Andrew T. B. Edney. Bearb. von 20 Fachwiss. – Jena ; Stuttgart : G. Fischer, 1994
   Einheitssacht.: Practical animal handling <dt.>
   ISBN 3-334-60419-5
NE: Anderson, Ronald S. [Hrsg.]; EST

Deutsche Ausgabe

© Gustav Fischer Verlag Jena · Stuttgart 1994
Villengang 2, D-07745 Jena
Das Werk einschließlich aller seiner Teile ist urheberrechtlich geschützt. Jede Verwertung außerhalb der engen Grenzen des Urheberrechtsgesetzes ist ohne Zustimmung des Verlages unzulässig und strafbar. Das gilt insbesondere für Vervielfältigungen, Übersetzungen, Mikroverfilmungen und die Einspeicherung und Verarbeitung in elektronischen Systemen.

Zeichnungen: Maurizia Merati (Kapitel 8, 9, 10, 11, 14, 15), Mark Iley (Kapitel 5, 7), Samantha Elmhurst (Kapitel 12), Jean Wheeler (Kapitel 6), Ashley Waddle (Kapitel 16)

Lektor: Dr. Dr. Roland Itterheim
Gesamtherstellung: Druckhaus Köthen GmbH
Printed in Germany

ISBN 3-334-60419-5

Autorenverzeichnis

R. S. Anderson, BVMS, PhD, MRCVS: Department of Animal Husbandry, Faculty of Veterinary Science, University of Liverpool, Veterinary Field Station, Leahurst, Neston, South Wirral, Cheshire L64 7TE, United Kingdom

D. F. Broom, MA, PhD, FIBiol: Professor of Animal Welfare, School of Veterinary Medicine, University of Cambridge, Madingley Road, Cambridge CB3 0ES, United Kingdom

L. A. Brown, BVSc, PhD, FRCVS: Mill Leat, Gomeldon, Salisbury, Wiltshire, United Kingdom

J. E. Cooper, BVSc, DTVM, MRCPath, FIBiol, FRCVS: Royal College of Surgeons of England, 35–43 Lincoln's Inn Fields, London WC2A 3PN, United Kingdom

P. E. Curtis, BVSc, DipBact, MRCVS: Department of Veterinary Clinical Science, Faculty of Veterinary Science, University of Liverpool, Veterinary Field Station, Leahurst, Neston, South Wirral, Cheshire L64 7TE, United Kingdom

A. T. B. Edney, BA, BVetMed, MRCVS: 22 Crocket Lane, Empingham, Rutland, LE15 8PW, United Kingdom

P. A. Flecknell, MA, Vet MB, PhD, DLAS, MRCVS: Comparative Biology Centre, The Medical School, Framlington Place, Newcastle upon Tyne NE2 4HH, United Kingdom

T. J. Fletcher, BVMS, PhD, MRCVS: Reediehill Deer Farm, Auchtermuchty, Cupar, Fife KY14 7HS, United Kingdom

D. M. Ford, BSc, PhD: 12 Central Park, Well Head, Halifax, West Yorkshire HX1 2BT, United Kingdom

J. N. Fowler, BVetMed, MRCVS: The Donkey Sanctuary, Sidmouth, Devon EX10 0NU, United Kingdom
Present address: Wiscombe Grange, South Leigh, Colyton, Devon EX13 6JS, United Kingdom

P. G. Hawkyard: Hawkyard Mink Farms Ltd, Copperas Mount, Elland, West Yorkshire, United Kingdom

R. J. Holmes, BVM&S, PhD, MRCVS: Department of Veterinary Clinical Sciences, Massey University, Palmerston North 5301, New Zealand
Present address: Armadale Animal Medical Centre, 547 Dandenong Road, Armadale, Victoria 3143, Australia

A. B. Lawrence, BSc, Dip Rural Sci, PhD: Animal Sciences Division, Scottish Agricultural College Edinburgh, Bush Estate, Penicuik, Midlothian EH26 0QE, United Kingdom

M. P. C. Lawton, BVetMed, MRCVS: 12 Fitzilian Avenue, Harold Wood, Romford, Essex RM3 0QS, United Kingdom

A. R. Mews, BVM&S, MSc, MRCVS: RSPCA, Head Office, Causeway, Horsham, West Sussex RH12 1HG, United Kingdom

A. Mowlem, FIAT: The Goat Advisory Bureau, 9 Pitts Lane, Earley, Reading, Berkshire RG6 1BX, United Kingdom

A. Schwabe, BSc: Department of Clinical Veterinary Medicine, Madingley Road, Cambridge CB3 0ES, United Kingdom

W. T. Turner, BVetMed, MRCVS: Mandeville Veterinary Hospital, 15 Mandeville Road, Northolt, London UB5 5HD, United Kingdom

J. R. Walton, BVM&S, PhD, MRCVS: Department of Veterinary Clinical Science, Faculty of Veterinary Science, University of Liverpool, Veterinary Field Station, Leahurst, Neston, South Wirral, Cheshire L64 7TE, United Kingdom

J. M. Wills, BVetMed, PhD, MRCVS: Waltham Centre for Pet Nutrition, Freeby Lane, Waltham-on-the-Wolds, Leicestershire LE14 4RT, United Kingdom

Inhaltsverzeichnis

Geleitwort 8

Vorwort der Herausgeber 10

Vorwort des Übersetzers 13

1. **Biologische Grundlagen des Umgangs mit Tieren** (A. B. Lawrence) 15

2. **Rinder** (R. J. Holmes) 30

3. **Schafe** (R. J. Holmes) 56

4. **Ziegen** (A. R. Mews und A. Mowlem) 68

5. **Hochwild** (T. J. Fletcher) 74

6. **Schweine** (J. R. Walton) 85

7. **Wirtschaftsgeflügel** (P. E. Curtis) 94

8. **Pferde und Ponys** (A. Schwabe) 105

9. **Esel, Maultiere und Maulesel** (J. N. Fowler) 130

10. **Katzen** (J. M. Wills) 137

11. **Hunde** (W. T. Turner) 150

12. **Zier-, Zoo- und Wildvögel** (J. E. Cooper) 168

13. **Reptilien** (M. P. C. Lawton) 179

14. **Nutzfische** (L. A. Brown) 190

15. **Zierfische** (D. M. Ford) 194

16. **Kleinsäuger** (P. A. Flecknell) 201

17. **Nerze** (P. G. Hawkyard) 212

Sachregister 216

Geleitwort

Dieses Buch soll helfen, mit Tieren besser umgehen zu können, und es soll andere Personen beim Umgang mit Tieren beraten. Aus diesem Grunde ist das Buch in mancherlei Hinsicht von Wert:
Erstens verbessert die Anwendung der vermittelten Kenntnisse das Wohlbefinden der Tiere, mit denen man umgeht.
Zweitens werden Abwehrreaktionen der Tiere vermindert. Das ist auch für den Menschen von Nutzen, indem dadurch Produktionsverluste gesenkt werden können und die Unzufriedenheit der Tierbesitzer abnimmt.
Drittens gestaltet sich die Arbeit angenehmer, da der Umgang mit den Tieren einfacher wird und damit die erforderlichen Prozeduren erleichtert werden.
Soll der Umgang mit den Tieren effektiv sein – besonders wenn ein enger Mensch-Tier-Kontakt erforderlich ist –, muß man die Reaktionen der Tiere auf Schrecksituationen oder störende Einflüsse kennen. Um das Wohlbefinden der Tiere beurteilen zu können, müssen die Auswirkungen von Schmerzempfindungen oder Furchtzustände registriert werden, um mögliche Anpassungsschwierigkeiten in bestimmten Situationen auszugleichen. Tiere haben bei Kontakt mit dem Menschen oft Schwierigkeiten. So ist die Reaktion gegenüber dem Menschen mehr oder weniger die gleiche wie auf einen gefährlichen Feind. Alistair Lawrence hat in seinem einführenden Kapitel die biologischen Grundlagen der Reaktionen gegenüber einer potentiellen Gefahr ausführlich beschrieben. Dabei hebt er besonders die große Bedeutung vorausgegangener Erfahrungen bei den Reaktionen der Tiere gegenüber menschlichem Kontakt hervor. Wurde ein Tier während seiner Entwicklung gut behandelt und mit ihm sorgfältig umgegangen, wird das Handling mit dem älter gewordenen Tier problemloser sein. Das konnte an einer großen Anzahl von Versuchs- und Heimtieren sowie in den letzten Jahren auch an landwirtschaftlichen Nutztieren durch experimentelle Untersuchungen bewiesen werden.
Besonders wertvoll an diesem Buch sind die klaren Beschreibungen der Umgangsprozeduren und die instruktiven Zeichnungen dazu, z. B. in den Kapiteln über Rinder, Schafe, Hunde und Katzen von Robert Holmes, Trevor Turner und Josephine Wills sowie die guten Photographien, z. B. im Pferde-Kapitel von Alison Schwabe. Es muß jedoch festgestellt werden, daß wir die Reaktionen der Tiere auf Handlingprozesse in vielen Fällen nicht kennen. Viele dieser Prozeduren bewirken zwar die beabsichtigte Ruhigstellung des Tieres, inwieweit wird es aber dabei gleichzeitig belastet? Ist z. B. die von John Walton beschriebene Anwendung der Oberkiefernasenschlinge beim Schwein nur wirksam, weil das Tier versucht, den Schmerz geringzuhalten, oder liegt eine analgetische Wirkung der endogenen Opioide im Gehirn zugrunde?

Weitere Forschungen über die Auswirkungen eines Handlings auf die Tiere sind notwendig, damit deren Wohlbefinden verbessert werden kann.

Beim Handling ist außerdem zu berücksichtigen, daß einige Tierarten schon seit vielen tausend Jahren domestiziert sind, andere hingegen, wie das Hochwild und der Nerz, erst seit neuerer Zeit in Gefangenschaft gehalten werden. Techniken des Managements, welche bei Tierarten, die sich gut an die Gefangenschaft gewöhnt haben, erfolgreich zur Anwendung kommen, sind oft ungeeignet für Tiere, die noch zahlreiche Eigenschaften ihrer wildlebenden Vorfahren besitzen.

Dieses Buch erscheint zu einem Zeitpunkt, an dem wir uns von den praktischen Fertigkeiten in der Tierhaltung – erworben und verbessert durch jahrelange Erfahrungen – zu Haltungstechnologien hinbewegen, die auf sorgfältigen wissenschaftlichen Untersuchungen zur Grundlagenbiologie der Tiere und ihrer Wechselbeziehungen zum Menschen beruhen. In Zukunft müssen wir dieses praktische Erfahrungspotential nutzen, gleichzeitig aber auch den Erkenntnisgewinn in der biologischen Grundlagenforschung beschleunigen, damit die Arbeit der in der Tierhaltung und in der Veterinärmedizin tätigen Personen erleichtert und das Wohlbefinden der Tiere weiterhin verbessert wird.

Oktober 1990   D. M. Broom

Vorwort der Herausgeber

Weltweit halten viele Menschen verschiedene Haustierarten. Gleichgültig, ob die Haltung aus beruflichen Gründen, zu Dienstleistungszwecken oder zum Vergnügen erfolgt, sollte sie immer mit einem hohen Maß menschlicher Fürsorge für die Tiere verbunden sein. Jede Art von Haustierhaltung ist mit „Handling"[1] und mit Einschränkungen in der Bewegungsfreiheit der Tiere verknüpft. Die Spannweite kann dabei vom geringen Platzangebot in der intensiven Tierproduktion über die relative Freiheit auf Bergweiden bis zum Leben in häuslicher Gemeinschaft mit dem Menschen reichen.

Generell gilt, daß mit zunehmender Häufigkeit eines Handlings Furcht und Stress bei den Tieren abnehmen. Dadurch verringert sich die Verletzungsgefahr bei Mensch und Tier. Intensive Haltungssysteme sind nicht unbedingt mit mehr Handling verbunden. Die Automatisierung der Tierproduktion hat das Handling in einigen Fällen so stark reduziert, daß es für viele Tiere ungewohnt ist und damit zum Stressor werden kann. Neue Entwicklungen in der Haltungstechnologie und der Tierzucht, verbunden mit ökonomischen Überlegungen, beeinflussen die Handlingstechniken. Obwohl moderne landwirtschaftliche Produktionsmethoden zu großen Tierkonzentrationen führen, werden die Tiere nur von wenigen Menschen betreut. Dieser Widerspruch wird durch Änderungen in der baulichen Gestaltung, durch automatisierte Fütterung und Reinigung und durch Einschränkung in der Bewegungsfreiheit der Tiere ausgeglichen. Alle diese Faktoren sind für den Umgang mit den Tieren und für das Wohlbefinden der Tiere von Bedeutung. Besonders häufig müssen Tierärzte Handlings- und Zwangsmaßnahmen bei allen Arten von Haustieren einleiten. In einem hohen Prozentsatz der Fälle werden die einzelnen Tiere der tätig werdenden Person unbekannt sein.

Die Haltung von Heimtieren, einschließlich der Reitpferde, wird kaum von ökonomischen Zwängen beeinflußt; ihre Bedeutung hat in den letzten Jahren erheblich zugenommen. Heimtiere sind nicht nur Freizeit- und Luxustiere, sondern sie werden auch für viele Dienstleistungen wie Wachdienst, Schäferei, Militärwesen, Fährtensuche, Such-, Schutz- und Rettungsdienste, Assistenz und Führdienst für taube und blinde Menschen beansprucht. Viele Behinderte nutzen sowohl Pferde als auch Hunde. Das

---

[1] Das englische Wort „handling" bezeichnet jeglichen Umgang mit Tieren. Eine adäquate deutsche Übersetzung ist nicht möglich, so daß in allen Fällen, in denen der Umgang mit dem Tier nur durch umständliche Umschreibung darstellbar wäre, das Wort „handling" als Lehnwort übernommen wurde.

zunehmende Interesse für Reitpferde hat die Anzahl von neuen Eigentümern wesentlich erhöht. Viele von ihnen haben nur begrenzte Erfahrungen, Fähigkeiten und Möglichkeiten für eine effektive Haltung und Pflege ihrer Tiere.

Obwohl ein gewisses Handling mit den Tieren für jeden Tierbesitzer unumgänglich ist, sind zuverlässige Anleitungen zu dieser Thematik kaum verfügbar. Das vorliegende Buch richtet sich an alle Tierhalter und Tiernutzer, besonders aber an die, die erst praktische Erfahrungen auf diesem Gebiet, wie Studenten der Veterinärmedizin und Landwirtschaft, erwerben müssen. Die beschriebenen Methoden bauen auf bewährten verhaltensbiologischen Prinzipien auf. Dem Leser wird besonders empfohlen, das Einleitungskapitel ,,Biologische Grundlagen des Umgangs mit Tieren" gründlich zu studieren. Niemand kann erwarten, daß er Fachmann im Umgang mit Tieren wird, wenn er dazu lediglich ein Buch liest, ebenso wie er dadurch nicht Autofahren lernen oder ein bedeutender Pianist werden kann. Man benötigt dafür soviel Training wie nur möglich. Trotzdem vermitteln die in den folgenden Kapiteln niedergeschriebenen, von bewährten Prinzipien ausgehenden Erfahrungen dem Leser eine gute Anleitung.

Wegen der sich ändernden Umwelt, in der die Tiere gehalten werden, und wegen der wachsenden Kenntnisse über die umweltbedingten Verhaltensreaktionen der Tiere wurde ein Autorenteam für dieses Buch zusammengestellt. Alle Autoren sind auf ihrem Gebiet erfahren und besitzen entsprechende Kenntnisse. Da die Autoren erkannt haben, daß ein Buch über den Umgang mit Tieren, das praxisorientiert ist und auf wissenschaftlichen Kenntnissen aufbaut, dringend erforderlich ist, fanden sie auch Zeit zur aktiven Mitwirkung. Die Zusammenarbeit mit ihnen verlief stets angenehm.

Wir geben gern den Dank der Autoren an diejenigen weiter, die beim Schreiben und Korrekturlesen der Kapitel geholfen haben. Besonderer Dank gilt den Illustratoren, deren Mitarbeit für die Ausstattung und Nutzbarkeit des Buches sehr hilfreich war. Schließlich ein Dankeschön an Mrs. Marion Jowett und ihre Kollegen bei Pergamon Press für ihren Arbeitsfleiß und ihr Engagement.

Oktober 1990　　　　　　　　　　　　　　　　Ronald S. Anderson / Andrew T. B. Edney

Vorwort des Übersetzers

In der deutschsprachigen Fachliteratur fehlte bisher eine Anleitung zum Umgang, zum „Handling", mit Haus- und Heimtieren. Das vorliegende Buch befaßt sich auch mit Hochwild in Gehegehaltung, dem Handling von Fischen in der Teichwirtschaft, dem Handling von Heimtieren und dem Handling von Farmnerzen. Mit der vorliegenden Übersetzung werden in erster Linie Studenten der Veterinärmedizin, Tierärzte, Tierhalter der infrage kommenden Spezies sowie Land- und Forstwirte angesprochen. Wenn man als Tierarzt, der nahezu ein halbes Jahrhundert mit Haustieren umgegangen ist, dieses Buch übersetzt, erfährt man, daß man beim Handling mit Pferden, Rindern, kleinen Wiederkäuern, Schweinen, Hunden und Katzen viele der in diesen Kapiteln beschriebenen Handhabungen beinahe gewohnheitsmäßig ausgeführt hat. Die Anwendung von Zwangsmitteln ist Unterrichtsstoff in der klinischen Propädeutik, nicht aber, um nur einige Beispiele zu nennen, das Verladen von Pferden, das Führen einer Mutterstute mit Fohlen bei Fuß, gleich gar nicht die Besamung von Hirschkühen. Auch sollte man als Kleintierpraktiker wissen, wie man Zierfische möglichst ungestresst einfängt, behandelt und Farmnerze betreut.

Die biologischen Grundlagen des Handlings, besonders die Verhaltensmuster, sind von den Verhaltenswissenschaftlern auf Grund endokrinologischer, biochemischer und biophysikalischer Parameter erforscht worden. Der Übersetzer ist Herrn Prof. Dr. Martin Nichelmann für die Übersetzung des Einleitungskapitels besonders dankbar. Mein „dienstältester" Mitarbeiter und Schüler, Herr Dr. med. vet. habil. Armin Kuntze, hat in dankenswerter Weise die Heimtier- bzw. Vogelkapitel, auch in zoologischer Hinsicht, durchgesehen. Für die Durchsicht des Kapitels „Zierfische" danke ich Herrn Dipl.-Biol. Axel Oberemm, Institut für Gewässerökologie und Binnenfischerei Berlin-Friedrichshagen.

Der Übersetzer ist sich gewiß, daß das Buch im deutschen Sprachraum eine Lücke schließt und daher eine weite Verbreitung finden wird. Nicht alle hier dargelegten Handlingmethoden entsprechen den Erfahrungen des Übersetzers. Verabreicht man z. B. beim Wiederkäuer Flüssigkeiten mit der Flasche, muß man wissen, auch wenn das Tier ordnungsgemäß schluckt, wo die Flüssigkeit hinfließen soll. Viele Medikamente lösen den Schlundrinnenreflex aus, und die Flüssigkeit gelangt in den Labmagen. Nur über die Sonde gelangt man mit Sicherheit in den Pansen. Die Klauenpflege wird in Deutschland weniger kompliziert durchgeführt. Gern hätte man etwas über das Handling bei der Moderhinke des Schafes gehört. Trotzdem gibt das Buch viele Anregungen. Es wird immer wieder gern zur Hand genommen werden.

Berlin, Frühjahr 1993   Olof Dietz

1. Biologische Grundlagen des Umgangs mit Tieren

(Alistair B. Lawrence)

Als der Mensch erstmals begann, Nutztiere zu halten, wurde es erforderlich, die Tiere zu zähmen und zu pflegen. Dabei reicht die Betreuung von der Fellpflege einschließlich der Parasitenbekämpfung ohne Anwendung invasiver Techniken bis zur Kastration und schließlich zur Schlachtung der Tiere. Der Umgang mit den Tieren ist dabei auch mit unterschiedlich intensiven Mensch-Tier-Kontakten verbunden und schließt unbekannte Situationen, Isolierungen der Tiere von der sozialen Gruppe, Immobilisierungen und Schmerz ein. Demzufolge sind auch die Verhaltensreaktionen der Tiere auf menschliche Einflüsse variabel. Im Extrem zeigen z. B. ungezähmte Tiere paradoxerweise sowohl Flucht- als auch Annäherungstendenzen zum Menschen (Murphey et al., 1981). Akute Mensch-Tier-Interaktionen, wie die Fixation einer Jungsau durch einen Nackenbügel, lösen neben Abwehrreaktionen auch aggressive Verhaltensweisen aus (Cronin, 1985). Im Gegensatz zu diesen Flucht- und Kampfreaktionen kann ein Handling aber auch eine „Erstarrungsreaktion" oder Immobilisierung auslösen; ein besonders markantes Beispiel hierfür ist die katatonie-ähnliche tonische Immobilisierung des Hausgeflügels (Gallup, 1979a). Subjektiv können diese Reaktionen auf Fixation oder Handling als Indikatoren für Furcht oder Stress gewertet werden. Aus der Breite der tierischen Reaktionen auf Mensch-Tier-Interaktionen kann weiterhin gefolgert werden, daß der Kontakt mit dem Menschen für das Tier sowohl zu einem neutralen, vielleicht sogar positiven Erlebnis mit einem Minimum an Furcht als auch zu einer negativen Erfahrung werden kann, in der Furcht und Stress dominieren. Es ist zu erwarten, daß bei der gleichen Behandlungsform das Verhalten der Menschen das Angst- und Stressniveau des Tieres erheblich beeinflußt. So weist die Kontaktaufnahme von Schweinen aus verschiedenen Betrieben gleicher Größe und Struktur zu einem menschlichen Beobachter erhebliche Unterschiede auf (Hemsworth und Barnett, 1987; Abb. 1.1.). Wenn wir annehmen, daß der Annäherungszeitraum ein brauchbarer Gradmesser für die Furchtqualität ist, so zeigen diese Ergebnisse, daß die in verschiedenen Betrieben praktizierte Tierhaltung über einen noch unbekannten Mechanismus das Furchtniveau der Tiere erheblich beeinflussen kann.

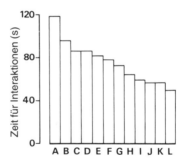

Abb. 1.1. Mittlere Interaktionszeit von Tier und Mensch während eines Standardtestes in 12 (A–L) niederländischen Landwirtschaftsbetrieben (aus Hemsworth und Barnett, 1987).

In dem vorliegenden Kapitel werden die Beziehungen zwischen dem Umgang mit den Tieren und ihren Reaktionen auf das Handling untersucht. Dabei werden sowohl die äußeren als auch die inneren Faktoren, die diese Reaktionen beeinflussen, berücksichtigt und außerdem ihre Kurzzeit- und Langzeitwirkungen auf das psychische und physische Wohlbefinden der Tiere analysiert.

• Furcht

Die Schlußfolgerung, daß Handling verschiedene Grade von Furcht hervorrufen kann, die jedoch nur intuitiv erfaßbar sind, bedarf einer Erklärung. Furcht ist, wie wir wissen, ein negativer emotionaler Zustand, der vollständig auf subjektiver Erfahrung aufbaut und daher selbst bei Angehörigen der eigenen Art nicht meßbar ist, ganz zu schweigen bei Angehörigen anderer Spezies. Ist trotzdem die Annahme berechtigt, daß Tiere ähnlich wie der Mensch Emotionen besitzen?

Da Emotionen subjektive Ereignisse sind, nahm man jahrelang an, daß sie sich ähnlich wie andere nicht meßbare geistige Prozesse wissenschaftlichen Untersuchungen entziehen. Seit einiger Zeit hat sich diese zurückhaltende Einstellung zum Tierverhalten geändert. Das geschah mit der zunehmenden Diskussion über die psychobiologischen Grundlagen der Emotionen (Panksepp, 1982) und die Natur des Bewußtseins der Tiere (Gallup, 1979 b). Diese Entwicklung wurde bis zu einem gewissen Grad aus Sorge um das Wohlbefinden der Tiere hervorgerufen, die in zunehmendem Maße von wissenschaftlichen Diskussionen über Probleme wie Furcht und Stress in landwirtschaftlichen Tierbeständen genährt wird (Dawkins, 1980). Sie ist vor allem aber das Ergebnis von Fortschritten auf dem Gebiet der Verhaltenswissenschaften. Die Annahme, daß die Beziehungen zwischen Umweltreizen und Reaktionen der Tiere ohne Berücksichtigung psychischer Prozesse verstanden werden müssen, wurde durch die Einsicht ersetzt, daß Säugetiere und Vögel, ähnlich wie der Mensch, kognitive Fähigkeiten besitzen (Dickinson, 1980). Das Erkenntnisvermögen ist auf die Fähigkeit der Tiere zurückzuführen, Informationen über die Umwelt durch nicht zu beobachtende geistige Prozesse zu erwerben und diese erworbenen Informationen zu nutzen, um kausale Beziehungen zur Umwelt herzustellen (Dunbar, 1989). Aus unserer Sicht ist es bedeutsam, daß kognitive Interpretationen des Verhaltens die Bildung neuer mentaler Strukturen oder Vorstellungen zur Folge haben. Wenn die Erkenntniswissenschaft uns lehrt, daß Tiere neue geistige Modelle von der Welt formen können, so wie wir es tun, ist es nur folgerichtig anzunehmen, daß sie auch subjektive Emotionen erleben können, die den unseren qualitativ ähneln. Diese Ansicht wird durch den neuroethologischen Nachweis unterstützt, daß Emotionen bei Mensch und Tier in ähnlichen Strukturen des limbischen Systems des Gehirns entstehen (Panksepp, 1982).

Das Furchtkonzept versetzt uns in die Lage, in der Analyse tierischer Reaktionen auf ungünstige Umweltreize voranzukommen, ohne die entsprechenden physiologischen oder nervalen Prozesse vollständig verstehen zu müssen. Da Furcht ein vermittelndes Zwischenglied bei der Beeinflussung des Verhaltens der Tiere durch Umweltreize darstellt (Abb. 1.2.), kommt ihr die Rolle eines zentralen Faktors zu (Hinde, 1970). So kann z. B. die Annäherung von Menschen oft Meldeverhalten bei Tieren auslösen. Wir können deshalb annehmen, daß Wahrnehmung des Menschen die Furchtempfindung der Tiere steigert, so daß es zu Fluchtreaktionen

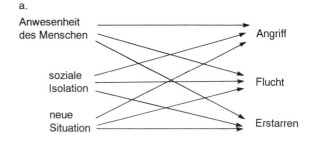

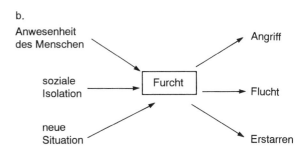

Abb. 1.2. Die Rolle der Furcht als ein zentraler Parameter bei der Vereinfachung der Beziehungen zwischen Reizen und Verhaltensreaktionen.

a) Die drei Reize auf der linken Seite können die drei Parameter des Furchtverhaltens auf der rechten Seite beeinflussen, so daß 9 kausale Zusammenhänge entstehen.

b) Furcht als eine vermittelnde Variable reduziert die Anzahl der möglichen Beziehungen auf 6 (nach Miller, 1959; Heijnen, 1970).

kommt. Wenn jedoch die Situation so einfach wäre, könnten wir auch auf den Begriff „Furcht" verzichten und einfach sagen, daß der Mensch das Meideverhalten der Tiere stimuliert. Vermittelnde Faktoren sind jedoch wahrscheinlich von größtem Nutzen bei der Erklärung und Vereinfachung des Komplexes der Beziehungen zwischen einer Anzahl von Reizen und den entsprechenden Verhaltensreaktionen, wie es für die Handling-Situation typisch ist (Abb. 1.2. und 1.3.).

Emotionen wie Furcht steuern die Interaktionen der Tiere mit der Umwelt. Das Tier ist bestrebt, Reize zu meiden, die bei ihm einen negativen emotionalen Zustand auslösen, und solche Kontakte zu suchen und zu fördern, die zu einem positiven emotionalen Effekt führen (Wiepkema, 1985; Toates, 1986). Obwohl wir damit die mögliche Rolle der Furcht bei der Verhaltenssteuerung erkannt haben, sind wir bisher noch nicht in der Lage, sie direkt zu erfassen. Das Verhalten liefert jedoch ein brauchbares Instrument zur Messung der Furcht, die durch Handling entsteht. Rushen (1986a) benutzte z. B. die Zeit, die ein Schaf für das Passieren eines Treibganges benötigte, als Gradmesser für die relative Aversion gegenüber einer Elektroimmobilisierung oder einer Fixation auf dem Erdboden, weil ein Tier, das eine Handling-Erfahrung als unangenehm empfindet, den Ort meidet, an dem diese Erfahrung gemacht worden ist. Bei Schweinen wurde die Zeitspanne, die verstrich, bis sich das Tier dem Experimentator in einem Standardtest näherte, als Maß für die Furchtsamkeit verwendet (z. B. Hemsworth et al., 1981). Die Nutzung einfacher Verhaltensparameter für die Bestimmung der Furcht wird jedoch durch die Vielzahl der Verhaltensreaktionen, die durch furchtauslösende Reize verursacht werden können, kompliziert (Murphy, 1978). Das Fehlen offenkundiger Furchtreaktionen kann nicht als ein Indikator für fehlende Furcht betrachtet werden (Gray, 1987). Aus diesem Grund wird es zunehmend üblich, Verhaltensparameter für die Furcht mit physiologischen Reaktionen, die beim Einwirken furchtauslösender Reize auftreten, zu kombinieren.

Es besteht eine erhebliche Überlappung zwischen dem Furcht- und dem Stresskonzept. Ein Unterschied besteht jedoch darin, daß Furcht bisher vor allem aus Verhaltensreaktionen wie dem Fluchtverhalten abgeleitet wurde, während der klassische Stress auf Reaktionen des autonomen Nervensystems und endokrinen Systems auf eine breite Palette von Umwelteinflüssen zurückzuführen ist. Stressreaktionen werden oft in Kurzzeit- und Langzeitreaktionen unterteilt (Übersicht s. Axelrod und Reisine, 1984; Munck et al., 1984). Akute belastende Reize (Stressoren) aktivieren das sympathikoadrenomedulläre System, so daß es zur Ausschüttung von Adrenalin und Noradrenalin in den peripheren Blutkreislauf kommt. Dadurch erhöhen sich Herzfrequenz und Blutdruck, und es kommt zur Umverteilung des Blutes aus den inneren Organen in die Skelettmuskeln und zur Mobilisierung der Energievorräte in der Leber. Der Organismus ist auf rasche Reaktionen vorbereitet. Längerwirkende oder chronische Stressoren aktivieren die Hypophysen-Hypothalamus-Nebennierenrinden-Achse, so daß der Plasmaglucocorticoidspiegel ansteigt und durch Gluconeogenese der Kohlenhydratgehalt der Leber erhöht wird. Die hypothalamo-

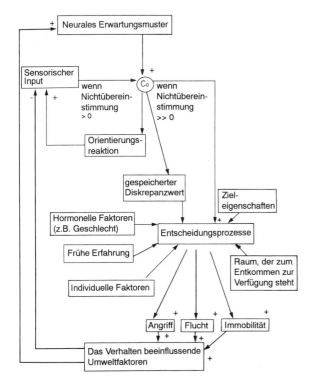

Abb. 1.3. Schematisches Modell der Furcht. Co bezieht sich auf den neuralen Komparationsmechanismus (nach Archer, 1976).

adrenokortikale Antwort setzt somit den Energieversorgungsprozeß, der im sympathiko-adrenomedullären System begann, folgerichtig fort. Stress ist deshalb ein Oberbegriff, der die Beziehungen zwischen Umweltreizen und physiologischen Veränderungen unter Einschluß der sympathischen und der hypothalamo-adrenokortikalen Reaktionen umfaßt. Diese Reaktionen auf Umwelteinflüsse führen nicht notwendigerweise zu physischen oder geistigen Schädigungen, obwohl sich daraus durchaus somatische Fehlleistungen ergeben können. Furcht als bedeutsamster emotionaler Ausdruck von Stress wird von der breiteren Stressdefinition mit erfaßt. Furcht und Stress erscheinen dann am ähnlichsten, wenn das Tier einer Kurzzeitbelastung ausgesetzt ist, die sowohl Verhaltensreaktionen, die typisch für Furcht sind, als auch stressbedingte Aktivierungen des sympathischen Nervensystems auslöst (Jones et al., 1981). Furcht und Stress können aber auch in chronischen Belastungssituationen eng miteinander verbunden sein; z.B. zeigen Schweine bei einem belastenden Handling zunehmendes Furchtverhalten und gleichzeitig einen erhöhten Glucocorticoidspiegel (Hemsworth et al., 1986a) Während chronischer Belastung können Furcht und Stress jedoch auch dissoziieren. Bei Sauen in Anbindehaltung kann die Entwicklung von Stereotypien — ein offenkundiger ethologischer Indikator für Stress — lediglich im Kurzzeit-, nicht aber im Langzeitversuch durch Applikation angstreduzierender Medikamente gehemmt werden (Odberg, 1978). Unter bestimmten chronischen Belastungssituationen kann daher die Furcht des Tieres vermindert sein.

- **Verhaltensreaktionen auf spezifische Formen des Handlings**

Es ist von Bedeutung, jene besonderen Formen des Handlings zu berücksichtigen, die Furcht und Stress steigern können. Einige Reize scheinen „angeboren" furchtauslösend zu sein, andere werden erst im Ergebnis eines Lernprozesses oder einer Konditionierung zu Furchtstimuli. Die Furchtreaktion von Schimpansen gegenüber Schlangen ist ein Beispiel für angeborene Furcht (Hebb, 1946). Andererseits entwickeln Tiere durch Lernprozesse schnell Furchtreaktionen gegenüber Reizen, die für sie selbst unschädlich sind, jedoch früher mit furchtauslösenden Stimuli verbunden waren (Hunt und Otis, 1953). Oft ist das Verhalten das Ergebnis einer Mischung von angeborenen und erlernten Mechanismen. So ist z.B. die Fremdenfurcht bei Schimpansen angeboren, setzt aber Lernprozesse voraus, um überhaupt fremde von vertrauten Individuen unterscheiden zu können (Hebb, 1946).

- **Spezielle evolutionäre Gefahren**

Gray (1987) entwickelte das Konzept der speziellen evolutionären Gefahren („special evolutionary dangers") als Erklärung für die weitverbreitete Furcht vor Predatoren, die bei vielen Spezies existiert. Er ging davon aus, daß die Entwicklung von Furchtmechanismen, die zur Flucht vor räuberischen Feinden führen, einen signifikanten Überlebenswert besitzen. Die Furchtreaktionen der Haustiere gegenüber dem Menschen lassen vermuten, daß die Tiere Menschen als Predatoren verstehen. Obwohl die Domestikation die Fluchtdistanz der Haustiere gegenüber dem Menschen erheblich verringert hat, existiert bei den Nutztieren immer noch ein gewisser Grad unwillkürlicher Furcht vor dem Menschen. Beispielsweise ruft unter kontrollierten Bedingungen die Annäherung eines Menschen an ein Haushuhn eine abgestufte Serie von Reaktionen hervor, die von der Orientierung in Richtung des noch entfernten Menschen über Alarmrufe bis zum Fluchtverhalten reicht, wenn der Mensch näherkommt (Jones et al., 1981). Die autonomen Reaktionen des Tieres, abgelesen am Herzfrequenzverlauf, folgen einem ähnlichen Muster und lassen wie die Verhaltensparameter die Schlußfolgerung zu, daß die Wahrnehmung eines Menschen beim Huhn Furcht und Stress auslösen kann. Sogar offensichtlich harmlose Aspekte menschlicher Anwesenheit können die Furcht erheblich verstärken, wie es durch das gehemmte Annäherungsverhalten zum Ausdruck kommt. Das Annäherungsverhalten von Schweinen wird gehemmt, wenn ein Mensch aufrecht steht, Handschuhe trägt und sich nähert; es wird gefördert, wenn er sich hinkauert, nicht behandschuht ist und sich nicht von der Stelle rührt

(Hemsworth et al., 1956b). Treten solche Aversionsverhaltensmuster über einen längeren Zeitraum auf, so sind sie mit reduzierten Wachstumsraten verbunden (Gonyou et al., 1986).

Ein anderer Furcht- und Stressauslöser, der mit Handling verbunden ist und besondere evolutive Signifikanz besitzt, ist die Aussonderung aus dem Sozialverband. Alle Haustiere sind soziale Spezies, und in vielerlei Hinsicht unterscheidet sich ihr soziales Verhalten nur wenig von dem ihrer wildlebenden Vorfahren (z. B. Lawrence und Wood-Gush, 1988). Die Isolierung von Schafen aus dem Sozialverband steigert die Herzfrequenz (Syme und Elphick, 1982) und erhöht den Plasmacortisolspiegel (Kilgour und DeLangen, 1970). Weiterhin fand man in einem Zweifachwahlversuch, in dem die Abneigung von Schafen gegenüber unterschiedlichen Handlingsaktivitäten verglichen wurde, daß die Tiere gegenüber einer Isolation eine größere Aversion haben als gegenüber einer Fixation oder der Gegenwart des Menschen (Rushen, 1986b). Die Reaktionen landwirtschaftlicher Nutztiere auf ein Herauslösen aus der Gruppe lassen vermuten, daß Isolation ein markantes furcht- und stressauslösendes Ereignis ist.

- **Angriff als Antwort auf Handling**

Wenn man mit Tieren umgeht, ist es von Interesse, die wahrscheinliche Reaktion des Tieres voraussagen zu können. Überwiegen Angriffstendenzen, so nehmen verschiedene Faktoren Einfluß darauf, ob der Angriff fortgeführt und auf welchen Körperteil des Gegners er gerichtet wird (Archer, 1976). Dabei ist die Größe des Angreifers von wesentlicher Bedeutung. So kann z. B. das Angriffsverhalten von Mäusen durch größere Gegner gehemmt werden (z. B. Edwards, 1969). Eine Methode, um große Gegner, wie es die Menschen sind, anzugreifen, besteht darin, sich auf ein kleineres Ziel auszurichten. So greifen Ratten und Küken vorrangig die Hand an, während Mäuse und kleinere Vögel die Finger attackieren (Archer, 1976). Ein anderer Faktor, der den Angriff beeinflußt, ist die Bewegung. Generell löst ein sich bewegendes Ziel eher als ein stationäres Ziel einen Angriff aus (Berkowitz, 1969). Bei Mäusen stellt Bewegung für die Auslösung des Angriffsverhaltens einen wichtigen Faktor dar (Lagerspetz, 1964).

- **Schmerz und starke visuelle, auditive und olfaktorische Reize**

Es mag selbstverständlich erscheinen, daß Furcht durch Schmerz ausgelöst werden kann. Werden z. B. Schweine mit einem elektrischen Viehtreibestab gereizt, so zeigen sie gesteigertes Fluchtverhalten und einen chronisch erhöhten Corticosteroidspiegel (Hemsworth et al., 1986a). Neuere Untersuchungen weisen jedoch darauf hin, daß die zentralen Zustände von Schmerz und Furcht sich voneinander unterscheiden und Schmerz kein angeborener Furchtstimulus ist, wie man früher annahm. Wirkt ein furchtauslösender Reiz auf ein Tier ein, so kann die Schmerzreaktion durch eine furcht- oder stressbedingte Analgesie vermindert werden (Fanselow und Baackes, 1982). Es ist anzunehmen, daß Furcht durch Reize ausgelöst wird, die einen Schmerz erwarten lassen, jedoch nicht durch die schmerzvollen Stimuli selbst (Gray, 1987).

Es ist allgemein anerkannt, daß intensive visuelle und auditive Reize Furcht induzieren können und damit den Umgang des Menschen mit Tieren beeinflussen. Die Bereitschaft domestizierter Tiere, sich auf Treibwegen oder in Korridoren zu bewegen, wird wesentlich durch die optische Perzeption beeinflußt. Vor Schatten und grellem Licht scheuen alle Herdentiere (Kilgour, 1976), so daß die Begrenzung von Treibwegen immer sehr stabil sein sollte (Grandin, 1980). Eine Herde begibt sich in ein Gebäude ohne Probleme, wenn es gut ausgeleuchtet ist, vorausgesetzt, daß keine blendenden Glühlampen vorhanden sind, die grelles Licht erzeugen (Hitchcock und Hutson, 1979). Landwirtschaftliche Nutztiere zögern bei plötzlichen Unebenheiten im Fußboden, Gefälle verlangsamen generell die Tierbewegungen (Hitchcock und Hutson, 1979b). Tiere können auf Gerüche reagieren, die von anderen erschrockenen oder stressexponierten Tieren abgegeben werden. So fanden z. B. Pitman et al. (1988) Hinweise auf eine olfaktorische Kommunikation zwischen Versuchsratten, die einem Fixationsstress ausgesetzt waren, und den stressfreien Kontrolltieren. Im Zusammenhang mit einem Handling ist die

Übertragung von Furcht durch Geruch von offensichtlicher Bedeutung. Rinder werden durch den Blutgeruch im Schlachthof erheblich beeinflußt. Sie weigern sich sogar, das Schlachthaus zu betreten, wenn dessen Gerüche direkt auf sie zukommen (Grandin, 1980).

- **Unbekannte Ereignisse**

Unbekannte Ereignisse sind als starke Auslöser von Furcht (Gray, 1987) und Stress (Hennessey und Levine, 1978) anzusehen. Bei einigen der oben erwähnten Beispiele von Furcht- und Stressreizen sind unbekannte Ereignisse zweifellos unterstützende Faktoren. Eine Situation, die geeignet ist, Aggressions- oder Furchtverhalten auszulösen, ist das Vorhandensein eines unbekannten Objektes in einem Gebiet, mit dem das Tier vertraut ist (Archer, 1976). So greifen mehrere Tierarten eine unbekannte menschliche Hand direkt an oder zeigen ihr gegenüber Furchtverhalten (Ader, 1968; Galef, 1970). Wenn sich ein Küken an die menschliche Hand gewöhnt hat, kann durch einen farbigen Handschuh erneut Aggressionsverhalten einsetzen (Horridge, 1970; zitiert bei Archer, 1976). Tiere können auch angreifen oder sich fürchten, wenn sie in eine neue Umgebung gebracht werden (Archer, 1976). Jones und Faure (1982) zeigten, daß bei Küken, die in eine neue Umgebung verbracht wurden, die Furcht mit zunehmendem Neuheitsgrad anstieg. Es gibt Beweise, daß Tiere, die sich kennen, eine erhöhte Aggressionsbereitschaft zeigen, wenn sie in eine neue Umgebung verbracht wurden (Poole, 1973). Der Einfluß einer neuen Umwelt auf das Furchtverhalten kann aber durch die Gegenwart bereits vertrauter Objekte vermindert werden. Domestizierte Hühner zeigten z. B. in einer neuen Umgebung geringes Furchtverhalten, wenn sie bereits Bekanntes aus der Aufzuchtperiode aufwies (Jones, 1977).

- **Immobilisierung**

Obwohl der Einfluß körperlichen Zwanges auf die Furchtentstehung bisher nicht untersucht worden ist – Immobilisierung verhindert weitgehend die Ausbildung typischer Furchtreaktionen –, muß aus Analogieschlüssen gefolgert werden, daß die Fixation der Tiere ein Furchtstimulus ist. Physischer Zwang ist jedoch bezüglich seiner Stressorwirkung intensiv untersucht worden (u. a. Pitman et al., 1988). Ein viel untersuchtes Beispiel dafür ist die Fixation der trächtigen Sau. Wenn Jungsauen zum ersten Mal angebunden werden, folgt eine Periode von 10 bis 15 Minuten, in der sich das Tier mit voller Kraft gegen die Umzäunung wirft, laut schreit und in Bügel bzw. Ketten und Trennwände beißt (Cronin, 1985). In den nächsten 2 bis 3 Wochen zeigen die Tiere gegenüber den Kontrolltieren einen erhöhten Plasmacortisolspiegel (Barnett et al., 1981; Becker et al., 1985). Bei Langzeithaltung lassen getüderte Sauen gegenüber Sauen in Gruppenhaltung chronische Stressreaktionen erkennen (von Borrell und Ladewig, 1987). Obwohl auch andere Faktoren, wie z. B. das Fütterungsregime (Appleby und Lawrence, 1987), zur Auslösung chronischer Stressreaktionen beitragen können, besteht kaum ein Zweifel, daß die Anfangsphase ein starker Stressor ist und vermutlich für die Sau auch einen Furchtauslöser darstellt. Zwangsmaßnahmen stellen im Vergleich zu anderen furcht- und stressauslösenden Reizen eine Besonderheit dar, da sie ein markantes Beispiel für einen Vorgang sind, bei dem das Tier weitgehend der Kontrolle seiner Situation beraubt wird.

- **Additive Effekte**

Interaktionen zwischen verschiedenen Furcht- und Stressauslösern können additiv wirken. Wenn man z. B. Schafen in Zweifachwahlversuchen unterschiedliche Handlingsformen anbietet, bevorzugen sie in abnehmender Reihenfolge: menschlichen Kontakt – Fixation in Anwesenheit anderer Schafe – Isolation von anderen Schafen – das Einfangen während der Isolation und schließlich zwangsweise Herstellung der Rückenlage während der Isolation (Rushen, 1986b). Einfangen, das eine Kombination von Anwesenheit des Menschen, Zwangsmaßnahmen und Isolation ist, wurde weniger bevorzugt als nur die jeweilige Einzelmaßnahme. Weiterhin fand Rushen (1986a), der die Zeit, die ein Tier benötigt, um einen Treibgang zu durchqueren, als Aversionsindex benutzte, daß

Zwangsmaßnahmen und Elektroimmobilisierung zu einer deutlich kürzeren Durchquerungszeit als Zwangsmaßnahmen allein führten. Als praktische Schlußfolgerung ergibt sich, daß das Handling bei Haustieren mit so wenig wie möglich furcht- und stressauslösenden Reizen einhergehen sollte.

- **Innere Faktoren, die auf die Furcht während des Handlings Einfluß nehmen**

Analysiert man die Reaktionen der Tiere auf ein Handling, so sind dabei nicht nur die exogenen Faktoren zu berücksichtigen, die Furcht- und Stressreaktionen auslösen, sondern auch die endogenen Faktoren, welche die Reaktionen der Tiere auf Furcht- und Stressreize beeinflussen und kontrollieren.

Einfluß des Geschlechts. Einer der am intensivsten untersuchten inneren Faktoren, welche die Wirkung von Furchtstimuli beeinflussen, ist das Geschlecht der Tiere. Laboruntersuchungen haben ergeben, daß das männliche Geschlecht gewöhnlich ängstlicher ist. Im Vergleich zu weiblichen Küken zeigen männliche im Open-field-Test häufiger eine Erstarrungsreaktion, geringere Aktivität und Vokalisation sowie verminderte Futteraufnahme (Jones, 1977; Jones und Black, 1980). Unter kontrollierten Bedingungen sind männliche Laborratten aggressiver (z. B. Edwards und Herndon, 1970) und gegenüber Stress empfindlicher als weibliche Tiere (Sawrey und Long, 1962). Wurde auf Ängstlichkeit selektiert, so zeigten Angehörige der Linie mit geringer Furchtbereitschaft Charaktereigenschaften des weiblichen und Angehörige der Linie mit hoher Furchtbereitschaft Eigenschaften des männlichen Geschlechts. Als typisch weibliche Charakteristika haben z. B. Ratten aus Linien mit geringem Furchtpotential eine niedrigere Körpermasse und eine höhere Schilddrüsenaktivität (Broadhurst, 1975; Gray, 1987). Ob Aktivitäten dieser Art auch beim Handling von Haustieren auftreten, ist nicht untersucht worden.

Sexualhormone spielen zweifellos eine Rolle bei der Ausbildung von Geschlechtsdifferenzen in den Furcht- und Stressreaktionen. Die zirkulierenden Geschlechtshormone scheinen jedoch keinen direkten Einfluß zu haben, weil Geschlechtsdifferenzen im Furchtverhalten nach Gonadektomie fortbestehen (Gray, 1987). Entscheidend ist, daß die Tiere bereits frühzeitig in der perinatalen Phase durch das entsprechende Hormon geprägt werden. So zeigten weibliche Ratten, die im Alter von 5 Tagen mit Testosteron behandelt worden waren, erhöhte Furchtzustände, wenn sie als erwachsene Tiere getestet wurden (Stevens und Goldstein, 1981).

Vorerfahrungen. Frühzeitige oder vorhergehende Handling-Erfahrungen üben als endogene Faktoren einen entscheidenden Einfluß auf die Furcht- und Stressreaktionen der Tiere aus. Regelmäßiges Handling mit jungen Nagern hat noch im Erwachsenenalter vielfältige Wirkungen, unter anderem eine reduzierte Emotionalität oder Furchtempfindlichkeit (Denenberg und Zarrow, 1971) und eine verminderte Hypothalamus-Nebennierenrinden-Reaktion auf unbekannte Ereignisse (Levine et al., 1967). Folglich wurde dem Einfluß von Vorerfahrungen auf die Handlingsreaktionen von Haustieren besondere Aufmerksamkeit geschenkt. Im allgemeinen verhindert regelmäßiger Umgang mit Tieren die Furcht der Tiere vor dem Menschen im späteren Leben. Regelmäßiges Handling von Küken im Alter von 2 Tagen bis zu 16 Wochen vermindert z. B. sowohl das Meide- als auch das Fluchtverhalten (Hughes und Black, 1976). Bei Schweinen reduzierten der frühzeitige Umgang (von der Geburt bis zur 8. Lebenswoche) und das reguläre Handling nach dem Absetzen vom Muttertier das spätere Furchtverhalten (Gonyou et al., 1986; Hemsworth et al., 1986c). Bei Rindern konnte ebenfalls demonstriert werden, daß Tiere, die regelmäßigen Kontakt mit Menschen hatten, schwerfälliger reagieren, wenn sie erneut mit dem Menschen zusammentreffen (Bouisseau und Boissy, 1988). Es ist zur Zeit unklar, in welchem Umfang ein Handling die allgemeine Furchtsamkeit beeinflußt. Zweimal tägliches Handling von Küken vom Schlupf bis zur 6. Woche verringerte die Furcht vor dem Menschen, beeinflußte aber nicht die Annäherung an ein lebloses Objekt (Jones and Faure, 1981). Bouisseau und Boissy (1988) fanden jedoch, daß Rinder, die nach der Geburt bis zum 9. Lebensmonat regelmäßig Hautkontakt mit den Menschen hatten, auch in unbekannten Situationen, in denen keine Kontakte mit Menschen auftraten, weniger Furcht zeigten.

Es ist möglich, daß Vorerfahrungen nur dann wirksam sind, wenn sie während spezifischer sog. „sensitiver Perioden" in der Entwicklung der Tiere gewonnen werden. Jedoch ist z.Z. unklar, ob es eine solche sensitive Periode für Handling-Erfahrungen überhaupt gibt. Hughes und Black (1976) ermittelten, daß Handling keinen Einfluß auf das Meideverhalten bei Küken hat, wenn es erst nach der 18. Lebenswoche begonnen wurde, so daß zu vermuten ist, daß eine sensitive Periode eventuell vor dieser Zeit existiert. Hemsworth et al. (1986c) fanden auch bei Schweinen Hinweise auf eine handlingsensitive Periode. Wenn jedoch bei Rindern das intensive Handling auf die ersten Lebenswochen begrenzt war, so wurde das spätere Verhalten der Kälber kaum beeinflußt (Sato et al., 1984), während präpubertales Handling, das über eine lange Periode ausgedehnt wurde, die Furcht vor dem Menschen verminderte (Bouisseau und Boissy, 1988). Im Gegensatz zur Theorie von der sensitiven Periode läßt diese Feststellung vermuten, daß die wirksamste Strategie für die Verbesserung der Mensch-Tier-Beziehungen eine Handlingperiode ist, die sich über den größten Teil des Entwicklungszeitraumes des Tieres erstreckt.

Individuelle Faktoren. In den bisherigen Ausführungen wurde die sehr breite intraspezifische individuelle Variabilität, die in den Reaktionen der Tiere auf Umweltänderungen wie dem Handling zum Ausdruck kommt, weitgehend unbeachtet gelassen. Neuere Untersuchungen an Nagern lassen zwei grundsätzlich verschiedene Wege erkennen, wie Individuen in furcht- und stressauslösenden Situationen reagieren. Einmal gibt es Tiere, die aktiv durch Flucht oder Kampf reagieren, zum anderen solche, die passiv mit eingeschränkter Bewegung und Immobilisierung antworten (Bohus et al., 1987; Benus et al., 1989). Ähnlich gibt es bei Schweinen bestimmte Individuen, die entweder immer in einer aktiven oder aber in einer passiven Art auf eine Herausforderung reagieren (Lawrence et al., 1989). Bei Ziegen wurden Tiere gefunden, die auf Bedrohungen in individuell charakteristischer Weise vor allem durch Veränderung des Furchtpegels reagieren (Lyons et al., 1988). Die Bedeutung individueller Unterschiede für das Ingangsetzen von Reaktionen auf ein Handling hat nicht die Aufmerksamkeit gefunden, die sie eigentlich verdient.

Bei der am meisten untersuchten Tierart, dem Schaf, konnte gezeigt werden, daß eine Gruppe von Individuen auf Handling nicht reagiert, während die andere sehr scheu und störrisch ist (Broad, 1977; zitiert bei Syme und Elphick, 1982). In einer Studie, in der die Herzfrequenz während handlingsbedingter Verhaltensreaktionen gemessen wurde, wiesen Schafe, die als nichtkooperativ eingestuft worden waren, eine höhere Herzfrequenz und eine stärkere Motilität auf als Tiere, die als gleichgültig galten (Syme und Elphick, 1982). Interessanterweise ordnen sich nichtkooperative Schafe beim Treiben der Herde mehr in der Mitte und am Ende ein. Das entspricht der Erfahrung von Schäfern, daß während eines Handlings die Herde schwerer zu beeinflussen ist (Syme, 1981). Legehennen in Käfigbatterien zeigen beim Anblick eines Menschen folgende Verhaltensweisen: Zurückweichen bis zur Rückwand des Käfigs oder Kopfschütteln, oder sie reagieren überhaupt nicht (Broom et al., 1986). Die Tiere, die sich zur Rückwand des Käfigs bewegen oder den Kopf schütteln, haben relativ höhere Atmungsfrequenzen und Plasmacorticosteronwerte als Tiere, die auf den Anblick des Beobachters verhaltensbiologisch nicht reagieren. Diese Ergebnisse deuten auf die Möglichkeit hin, hinsichtlich des Furchtpotentials und der Stressempfindlichkeit individuelle „Temperament"-Profile aufzustellen, aus denen dann die Reaktionen der Tiere bei Handlingsvorgängen vorausgesagt werden können. Das Ausmaß, in dem solche individuellen Unterschiede bei Haustieren genetisch fixiert oder umweltbedingt sind, ist nicht bekannt. Bei Nagern führte jedoch die Selektion auf aggressives Verhalten zu einer niedrig- und zu einer hochaggressiven Linie, die passiv bzw. aktiv auf ein breites Spektrum von Stressfaktoren aus der Umwelt reagierte (z.B. Benus, 1988).

Zusammenfassend kann festgestellt werden, daß endogene Faktoren, welche die Reaktionen auf ein Handling beeinflussen, von hormonalen Faktoren wie dem Geschlecht des Individuums bis zu den Einflüssen von Vorerfahrungen und individuellen Besonderheiten reichen. Die tiefgreifenden Wirkungen, die Vorerfahrungen mit dem Menschen auf nachfolgende Furcht- und Stresszustände haben können, lassen die Bedeutung dieser Form der Verhaltensbeeinflussung als Mittel zur Verminderung unerwünschter Handlingseffekte erkennen. Weitere Forschungen auf diesem Gebiet könnten zu effektiveren Methoden der Furcht- und Stressreduzierung während des Handlings führen.

• **Coping**

Reize, die beim Handling auf das Tier wirken, können Furcht und Stress steigern, weil sie die Möglichkeiten der Tiere, ihre Umwelt einzuschätzen oder zu verändern, einschränken (s. Archer, 1976; Henry und Stephens, 1977; Wiepkema, 1985). Wenn wir die Einflüsse eines Handlings auf das Tier analysieren wollen, müssen wir notgedrungen die Bedeutung und das Erscheinungsbild der verschiedenen Furchtstimuli und Stressoren beurteilen können. Ein nützliches Hilfsmittel ist dabei das Konzept des „Copings". Copingmuster sind Verhaltensreaktionen, die den Stress, der durch physiologische Parameter gemessen wird, verringern (Levine et al., 1978). Beseitigen Orientierungsreaktionen oder Flucht- bzw. agonistisches Verhalten erfolgreich die Wirkung eines Furcht- oder Stressreizes, so liegt Copingverhalten vor. Dieser Copingtyp, der darauf gerichtet ist, den für die Belastung verantwortlichen Reiz zu kontrollieren, wird als *problembezogenes Coping* bezeichnet (Lazarus und Folkma, 1984). Ist es einem Tier anfangs nicht gelungen, eine Belastungssituation z. B. durch Flucht zu bewältigen, so kann es später Copingmuster entwickeln, die seine physiologische Homöostase teilweise oder vollständig wiederherstellen, auch wenn die auslösende Reizsituation weiter fortbesteht; es liegt *emotionsbezogenes Coping* vor (Lazarus und Folkma, 1984). Stereotypien, die bei Sauen in Anbindehaltung auftreten, sind ein Beispiel für diese Copingform (Dantzer und Mormede, 1983; Cronin, 1985; Cronin et al., 1985). Bricht das Coping zusammen, so erhöht sich die Anfälligkeit des Tieres gegenüber einer Reihe somatischer Erkrankungen, wie der Hypertension (Henry und Stephens, 1977), der Immundepression (Ballieux und Heijnen, 1977) und der Tumorentwicklung (Sklar und Anisman, 1979).

Es hat den Anschein, daß Handling zu physiologischen Veränderungen führen kann, die für ein Copingversagen symptomatisch sind. So konnte z. B. gezeigt werden, daß das Furchtniveau von Schweinen in unterschiedlichen Betrieben mit der Reproduktionsleistung negativ korreliert (Hemsworth et al., 1981). Bestände, die sich vor einer sich nähernden Person offensichtlich fürchteten, wiesen eine signifikant geringere jährliche Reproduktionsrate auf. Im Experiment wurde nachgewiesen, daß unangenehmes Handling den Corticosteronspiegel erhöht und die Trächtigkeitsrate senkt, so daß angenommen werden muß, daß erhöhte Corticosteroidspiegel den Fortpflanzungserfolg schmälern (z. B. Hennessy und Williamson, 1983). Unangenehmes Handling hemmt beim Schwein die Futteraufnahme (Hemsworth et al., 1981; Gonyou et al., 1986), wobei der Mechanismus noch unklar ist. Bei Küken senkt ein solches Handling die Antikörperbildung und damit die Resistenz gegenüber einer *E.-coli*-Infektion (Gross und Colmano, 1989). Wohlbefinden und Produktivität landwirtschaftlicher Nutztiere hängen also u. a. auch von der Anwendung der Kenntnisse über den Einfluß des Handlings auf die Copingfähigkeit ab. Wird ein Tier erstmals einem Handlingprozeß ausgesetzt, reagiert es auf diese Abweichung vom Gewohnten mit artspezifischem Verhalten, um die Kontrolle über die Umwelt wiederzuerlangen. Unter diesen Umständen können wir – individuelle Ausnahmen sind möglich – physiologische Reaktionen erwarten, die typisch für Flucht und Angriff sind und einen Indikator für ein erhöhtes Furchtniveau darstellen (Abb. 1.4.).

Oftmals ist Handling mit Fixation der Tiere verbunden, so daß ein Kontrollverlust durch Verhinderung des Fluchtverhaltens auftritt. Hält diese Blockade des Fluchtverhaltens längere Zeit an, so wird das Tier solange versuchen, die Kontrolle über die Umwelt wiederzuerlangen, bis der Kontrollverlust offensichtlich wird und das Tier sich auf den „Rückzugsstatus" (conservation-withdrawal state) umstellt (s. Abb. 1.4.). Dieses Modell wird durch zahlreiche Beobachtungen gestützt. So wurde z. B. festgestellt, daß wiederholte Immobilisierung den Corticosteronspiegel bei Ratten erhöht (Mikulaj und Mitro, 1973; zitiert bei Henry und Stephens, 1977) und die Fixation von Sauen durch Nackenbügel den Cortisolspiegel ansteigen läßt (Becker et al., 1985). Sauen in Anbindehaltung reagieren auf Umwelt-

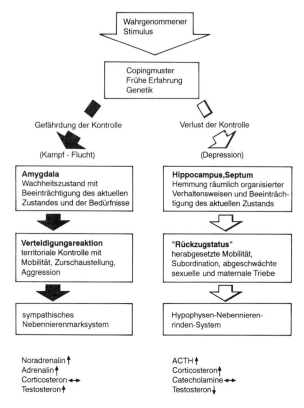

Abb. 1.4. Schematisches Stressmodell, das die Aggressions- und Fluchtreaktionen mit der Immobilisierung, die durch Kontrollverlust entsteht, integriert (aus Henry, 1976; zitiert von Ladewig, 1987).

reize in schwacher Form, ein Anzeichen dafür, daß sie sich im „Rückzugsstatus" befinden (Broom, 1987). Umstände, die zu einem Kontrollverlust entweder durch Fixation oder durch ständiges und unausweichliches Vorhandensein furcht- und stressauslösender Reize führen, weisen eindeutig darauf hin, daß Handling einen Copingverlust bewirken kann.
Der Verlust der Kalkulierbarkeit im Ergebnis von Mensch-Tier-Beziehungen verursacht ebenfalls den Zusammenbruch des Copings. Wir haben bereits gezeigt, daß unangenehmes Handling die Wachstumsrate senkt. Hemsworth et al. (1989) konnten nachweisen, daß auch ambivalentes Handling beim Schwein die Leistung beeinflussen kann. Widersprüchliches Handling, das überwiegend angenehm und in geringerem Maße (20%) für das Tier unangenehm ist, steigert die Furcht vor dem Menschen, löst eine chronische physiologische Stressreaktion aus und senkt die Wachstumsrate junger Schweine. Offensichtlich führen bereits geringe Umweltänderungen zu erhöhter Furcht und schließlich zum Kontrollverlust. So kann z. B. beim Geflügel bereits eine Veränderung im Erscheinungsbild des Pflegers (z. B. durch andere als die übliche Kleidung) die Furchtsamkeit erhöhen (Jones, 1987). Handlingprozesse, die furcht- und stressauslösende Reize in variabler und unvorhersehbarer Weise bieten, können zum Copingverlust führen. Es ist bereits auf die Variabilität individueller Reaktionen auf ein Handling hingewiesen worden. Sie können von geringgradigen bis zu lebhaften und langanhaltenden Reaktionen reichen. Bisher ist wenig über die genetischen Hintergründe und die Bedeutung von Vorerfahrungen für die individuelle Verhaltenssteuerung bekannt. Entsprechend der Konstanz dieser „Temperamente" gibt es vorläufig Hinweise dafür, daß bei verschiedenen Haustierarten einzelne Individuen über einen längeren Zeitraum und unter verschiedenen Bedingungen ein gleiches Verhaltensmuster zeigen können (Kerr und Wood-Gush, 1987; Lyons et al., 1988; Lawrence et al., 1989).
Obwohl von großer Bedeutung, gibt es wenige Informationen über Folgen unterschiedlicher Reaktionen auf das Handling. Auf der Grundlage von Arbeiten an anderen Spezies und von Untersuchungen, die nicht im Zusammenhang mit Handling stehen, können folgende Aussagen getroffen werden: Individuen, die mit Angriffs- und Fluchtverhalten reagieren, neigen dazu, die Situation aktiv zu kontrollieren (z. B. Benus et al., 1989) und leisten gegenüber Handling einen energischen und langanhaltenden Widerstand. Erweisen sich diese Versuche jedoch als erfolglos, so führt das schließlich zum Kontrollverlust und zur Herausbildung des „Rückzugsstatus". Interessanterweise deuten subjektive Berichte darauf hin, daß auch Menschen, die ihr Verhalten aktiv bestimmen wollen, einen Kontrollverlust als besonders bedrohlich ansehen (Henry und Stephens, 1977). Später entwickeln aktiv reagierende Tiere vorrangig ein emotionsbezogenes Copingverhalten, das die physiologische Homöostase wiederherstellt (z. B. Dantzer et al., 1988). Tiere, die passiv reagieren und beim ersten Hand-

ling einen höheren Grad von Immobilität zeigen, sind Individuen, die eine geringe Prädisposition zur aktiven Kontrolle haben (z. B. Benus et al., 1989). Solche Tiere zeigen jedoch, zumindest anfänglich, höhere Plasmacorticosteronspiegel als Antwort auf das Handling (Ely, 1976; zitiert bei Henry und Stephens, 1977); selten entwickeln sie langfristig emotionsbezogene Copingmuster (Dantzer et al., 1988).

Die möglichen somatischen Folgen dieser Verhaltensstrategien sind von Wiepkema (1985) zusammengefaßt worden. Die Strategie der aktiven Reaktionen, die mit intensiven Aktivitäten des sympathischen Systems einhergeht, kann drastische Schäden der Herzmuskelzellen verursachen (Meerson, 1984). Magenwandschädigungen entstehen nach Beendigung der furcht- und stressauslösenden Reizung durch überschießende Reaktionen des parasympathischen Systems, das vorher durch die Aktivierung des sympathischen Systems gehemmt worden war (Glavin, 1980). Bei der passiven Strategie wird durch höheren somatischen Aufwand die Funktion des Immunsystems beeinträchtigt, so daß das Krankheitsrisiko ansteigt (Ballieux und Heijnen, 1987). Beide Strategien können – werden sie für lange Zeit aufrechterhalten – den Organismus zur Erschöpfung bringen (Wiepkema, 1985). Es scheint, daß jede dieser alternativen Strategien ihre eigenen Nachteile hat.

- **Verminderung negativer Handlingeffekte**

Die Analyse der Handlingreaktionen der Tiere liefert uns Hinweise zur Abschwächung der negativen Folgen des Handlings. *Zwangsmaßnahmen*, falls erforderlich, sollten so kurz wie möglich angewendet werden, weil sie die artspezifischen Versuche der Tiere, den Kontrollverlust zu verhindern, erheblich blockieren. Individuen ohne Vorerfahrungen mit Zwangsmaßnahmen, die aber auf ein Handling aktiv reagieren, werden den schädigenden Nebenwirkungen der verlängerten Sympathikusaktivität ausgesetzt. Tiere, die ohne Widerstand reagieren, wenden eine Alternative zur Angriffs- und Fluchtstrategie an, um die Situation zu kontrollieren. Diese Strategie setzt die Individuen jedoch schädlichen physiologischen Veränderungen durch den entstehenden „Rückzugsstatus" und die Erhöhung der Corticosteroidausschüttung aus. In einer Situation, in der eine Langzeitblockade des problemorientierten Copings vorliegt (z. B. Zwangsmaßnahmen, die Stunden und Tage dauern), tragen passive Individuen ein größeres Risiko, weil sie keine emotionsbedingten Copingmuster ausbilden können.

Zwangsmaßnahmen sind ein sicherer Weg, um in einem Tierbestand Copingverlust auszulösen. Weniger offensichtlich, aber gleich wichtig ist die Exposition gegenüber unvorhersehbaren furcht- und stressauslösenden Reizen. Die Konsequenz im Umgang des Menschen mit seinen Haustieren ist wohl der entscheidende Faktor, um das unterschiedliche Furcht- und Stressniveau in verschiedenen Betrieben zu erklären (Hemsworth et al., 1981). Personen, die mit Tieren umgehen, sollten sich bemühen, furcht- und stressauslösende Reize in einer den Erwartungen der Tiere angepaßten Weise zu setzen. Beispielsweise kündigen sich Tierpfleger vor dem Eintritt in eine Geflügelstallung oftmals durch Klopfen an die Tür an (Hughes, persönliche Mitteilung). Bei Schweinen konnte gezeigt werden, daß bekannte Geräusche, die vor der Fütterungszeit regelmäßig verursacht wurden, Aggressionen deutlich reduzierten und die Wachstumsraten erhöhten (Carlstead, 1986). Tiere sollten vorrangig in einem vertrauten Raum durch einen vertrauten Menschen und möglichst in Gegenwart ihrer gewohnten sozialen Gruppe behandelt werden. Die Nutzung individueller Unterschiede zur Minderung der Furcht vor dem Handling durch regelmäßige „angenehme" Interaktionen zwischen Mensch und Tier sollte berücksichtigt werden. Weitere Untersuchungen über die Ursachen individueller Reaktionen könnten zu alternativen Handlingsstrategien für verschiedene Verhaltenstypen führen. Ein solches Vorgehen ist jedoch in der industriellen Tierproduktion, in der Produktionseinheiten gewöhnlich tausende oder gar zehntausende Individuen umfassen, nur begrenzt realisierbar.

Technologische Fortschritte dürften wenigstens einige Lösungen für die Beseitigung der negativen Folgen des Handlings bringen. Mit computergesteuerten Handlingsystemen besteht die Möglichkeit, den Tieren eine größere Kontrolle über ihre Umgebung zu verschaffen. Robotermelksysteme geben den Tieren die Freiheit, sich zu dem Zeitpunkt melken zu lassen, den sie selbst auswählen und nicht zu der Zeit, welche in der Haltungspraxis willkürlich festgelegt worden ist (Cross, 1983). Es ist zu erwarten, daß künftig Systeme entwickelt werden, die mit den Tieren halbautomatisch oder automatisch umgehen (Wilson und Lawrence, 1987). Sauen-Transponder-Fütterungssysteme werden häufig mit automatischen Absperrmöglichkeiten ausgestattet, um die Tiere für tierärztliche und züchterische Maßnahmen zu isolieren. Die Attraktivität solcher Systeme besteht darin, daß sich das Tier – oft in Erwartung einer Belohnung – in vielen Fällen für veterinärmedizinische Maßnahmen freiwillig isoliert.

Technologie kann auch genutzt werden, um dem Tier eine berechenbare Umwelt zu verschaffen. Durch Anwendung von Ohr-Transponder-Markern zur Übermittlung akustischer Signale erfährt das einzelne Tier, wann an der Futterstation Futter aufgenommen werden kann. Dadurch wird die Aggression am Futterplatz merklich verringert (Wierenga und Hopster, 1986). Die erhöhten Herzfrequenzen von Geflügel, das mit einem automatischen Broilersortierer gefangen wurde, kehrten schneller zur Norm zurück als die manuell gefangener Tiere. Die erstgenannten Tiere waren auch weniger ängstlich, wie durch tonische Immobilisierung nachgewiesen werden konnte (Duncan et al., 1986). Dieser Fall belegt, daß automatisches Handling deutlich geringer vom Erwartungsniveau der Tiere abweicht als das Einfangen mit der Hand.

• Zusammenfassung

Handlingvorgänge sind komplexer Natur. Sie bestehen aus einer variablen Anzahl potentiell furcht- und stressauslösender Reize. Diese exogenen Handlingfaktoren wirken mit inneren Faktoren des Tieres, wie es das Geschlecht und vorausgegangene Erfahrungen sind, zusammen. Der Faktorenkomplex beeinflußt verhaltensbiologische und physiologische Reaktionen. *Stress* als allgemeinem Begriff ist die gesamte physiologische Aktivierung des Tieres als Reaktion auf belastende Umweltreize zuzuordnen. *Furcht* ist als wichtigste emotionale Komponente des Stresses zu betrachten. Sowohl Furcht als auch Stress entstehen durch Wahrnehmung und kognitive Prozesse in solchen Fällen, wo ein Ereignis auf die Tiere zukommt, das sich wesentlich von den Erwartungen unterscheidet. Die Wahrnehmung dieser Diskrepanz aktiviert die Furcht- und Stressmechanismen, so daß es zu Aggressions- oder Fluchtreaktionen sowie zur Steigerung des Sympathikotonus kommt; das Tier versucht, die Situation wieder zu beherrschen.

Die negativen Folgen des Handlings können durch das Copingkonzept erklärt werden. *Coping* ist als Wiederherstellung der physiologischen Homöostase nach einer Bedrohung der Anpassungsfähigkeit des Organismus anzusehen. Es liegen Anzeichen dafür vor, daß Handling bei Nutztieren zu physiologischen und pathologischen Veränderungen führen kann, die als Indikator für einen Zusammenbruch des Copings angesehen werden können. Ursachen dafür sind entweder ein Kontrollverlust durch Zwangsmaßnahmen oder die Unfähigkeit des Tieres, das Einsetzen von Furcht- und Stressreizen vorauszusehen, weil es einem ambivalenten Handling ausgesetzt ist.

Individuelle Unterschiede beeinflussen ebenfalls die Reaktionen der Tiere. Tiere, die auf Handling mit Angriffs- oder Furchtverhalten aktiv reagieren, laufen Gefahr, den Auswirkungen einer verlängerten Aktivierung des sympathischen Systems ausgesetzt zu werden. Passive und kooperative Tiere scheinen die Immobilisierung als eine alternative Verhaltensstrategie zu nutzen, um die Kontrollfähigkeit zu erlangen, können aber schädliche Nebenwirkungen durch erhöhte Corticosteroidspiegel als Ergebnis dieser Strategie erleiden. Zwangsmaßnahmen sollten minimiert werden. Besondere Aufmerksamkeit ist der Vorhersagbarkeit und Stabilität von Handlingprozessen zu schenken. In Zukunft werden computergesteuerte Handlingsysteme einige Probleme beim Umgang mit landwirtschaftlichen Nutztieren lösen helfen.

• Literatur

Ader, R. (1968): Effects of early experience on emotional and physiological reactivity in the rat. J. Comp. Physiol. Psychol. **66**, 264–268.

Appleby, M. C., and Lawrence, A. B. (1987): Food restriction as a cause of stereotyped behaviour in tethered gilts. Anim. Prod. **45**, 103–110.

Archer, J. (1976): The organisation of aggression and fear in vertebrates. In: Perspectives in Ethology, Vol. 2 (Editors Bateson, P. P. G., and Klopfer, P. H.), pp. 231–298. Plenum Press, New York.

Axelrod, J., and Reisine, T. D. (1984): Stress hormones: their interaction and regulation. Science **224**, 452–459.

Baullieux, R. E., and Heijnen, C. J. (1987): Stress and the immune system. In: Biology of Stress in Farm Animals: An Integrative Approach (Editors Wiepkema, P. R., and Van Adrichem, P. W. M.), 29–38. Martinus Nijhoff, Dordrecht.

Barnett, J. L., Cronin, G. M., and Winfield, C. G. (1981): The effects of individual and group penning of pigs on total and free plasma corticosteroids and the maximum corticosteroid binding capacity. Gen. Comp. Endocrinol. **44**, 219–225.

Becker, B. A., Ford, J. J., Christenson, R. K., Manak, R. C., Hahn, G. L., and DeShazer, J. A. (1985): Cortisol response of gilts in tether stalls. J. Anim. Sci. **60**, 264–270.

Benus, R. F. (1988): Aggression and Coping. PhD Thesis, Universität Groningen, Niederlande.

Benus, R. F., Bohus, B., Koolhaas, J. M., and Van Oortmerssen, G. A. (1990): Behavioural strategies of aggressive and non-aggressive male mice in response to inescapable shock. Behav. Processes in press.

Berkowitz, L. (1969): The frustration-aggression hypothesis revisited. In: Roots of Aggression (Editor Berkowitz, L.). Atherton, New York.

Bohus, B., Benus, R. F., Fokkema, D. S., Koolhaas, J. M., Nyakas, C., Van Oortmerssen, G. A., Prins, A. J. A., de Ruiter, A. J. H., Scheurink, A. J. W., and Steffens, A. B. (1987): Neuroendocrine states and behavioural and physiological stress responses. In: Progress in Brain Research, Vol 72, Neuropeptides and Brain Function (Editors de Kloet, E. R., Wiegant, V. M., and de Wied, D.), pp. 57–70. Elsevier, Amsterdam.

Bouisseau, M. F., and Boissy, A. (1988): Effects of early handling on heifers subsequent reactivity to humans and unfamiliar situations. In: Proceedings of the International Congress on Applied Ethology in Farm Animals (Editors Unshelm, J., Van Putten, G., Zeeb, K., and Ekesbo, I.), pp. 21–38. KTBL, Darmstadt.

Broadhurst, P. L. (1975): The Maudsley reactive and non-reactive strains of rats: a survey. Behav. Gen. **5**, 299–319.

Broom, D. M. (1987): Applications of neurobiological studies to farm animal welfare. In: Biology of Stress in Farm Animals: An Integrative Approach (Editors Wiepkema, P. R., and Van Adrichem, P. W. M.), pp. 101–111. Martinus Nijhoff, Dordrecht.

Broom, D. M., Knight, P. G., and Stansfield, S. C. (1986): Hen behaviour and hypothalamic-pituitary-adrenal responses to handling and transport. Appl. Anim. Behav. Sci. **16**, 98.

Carlstead, K. (1986): Predictability of feeding: its effects on agonistic behaviour and growth in grower pigs. Appl. Anim. Behav. Sci. **16**, 25–38.

Cronin, G. M. (1985): The Development and Significance of Abnormal Stereotyped Behaviour in Tethered Sows. PhD Thesis, Universität Wageningen, Niederlande.

Cronin, G. M., Wiepkema, P. R., and Van Ree, J. M. (1985): Endogenous opioids are involved in abnormal stereotyped behaviours of tethered sows. Neuropeptides **6**, 527–530.

Cross, M. (1983): Down on the automatic farm. New Scientist **108**, 56–60.

Dantzer, R., and Mormede, P. (1983): De-arousal properties of stereotyped behaviour: evidence from pituitary-adrenal correlates in pigs. Appl. Anim. Ethol. **10**, 233–244.

Dantzer, R., Terlouw, C., Tazi, A., Koolhaas, J. M., Bohus, B., Koob, G. F., and Le Moal, M. (1988): The propensity for schedule-induced polydipsia is related to difference in conditioned avoidance behaviour and in defense reactions in a defeat test. Physiol. Behav. **43**, 269–273.

Dawkins, M. S. (1980): Animal Suffering: the Science of Animal Welfare. Chapman and Hall, London.

Denenberg, V. H., and Zarrow, M. X. (1971): Effects of handling in infancy upon adult behaviour and adrenocortical activity: Suggestions for a neuroendocrine mechanism. In: The Development of Self-Regulatory Mechanisms (Editors Walcher, D. N., and Peters, D. L.), pp. 39–64. Academic Press, New York.

Dickinson, A. (1980): Contemporary Animal Learning Theory. Cambridge University Press, Cambridge.

Dunbar, R. (1989): Common ground for thought. New Scientist **1646**, 48–50.

Duncan, I. J. H., Slee, G. S., Kettlewell, P., Berry, P., and Carlisle, A. J. (1986): Comparison of the stressfulness of harvesting broiler chickens by machine and by hand. Brit. Poultry Sci. **27**, 109–114.

Edwards, D. A. (1969): Early androgen stimulation and aggressive behaviour in male and female mice. Physiol. Behav. **4**, 333–338.

Edwards, D. A., and Herndon, J. (1970): Neonatal estrogen stimulation and aggressive behaviour in female mice. Physiol. Behav. **5**, 993–995.

Fanselow, M. S., and Baackes, M. P. (1982): Conditioned fearinduced opiate analgesia on the formalin test: evi-

dence for two aversive motivational systems. Learning and Motivation **13**, 200–221.
Galef, B. G. (1970): Aggression and Timidity: Responses to novelty in feral Norway rats. J. Comp. Physiol. Psychol. **70**, 370–381.
Gallup, G. G. (1979a): Tonic immobility as a measure of fear in domestic fowl. Anim. Behav. **27**, 316–317.
Gallup, G. G. (1979b): Self awareness in primates. Amer. Sci. **67**, 417–421.
Glavin, G. B. (1980): Restraint ulcer: history, current research and future implications. Brain Res. Bull. **5**, 51–58.
Gonyou, H. W., Hemsworth, P. H., and Barnett, J. L. (1986): Effects of frequent interactions with humans on growing pigs. Appl. Anim. Behav. Sci. **16**, 269–278.
Grandin, T. (1980): Observations of cattle behaviour applied to the design of cattle-handling facilities. Appl. Anim. Ethol. **6**, 19–31.
Gray, J. A. (1987): The Psychology of fear and stress. Cambridge University Press, Cambridge.
Gross, W. B., and Colmano, G. (1969): The effect of social isolation on resistance to some infectious diseases. Poult. Sci. **48**, 514–520.
Hebb, D. O. (1946): On the nature of fear. Psychological Review **53**, 259–276.
Hemsworth, P. H., and Barnett, J. L. (1987): The human-animal relationship and its importance in pig production. Pig News and Information **8**, 133–136.
Hemsworth, P. H., Brand, A., and Willems, P. J. (1981): The behavioural response of sows to the presence of human beings and their productivity. Livestock Prod. Sci. **8**, 67–74.
Hemsworth, P. H., Barnett, J. L., and Hansen, C. (1986a): The influence of handling by humans on the behaviour, reproduction and corticosteroids of male and female pigs. Appl. Anim. Behav. Sci. **15**, 303–314.
Hemsworth, P. H., Gonyou, H. W., and Dziuk, P. J. (1986b): Human communication with pigs: The behavioural response of pigs to specific human signals. Appl. Anim. Behav. Sci. **15**, 45–54.
Hemsworth, P. H., Barnett, J. L., Hansen, C., and Gonyou, H. W. (1986c): The influence of early contact with humans on subsequent behavioural response of pigs to humans. Appl. Anim. Behav. Sci. **15**, 55–63.
Hemsworth, P. H., Barnett, J. L., and Hansen, C. (1990): The influence of inconsistent handling by humans on the behaviour, growth and corticosteroids of young pigs. Appl. Anim. Behav. Sci. in press.
Hennessey, M. B., and Levine, S. (1978): Sensitive pituitary-adrenal responsiveness to varying intensities of psychological stimulation. Physiol. Behav. **21**, 295–297.
Hennessy, D. P., and Williamson, P. (1983): The effect of stress and of ACTH administration in hormone profiles, oestrus and ovulation in pigs. Theriogenology **20**, 13–26.
Henry, J. P., and Stephens, P. M. (1977): Stress, Health and the Social Environment. A Sociobiological Approach to Medicine. Springer, New York.
Hinde, R. A. (1970): Animal Behaviour. McGraw-Hill, Tokyo.
Hitchcock, D. K., and Hutson, G. D. (1979a): Effect of variation in light intensity on sheep movement through narrow and wide races. Aust. J. Exp. Agric. Anim. Husb. **19**, 170–175.
Hitchcock, D. K., and Hutson, G. D. (1979b): The movement of sheep on inclines. Aust. J. Exp. Agric. Anim. Husb. **19**, 176–182.
Hughes, B. O., and Black, A. J. (1976): The influence of handling on egg production, egg shell quality and avoidance behaviour in hens. Br. Poult. Sci. **17**, 135–144.
Hunt, H. F., and Otis, L. S. (1953): Conditioned and unconditioned emotional defecation in the rat. J. Comp. Physiol. Psychol. **46**, 378–382.
Jones, R. B. (1977): Open-field responses of domestic chicks in the presence or absence of familiar cues. Behav. processes **2**, 315–323.
Jones, R. B. (1987): The assessment of fear in the domestic fowl. In: Cognitive Aspects of Social Behaviour in the Domestic Fowl (Editors Zayan, R., and Duncan, I. J. H.). pp. 40–81. Elsevier, Amsterdam.
Jones, R. B., and Black, A. J. (1980): Feeding behaviour of domestic chicks in a novel environment: effects of food deprivation and sex. Behav. Processes **5**, 173–183.
Jones, R. B., and Faure, J. M. (1981): The effects of regular handling on fear response in the domestic chick. Behav. Processes **6**, 135–143.
Jones, R. B., and Faure, J. M. (1982): Open-field behaviour of male and female chicks as a function of housing conditions, test situations and novelty. Biol. Behav. **7**, 17–25.
Jones, R. B., Duncan, I. J. H., and Hughes, B. O. (1981): The assessment of fear in domestic hens exposed to a looming human stimulus. Behav. Processes **6**, 121–133.
Kerr, S. G. C., and Wood-Gush, D. G. M. (1987): The development of behaviour patterns and temperament in dairy heifers. Behav. Processes **15**, 1–16.
Kilgour, R. (1976): Sheep Behaviour: Its Importance in Farming Systems, Handling, Transport and Preslaughter Treatment. West Australian Department of Agriculture. Perth, Australien.
Kilgour, R., and DeLangen, H. (1970): Stress in sheep resulting from management practices. Proc. N. Z. Soc. Anim. Prod. **30**, 65–76.

Ladewig, J. (1987): Endocrine aspects of stress: evaluation of stress reactions in farm animals. In: Biology of Stress in Farm Animals: An Integrative Approach (Editor Wiepkema, P. R., and Van Adrichem, P. W. M.), pp. 13–27. Martinus Nijhoff, Dordrecht.

Lagerspetz, K. (1964): Studies on the aggressive behaviour of mice. Ann. Acad., Sci. Fenn. Ser. B. 131, (3).

Lawrence, A. B., and Wood-Gush, D. G. M. (1988): Home-range behaviour and social organization of Scottish Blackface sheep. J. Appl. Ecol. 25, 25–40.

Lawrence, A. B., Terlouw, E. M. C., and Illius, A. W. (1990): Analysis of individual differences in behavioural responsiveness in pigs. Anim. Prod. in press.

Lazarus, R. S., and Folkma, S. (1984): Coping and adaptation. In: Handbook of Behavioural Medicine (Editor Gentry, W. D.), pp. 282–325. Guildford Press, New York.

Levine, S., Haltmeyer, G. C., Karas, G., and Denenberg, V. H. (1967): Physiological and behavioural effects on infantile stimulation. Physiol. Behav. 2, 55–59.

Levine, S., Weinberg, J., and Ursin, H. (1978): Definition of the coping process and statement of the problem. In: Psychobiology of stress: A Study of Coping Men (Editors Ursin, H., Baade, E., and Levine, S.). pp. 3–21. Academic Press, New York.

Lyons, D. M., Price, E. O., and Moberg, G. P. (1988): Individual differences in temperament of domestic dairy goats: constancy and change. Anim. Behav. 36, 1323–1333.

Meerson, F. Z. (1984): Adaptations, Stress and Prophylaxis. Springer-Verlag, Berlin.

Miller, N. E. (1959): Liberalization of basic S-R concepts: extensions to conflict behaviour, motivation and social learning. In: Psychology: A Study of a Science, Study 1, Vol 2 (Editor Koch, S.), pp. 196–299. McGraw-Hill, New York.

Munck, A., Guyre, P. M., and Holbrook, N. J. (1984): Physiological functions of glucocorticoids in stress and their relation to pharmacological actions. End. Reviews 5, 25–44.

Murphey, R. M., Duarte, F. A. M., and Torres Penedo, M. C. (1981): Responses of cattle to humans in open spaces: Breed comparisons and approach-avoidance relationships. Behav. Genet. 11, 37–48.

Murphy, L. B. (1978): The practical problems of recognizing and measuring fear and exploration behaviour in the domestic fowl. Anim. Behav. 26, 422–431.

Odberg, F. O. (1978): Abnormal behaviours. In: First World Congress on Ethology Applied to Zootechnics, Madrid, pp. 475–480.

Panksepp, J. (1982): Towards a general psychobiological theory of emotions. Behav. Brain Sciences, 5, 406–467.

Pitman, D., Ottenweller, J. E., and Natelson, B. H. (1988): Plasma corticosterone levels during repeated presentation of two intensities of restraint stress: chronic stress and habituation. Physiol. Behav. 43, 47–55.

Poole, T. (1973): The aggressive behaviour of individual polecats *Mustela putoris*, *M. furo* and hybrids towards familiar and unfamiliar opponents. J. Zool. 170, 395–414.

Rushen, J. (1986a): Aversion of sheep to electro-immobilization and physical restraint. Appl. Anim. Behav. Sci. 15, 315–324.

Rushen, J. (1986b): Aversion of sheep for handling treatments: paired-choice studies. Appl. Anim. Behav. Sci. 16, 363–370.

Sato, S., Shiki, H., and Yamasaki, F. (1984): The effects of early caressing on later tractability of calves. Jpn. J. Zootech. Sci. 55, 332–338.

Sawrey, W. L., and Long, D. H. (1962): Strain and sex differences in ulceration in the rat. J. Comp. Physiol. Psychol. 55, 603–605.

Sklar, L. S., and Anisman, H. (1979): Stress and coping factors influence tumour growth. Science, 205, 513–515.

Stevens, R., and Goldstein, R. (1981): Effects of neonatal testosterone and oestrogen on open-field behaviour in rats. Physiol. Behav. 26, 551–553.

Syme, L. A. (1981): Social disruption and forces movement orders in sheep. Anim. Behav. 29, 283–288.

Syme, L. A., and Elphick, G. R. (1982): Heart-rate and the behaviour of sheep in yards. Appl. Anim. Ethol. 9, 31–35.

Toates, F. M. (1986): Motivational Systems. Cambridge University Press, Cambridge.

Von Borrell, E., and Ladewig, J. (1987): The adrenal response to chronic stress is modified by individual differences in adrenal function of pigs. Appl. Anim. Behav. Sci. 17, 378.

Wiepkema, P. R. (1985): Biology of fear. In: Second European Symposium on Poultry Welfare, pp. 84–92.

Wierenga, H. K., and Hopster, H. (1986): Behavioural research to improve systems for automatic concentrate feeding. In: Proceedings of the International Symposium on Applied Ethology in Farm Animals, p. 18. Balatonfüred, Hungary.

Wilson, P. N., and Lawrence, A. B. (1987): Changes in livestock nutrition and husbandry. In: Farming into the Twenty-First Century (Editor Gasser, J.), pp. 119–145. Norsk Hydro, London.

2. Rinder

(Robert J. Holmes)

• **Einführung**

Geschicklichkeit und Verletzungsrisiko. Gutes Handling bedeutet Geschick sowie sicheres, schnelles und humanes Arbeiten. Geschicklichkeit beim Handling ist besonders für Tierärzte wichtig, weil die Tierbesitzer sie daran beurteilen. Roher Umgang wird von ihnen stets mißbilligt. Die meisten Handlingsmaßnahmen erfordern keine physische Anstrengung. Gefragt sind Findigkeit und Geduld, nicht Gewalt. Gewalt wird mit gleicher oder größerer Gewalt beantwortet. Kennt man das Verhalten eines Rindes, können die Reaktionen vorausgesagt und so geleitet werden, daß kaum mit Verletzungen von Tier oder Mensch zu rechnen ist.

Rinder können auf vielfache Weise Verletzungen hervorrufen. Es ist leicht vorstellbar, daß ein Körpergewicht von 800 kg bei erwachsenen Tieren ausreicht, um eine Person niederzuwerfen oder sie gegen eine Wand oder einen Zaun zu drücken. Das kann absichtlich oder durch Zufall geschehen. Durch Getretenwerden kommt es zu Quetschungen und Knochenbrüchen an den Zehen, wenn nicht entsprechendes Schuhwerk getragen wird.

Ein Rind greift mit dem Kopf an, oder es benutzt ihn, um sich zu verteidigen. Mit den Hörnern können Rinder schweren Schaden verursachen. Ein plötzlicher Stoß mit dem Kopf seitwärts oder nach vorn kann tödlich ausgehen. Die Tiere können mit großer Gewalt gezielt stoßen, auch wenn sie enthornt sind. Bullen der Milchviehrassen sind besonders gefährlich.

Rinder schlagen gewöhnlich mit einer Hintergliedmaße plötzlich nach vorn, nach der Seite oder nach hinten aus („Rinderschlag"). Auf diese Weise können sie eine an ihrer Schulter stehende Person treffen. Kühe sind besonders am ersten und zweiten Tag nach dem Abkalben sehr um ihr Kalb besorgt. Sie greifen dann jeden an, der sich diesem nähert.

Obwohl Rinder weder offensiv noch defensiv beißen und im Oberkiefer keine Schneidezähne besitzen, können sie mit den Backenzähnen kräftig quetschen und mahlen. Beim Eingeben von Medikamenten kann man sich schwere Finger- und Handverletzungen zuziehen.

Bei starker Erregung oder bei Fluchtreaktionen können durch das Schlagen mit dem Schwanz, vor allem durch die langen Haare am Schwanzende, ungeschützte Augen verletzt werden.

Die Gegenmaßnahmen zur Vermeidung von Verletzungen können aktiver oder passiver Art sein. Aktive Gegenmaßnahmen sind solche, die eine bewußte Reaktion der betroffenen Person im Risikofall erfordern, z.B. eine korrekte Positionierung, um zu verhindern, daß man geschlagen wird. Passive Maßnahmen, wie das Aussondern aggressiver Mastrinder, sind in das Management eingebaut. Obwohl solche passive Maßnahmen ein Risiko wesentlich vermindern und vorzuziehen sind, handelt es sich bei vielen risikobegrenzenden Maßnahmen sowohl um aktive als auch um passive Methoden, z.B. das Tragen von Stiefeln mit schützenden Zehenkappen. Aktives Handeln muß die passive Maßnahme wirksam werden lassen. Die Installation von erhöhten Laufstegen („Katzenstegen") entlang der Triebwege ist eine passive Maßnahme, die erst durch ihr aktives Beachten zur Wirkung gelangt (Abb. 2.1.). Gegenwärtig hängt die Sicherheit beim Umgang mit Rindern beinahe vollständig von aktiven Maßnahmen, einigen aktiv-passiven, wenigen passiv-aktiven und kaum von passiven Maßnahmen

2. Rinder 31

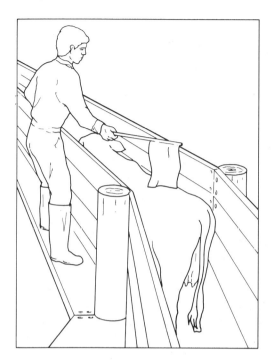

Abb. 2.1. Benutzung eines am Triftweg installierten Trittbrettes, um Rinder im Einzelgang mit einem Fähnchen zu bewegen. Man beachte die massiven Planken an den seitlichen Begrenzungen.

ab. Erfahrung und Erfindergeist sind notwendig, um passive Gegenmaßnahmen im Rinder-Handling zu entwickeln.

Wohlbefinden. Das Wohlbefinden der zu betreuenden Tiere ist aus zwei Gründen wichtig: Erstens ist es menschliche Pflicht, das Wohlbefinden der Tiere, die in unserer Obhut sind, zu gewährleisten. Zweitens gestalten sich alle Handling-Prozeduren einfacher, wenn das Tier entspannt ist. Erfahrenes Personal weiß, daß Milchkühe leichter zu handhaben sind, wenn sie sich wohlfühlen, d.h. wenn sie trocken, zugluftfrei und sauber gehalten werden.

Wachheitszustand (Arousal). Das Arousal-Konzept ist ein Schlüssel im Tier-Handling und besonders für Großtiere von Bedeutung. Es ist das Aktivitätsniveau eines Tieres, das von tiefem Schlaf über mehrere Zwischenstadien bis zu Kampf- und Fluchtreaktionen reicht. Je höher der Erregungszustand ist, um so stärker reagiert das Tier auf einen Reiz. Ein erwachsener, erregter Bulle braucht nur minimal provoziert zu werden, um anzugreifen. In hohem Maße erregte Rinder zeigen Kampf- oder Fluchtreaktionen und führen plötzlich heftige Bewegungen aus. In offenem Gelände sollte man, vorausgesetzt, es ist genügend Platz vorhanden, Triftwege für die Rinder einrichten, damit es nicht zu panischem Gedränge kommt. Die auslösenden Reize müssen so gering wie möglich gehalten werden, das Risiko unerwünschter Verhaltensweisen, z. B. die Möglichkeit zur Flucht, ist ständig zu beachten. Ein erregtes Rind, das nicht entkommen kann und noch durch Handling gereizt wird, kann in einen Starrezustand verfallen. So kann sich eine Kuh im Behandlungsstand hinlegen und damit den Fortgang der Trächtigkeitsuntersuchung (rektale Exploration) verhindern. Trotz entsprechender Reizeinwirkungen kann sie sich weigern, für mehrere Minuten zu stehen. Steht sie wirklich auf, geschieht es oft ohne vorherige Anzeichen. Ein solches Verhalten kann dann durchaus gefährlich sein.

Generell ist es wünschenswert, Tiere so zu halten, daß sie sich ruhig bewegen bzw. ruhig stehen. So sollte es Rindern und Schafen möglich sein, sich vor oder nach dem Umstallen für etwa 20 Minuten niederzulegen. Die Beachtung des Wachheitszustandes ist bedeutsam, um die Bewegungen der Tiere unter Kontrolle zu haben. Handling stimuliert die Tiere und führt zur meist unerwünschten Steigerung ihres Erregungszustandes. Einige Faktoren, die den Erregungszustand von Rindern beeinflussen, werden in Abb. 2.2. dargestellt.

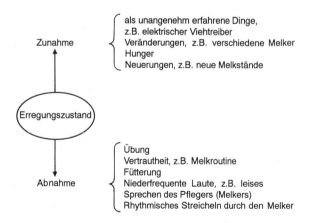

Abb. 2.2. Faktoren, die das Aktivierungsniveau (Arousal) der Rinder beeinflussen. Die Reihenfolge sagt nichts über die Bedeutung der einzelnen Faktoren aus.

Rinder sind im Dunkeln ruhiger und weniger aktiv als im Tageslicht. Nachtzeit eignet sich besser zum Handling leicht erregbarer Tiere. Rinder können jedoch auch bei Nacht aktiv sein, wie es beim Weidegang geschieht, wenn es tagsüber zu heiß ist.

Die Reaktionsbereitschaft von Rindern wird von zahlreichen Faktoren bestimmt. Eine Kuh kann post partum jeden, der sich ihrem Kalb nähert, angreifen. Frisch von ihren Kälbern getrennte Kühe erzwingen ihren Weg durch Zäune und andere Hindernisse, um wieder zu ihren Kälbern zu gelangen. Der Umgang mit einem gereizten Rind in einer Koppel erweist sich als schwierig. Die Art der Reaktion auf Reize wird durch das Temperament des Tieres wie auch durch die Art und Intensität des Reizes beeinflußt. Das Temperament wiederum ist von folgenden Faktoren abhängig:

- Typ des Rindes (Buckelrinder reagieren stärker als höckerlose),
- Rasse (Angus-Rinder fliehen rascher als Hereford-Rinder),
- Zuchtlinie,
- Reproduktionsstatus (Kühe, die frisch abgekalbt haben, greifen Personen in der Nähe ihrer wenige Tage alten Kälber an),
- vorausgegange Experimente (Tiere, die an ein angenehmes Handling gewöhnt sind, reagieren ruhiger).

Sinneswahrnehmung. Rinder haben eine weit bessere Geruchsempfindung als Menschen. Kühe können ihre frisch abgesetzten Kälber aus erheblichen Entfernungen riechen, besonders in Windrichtung. Deshalb müssen sie gut separiert werden. Obgleich bewiesen werden konnte, daß Rinder Farben sehen, ist nicht bekannt, auf welche Farbe sie am stärksten reagieren. Das hat praktische Bedeutung für die Verwendung von Farben an Elektrozäunen und für Fähnchen zum Handling.

Die Augen der Rinder befinden sich am Kopf in seitlicher Position. Das ermöglicht ein weites Panoramasehen von mehr als 300 Grad, jedoch wird meist nur mit einem Auge gesehen (monokulares Sehen, Abb. 2.3.). Dadurch können Rinder Größe und Geschwindigkeit unvertrauter Objekte, die sich seitlich

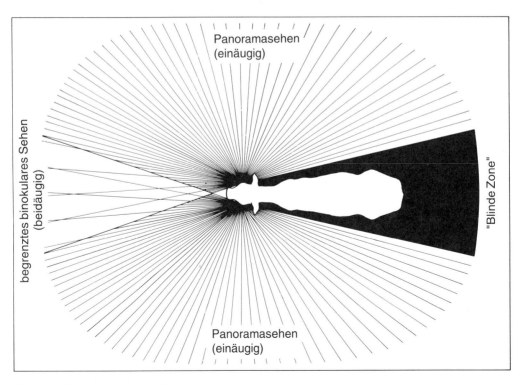

Abb. 2.3. Gesichtsfeld eines Rindes.

ihres Kopfes befinden, nicht einschätzen. Folglich können sie auf plötzliche Bewegungen heftig reagieren. Eine genaue Wahrnehmung zeigen sie nur nach vorn, wo sich das Gesichtsfeld beider Augen überlappt und binokulares Sehen entsteht. Bei starkem Beleuchtungskontrast bleiben Rinder stehen und erkunden die schattenwerfenden Gegenstände. Dadurch kann ein reibungsloser Durchlaß einer Herde durch einen Triftweg oder auf den Gängen zwischen den Boxen gestört werden. Auch andere unbekannte Dinge, falls diese nicht furchterregend sind, werden von den Tieren untersucht. Rinder sind jedoch bei unbekannten Objekten sehr vorsichtig. Bis sie diese vollständig erkundet haben, kann es zu erheblichen Stockungen kommen.

• Sozialverhalten

Rinder sind gesellige Tiere, die sich zu Gruppen formieren und herkömmlicherweise in solchen leben. Wird eine Gruppe zusammengestellt oder kommen neue Rinder hinzu, treten gewöhnlich Konflikte zwischen den Tieren auf (agonistisches Verhalten). Dazu gehören Kampf, Flucht, Rückzug und Beschwichtigung. Im Ergebnis dieser Reaktion finden sich dann zwei Tiere, wobei eines dominant ist und z. B. bevorzugten Zugang zu einer Grünfläche oder einem Liegeplatz hat. Rindern wird deshalb eine soziale Ordnung zugeschrieben. Man könnte auf Grund beobachteter agonistischer Interaktionen darauf schließen, aber wahrscheinlich entscheidet ein Rind auf der Grundlage vorausgegangener Erfahrungen, welches Verhalten im Hinblick auf ein anderes Rind oder ein ähnlich aussehendes Tier zustande kommt. Wird ein Tier für mehr als einen Tag aus einer Gruppe entfernt, muß bei der Rückkehr eine Kampfbereitschaft in Betracht gezogen werden. Bei Kühen kann es zu Milchrückgang, bei Mastbullen zu körperlichen Schäden kommen. Das Tier sollte deshalb so schnell wie möglich in die Herde zurückgeführt werden. War es länger als einen Tag abwesend, sollte es dann wieder eingeordnet werden, wenn die Gruppe intensive Aktivitäten zeigt, die es zeitlich nicht erlauben, sich mit dem wiedereingereihten Tier auseinanderzusetzen oder es zu belästigen. Intensiver Weidegang, z. B. bei einem frischen Weideschnitt, sowie die Morgen- und Abenddämmerung sind günstige Zeiten.

Kämpfe von Rindern untereinander, besonders unter Bullen, ereignen sich beim Zusammenstellen von miteinander vertrauten und nicht miteinander vertrauten Tieren. Damit verbunden ist ein hoher Erregungszustand, der starke Muskelaktivitäten erzeugt und einen drastischen Anstieg des pH-Wertes im Fleisch hervorruft. Daraus resultiert später ein dunkles, festes und trockenes Fleisch (DFD-Fleisch).

Da es Rinder gewöhnt sind, in Gruppen zu leben und dazu neigen, einander zu folgen, sind sie im Verband leichter zu bewegen und einfacher zu handhaben. Eine Herde wird sich gut treiben lassen, wenn ein oder zwei Tiere vornweglaufen; das ist durch Handling erreichbar. Normalerweise behält ein Tier mindestens immer noch ein anderes im Blickfeld. Dies könnte erklären, warum sich in nicht geradlinigen, kurvenreichen Triftwegen mit Rindern gut arbeiten läßt.

Es gilt als sicher, daß Rinder zu einer nicht vertrauten Person Distanz halten oder von ihr weglaufen. Wird die Distanz verkürzt, werden sie versuchen, diese wiederzugewinnen. Diese sog. **Fluchtdistanz** kann beim Annähern bewußt genutzt werden. Sie variiert beim Handling je nach Erfahrung von wenigstens 100 m für Wildwiederkäuer und etwa 1–7 m für Mast- oder Milchrinder, die man deshalb sehr schwer zur Fortbewegung animieren kann.

Rinder beanspruchen normalerweise zwischen ihrem Kopf und anderen Rindern bzw. Menschen eine Minimalentfernung. Dieser Abstand wird **Individualdistanz** genannt. Sie wird hergestellt durch Drohung mit dem Kopf, oft durch seitwärts gerichtetes Kopfschütteln und variiert von 0 bis zu 5 m. Es ist gleichsam ein Freiraum um die Kopfregion, den das Tier zu erhalten versucht. Dieses Verhalten kann beobachtet werden, wenn erwachsene Bullen gleichzeitig durch einen Triftweg getrieben werden, der gewöhnlich weniger als 5 m breit ist. Leicht kommt es dann zum Kampf, da die Bullen nicht schnell genug hindurchlaufen können. Versuche, die Individualdistanz zu erhalten, können auch beobachtet werden, wenn man sich dem Kopf des Tieres nähert, um das Tier festzubinden. Selbst wenn man regelmäßig und freundlich mit den Rindern umgeht, zeigen sie bei dieser Gelegenheit häufig heftige Kopfbewegungen.

Training und Erfahrung. Rinder lernen leicht, Routinemaßnahmen zu akzeptieren. Beweis dafür sind die Einstellung auf zweimaliges tägliches Melken und der einfache Umgang mit Milchkühen. Sie sind so auf feste Programme eingestellt, daß schon geringe Veränderungen in der Umgebung oder der Technik sowie ein Austausch des Melkers den Erregungszustand steigern und einen merklichen Leistungsabfall verursachen können. Rinder sind auch so zu trainieren, daß man sie am Halfter führen kann. Mit Rindern der Fleischrassen ist das Handling nicht so einfach, besonders mit solchen, die auf Laufflächen gehalten werden und nur wenige Male oder gar nur einmal mit dem Menschen in direkten Kontakt kommen. Es wird oft gesagt, daß Rinder gewisse Verhaltensweisen nur langsam erlernen, wie das Geführtwerden am Halfter. Vermutlich ist das aber nur eine Reaktion auf das Fremde und keine Lernunfähigkeit. Rinder können sich wenigstens drei Jahre lang an eine schlechte Behandlung erinnern. Hat ein Rind einmal erfolgreich ein von ihm unerwünschtes Handling abgewehrt, z. B. das Treiben in eine Koppel, wird es sehr schwer, dasselbe wieder zu versuchen und durchzusetzen. Deshalb muß das Handling-System von Anfang an korrekt aufgebaut und durchgeführt werden. Da man mit Mastrindern gewöhnlich weniger umgeht, sind diese auch leichter erregbar und ängstlich gegenüber den jeweiligen Prozeduren. Es ist deshalb des beste, einen Behandlungsstand zu benutzen. Aber sogar Milchkühe können trotz eines ruhigen und freundlichen Umgangs, der zweimal am Tag erfolgt, extrem nervös reagieren und sich mit Nachdruck der Routinemaßnahme widersetzen. Milchkühen ist Streicheln angenehm; haben sie sich einmal daran gewöhnt, beruhigt sie das.

Frühzeitiger Umgang mit den Tieren ist wichtig. Herden, mit denen man frühzeitig in Kontakt tritt, sind später leichter zu handhaben, z. B. beim Verladen. Es ist deshalb für das Management der Rinderhaltung empfehlenswert, sie gelegentlich in Vorwartehöfen zu behandeln.

Eigenschaften der Betreuer. Das Verhalten der Betreuer ist wichtig. Ungeduldiger Umgang kann zu Verletzungen führen und die Leistung der Milchkühe nachteilig beeinflussen. Ein ruhiger, ausgeglichener Melker erzielt im Durchschnitt höhere Milchleistungen.

Man sagt, obwohl es nicht bewiesen ist, daß Tiere einen Mangel an Vertrauen des Betreuers durch den Geruch feststellen, der bei menschlicher Angst abgegeben wird. Beobachtungen zeigen, daß Betreuer mit wenig Zutrauen keine gute Kontrolle ausüben und die gewünschten Reaktionen der Tiere nicht erhalten. Solche Mitarbeiter bedienen auch oft die Technik nicht so korrekt, wie es eine einfühlsame Person tut. Handlungen von Personen, die kein Einfühlungsvermögen besitzen, erregen die Tiere und lösen unerwünschte Reaktionen aus. Neues Personal sollte von Anfang an auf exakte Technik bedacht sein und sie in einer ruhigen Atmosphäre praktizieren. Wiederholtes leises Sprechen in Nähe der Rinder beruhigt diese und gewöhnt sie an die Gegenwart des Pflegers. Außerdem haben diese einen beruhigenden Effekt auf den Pfleger selbst.

Wird das Handling mit einem Minimum an Störungen durchgeführt, ist es leichter, in einer Milchviehherde Brunst zu entdecken. Durch Reaktionen auf einen Reiz beim Handling kann man auch Erkrankungen wie Hypomagnesiämie oder Lahmheit erkennen.

Glücklicherweise kann Handling erlernt werden. Personen mit gutem Beobachtungsvermögen und dem Talent, Verhaltensweisen der Rinder vorauszusehen, eignen sich besonders für den Umgang mit diesen Tieren.

• Allgemeine Kontrolle

Vorbereitende Arbeiten. Erfolgreiches Handling setzt eine gute Vorbereitung voraus. Alle möglichen Bewegungen und Manipulationen an den Rindern sind im voraus zu durchdenken:

– Welche Aufgaben sind zu bewältigen?
– Wie kann das erforderliche Handling auf ein Minimum beschränkt werden?
– Wer kann das in Frage stehende Handling mit maximaler Sicherheit, dem geringsten Zeitaufwand und geringsten Störungen für die Tiere übernehmen?
– Wo ist dafür der beste Platz?
– Ist der Platz für Pfleger und Tiere sicher?
– Mit welcher Technik kann die Arbeit am schnell-

sten und für das Tier am störungsärmsten durchgeführt werden?
— Wie kann die Herde nach dem Handling kontrolliert werden?
— Wie werden die Rinder reagieren? Wie sind ihr Temperament und ihre Erfahrungen beim Handling?
— Ist genügend Personal und sind genügend Behandlungsstände vorhanden?
— Was geschieht, wenn die Herde beim Versuch, sie in den Wartehof hineinzutreiben, rückwärts ausbricht?

Die Handling-Ausrüstung für Rinder muß in entsprechender Größe, Stabilität und Sauberkeit vorhanden sein, und alle, die sie bedienen, müssen mit ihr umgehen können. Milchrinder werden gewöhnlich an einem Zaun festgebunden, in einen normalen Melkstand oder in einen Behandlungsstand mit Nackenbügel verbracht. Mastrinder fixiert man eher im Triftweg oder mit dem Seil.

Treiben/Bewegen. Werden Rinder zum Austrieb vorbereitet, sind sechs Fragen zu beantworten:

— Wie sieht der Plan für den Triebweg aus?
— Ist genügend Personal vorhanden?
— Ist der Triebweg frei von Einengungen, Erweiterungen und Objekten, die einen reibungslosen Durchlaß behindern würden?
— Ist die Gliedmaßenbeschaffenheit adäquat?
— Sind die Bewegungen der Rinder vorhersehbar?
— Ist die vorgesehene Route präpariert, sind z. B. alle erforderlichen Gatter offen oder geschlossen?

Rinder sollten mit der von ihnen gewählten Geschwindigkeit bewegt werden, da sie sich selbst verletzen können, wenn sie losrennen. Laufen sie in der gewünschten Richtung, soll man sie gewähren lassen.
Beim Treiben von Rindern sind Geduld und Ruhe wichtige Tugenden. Ungeduld der Tierpfleger beim Treiben der Tiere in die Melkanlagen konnte in Neuseeland als Hauptursache von Lahmheiten beim Milchvieh ermittelt werden. Ein solches Fehlverhalten erkennt man daran, daß die Tiere seitwärts ausweichen, den Kopf hochhalten und sich gegenseitig anlehnen. Weitere Risikofaktoren sind das Nichtfesthalten an der Spur und die Gegenwart eines bissigen Hundes.

Milchvieh erlernt sehr bald Routinevorgänge, z. B. das Versammeln am Freßplatz oder auf der Weidefläche zum Zwecke des Gemolkenwerdens. Bedingt reflektorische Reize für diese Vorgänge sind die Annäherung der vertrauten Personen und die vom treibenden Personal verursachten Geräusche.
Es ist günstiger, Rinder in einer größeren Tiergruppe zu treiben, als den Prozeß mit kleineren Gruppen zu wiederholen. Eine Gruppe hat eine kollektive Fluchtdistanz und auch ein inneres Gleichgewicht. Man stimuliert die sich bewegende Gruppe durch Druck auf deren Flanke, um jene Tiere vorn zu halten, die sich in der gewünschten Richtung bewegen. Ständiges Aufpassen ist erforderlich, um Bewegungsveränderungen des Verbandes oder Ausbrüche einzelner Tiere frühzeitig zu erkennen. Für das Treiben durch Gatter muß zuerst dem Leittier der Durchlauf gewährt werden, dann sollte den anderen erlaubt werden, mit ihrem eigenen Tempo zu folgen. Die Tiere sollten nur angetrieben werden, wenn der Durchfluß ins Stocken gerät. Eine zu starke Gewalteinwirkung führt zu Ausbrüchen. Ist eine Gruppe in Bewegung, sollte man versuchen, sie mit einer für sie angemessenen Geschwindigkeit zusammenzuhalten.
Insgesamt sollte das Bewegen der Tiere auf das unbedingt erforderliche Ausmaß beschränkt bleiben. Je schneller sich Tiere bewegen, je mehr Ecken sie passieren müssen und je enger die Durchlässe sind, um so größer ist die Möglichkeit für Quetschungen. Je besser die Wartehöfe ausgestattet sind, desto geringer ist die erforderliche Stimulation, um die Rinder zu bewegen. Alle eingesetzten Mittel müssen gut erprobt sein. Schlecht ausgebildete Hunde können Anlaß sein, daß eine Gruppe auseinanderbricht. Rinder können so trainiert werden, daß sie durch Konditionierung auf einen Ruf hin zur Fütterung kommen bzw. dies tun, wenn sie hungrig sind. Zu Beginn des Trainings gebe man einen Laut von sich, klappere mit dem Eimer, lasse etwas Futter auf den Erdboden fallen, bewege sich mit geringer Geschwindigkeit in die gewünschte Richtung und wiederhole den ganzen Vorgang, bis die Rinder zu folgen beginnen.

Treiben auf öffentlichen Straßen. Für die Bewegung einer Herde auf einer öffentlichen Straße sollten vorher örtlich bestimmte Festlegungen getroffen werden. Es ist erforderlich, dazu wenigstens zwei Personen zur Verfügung zu haben. Eine Person geht vornweg, um entgegenkommenden Verkehr zu warnen, die andere Person geht hinterher, um die Rinder zu treiben. Es ist in jedem Fall zu verhindern, daß Rinder Schaden erleiden oder Unheil anrichten.

Hilfsmittel. Mit Stöcken sollte man vorsichtig umgehen, da sie Quetschungen verursachen. Sie können benutzt werden, um Tiere mit leichtem Klopfen auf den Leib zur Bewegung zu veranlassen. Segeltuchklatschen (Abb. 2.4.) sind genauso effektiv und verursachen keine Verletzungen. Elektrische Viehtreibestäbe werden als äußerst wirksam betrachtet, doch bringen sie die Rinder zum unkontrollierten Davonrennen. Sie sind nicht nur tierschutzwidrig, sondern oft auch wirkungslos. Eine Segeltuchklatsche, eine Zeitungspapierrolle oder ein Hausbesen können genauso effektiv sein.

Die Tiere können durch Drehen des Schwanzes zu einer S-förmigen Schleife zur Vorwärtsbewegung

Abb. 2.4. Segeltuchklatsche, hergestellt aus 7,5 cm Feuerwehrschlauch.

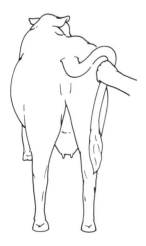

Abb. 2.5. Durch Zusammendrehen des Schwanzes kann man ein Rind zum Laufen bringen.

veranlaßt werden (Abb. 2.5.). Es sollte jedoch großer Wert darauf gelegt werden, den Schwanz ca. 15 cm von der Wurzel entfernt zu halten und ihn sorgsam zu drehen, da er brechen kann. Es ist sicherer, nahe an der Seite des Schwanzes und nicht dahinter zu stehen.

Hunde sollten angekettet oder anderweitig ferngehalten werden, wenn Rinder innerhalb von Gebäuden oder Gattern bewegt werden. Hunde dürfen nur dann eingesetzt werden, wenn sie gut trainiert und die Rinder an die Hunde gewöhnt sind. Werden Hunde benötigt, ist dies ein Hinweis dafür, daß die Haltungsbedingungen verbesserungswürdig sind.

Gewundene Einzeltiertriftwege sind offensichtlich effizienter als geradlinig verlaufende Triftwege. Die Tiere folgen dem jeweils vorausgehenden, um den Blickkontakt nicht zu verlieren, ein Rückwärtstreten wird vermieden.

Bauliche Gestaltung. Vorzugsweise sollten Ställe in Höhe des Erdbodens gebaut werden. Es ist zu beachten, daß Rinder lieber aufwärts als abwärts gehen. Runde Laufhöfe sind besser als rechteckige. Bei gewundenen Triftwegen kann eine Person auf einem erhöhten Laufsteg eine optimale Position einnehmen, indem sie etwa 30 Grad von der Mittellinie entfernt hinter einem Tier herläuft.

Pendelgatter sind für das Schließen von Einzeltriftwegen, z. B. zwischen Triftweg und Behandlungsstand oder Waagevorrichtungen, sehr praktisch. Sie können außerhalb des Ganges geöffnet oder geschlossen werden. Nicht völlig geschlossene Gatter werden nur selten von einem rückwärtstretenden Rind wieder aufgestoßen. Vertikale Durchtrittspforten haben eine doppelte Funktion: Man kann sich zum einen sehr schnell zwischen zwei Boxen hin- und herbewegen, zum anderen können sie als Fluchtweg lebensrettend sein (Abb. 2.6.). Wenn man die Wahl hat, sollten Rinder besser abwärts bewegt werden.

Sortieren. Will man Rinder in mehrere Gruppen trennen, bietet sich dazu eine Sortierbox an. Es können aber auch ein breiter Triftweg oder zwei Boxen benutzt werden. Während des Separierens kommt es leicht zu Quetschungen, da die Rinder erregt sind und enge Gatter mit plötzlichen Richtungsänderungen passieren. Auch hier gelten die bereits beschriebenen Forderungen an das Treiben

Abb. 2.6. Durch eine vertikale Lücke in der Laufbox wird ein Fluchtweg für den Pfleger geschaffen.

von Rindern. Die folgenden Hinweise sind jedoch von spezifischer Relevanz:

- Die Gatter sollten von der Sortierbox nach außen zu öffnen sein; die öffnende Person sollte außerhalb der Box stehen.
- Die Gruppen sollten von angemessener Größe sein.
- Die nachtretenden Tiere sollten sich hinter der Eintrittspforte befinden.
- Mit Fähnchen (Abb. 2.7.), Klatschen oder Gerten kann die Kontrolle verbessert werden.

Die Stellung des Tierpflegers zur Schulter des Tieres beeinflußt den Weg, den das Tier gehen wird. Eine gedachte Linie über die Schultern des Tieres kann als Wendepunkt angesehen werden. Geht man hinter der Linie, wird das Tier zum Vorwärtstreten, geht man vor der Linie, wird es zum Rückwärtstreten veranlaßt (Abb. 2.8.). Steht man auf dieser Linie bzw. Höhe, kommt es weder zum Vorwärts- noch zum Rückwärtstreten. Von vorn kann das Rind auch zum Seitwärtstreten veranlaßt werden. Dabei bewegt man sich seitlich einer gedachten Längslinie durch die Mitte des Tierkörpers. Von hinten kann dies nicht erfolgen, da man sich dann in der sog. blinden Zone des Tieres befindet (Abb. 2.9.).

Stöcke vergrößern das Profil einer Person. Die Kontrolle über die Bewegung der Rinder wird verstärkt, wenn man zwei Stäbe in ganzer Länge nach je einer Seite hält (Abb. 2.10.). Der Effekt kehrt sich um, wenn man die Stäbe herunternimmt und sich seitwärts neben das Tier stellt (Abb. 2.11.).

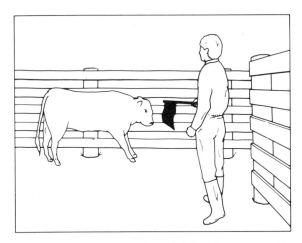

Abb. 2.7. Mit einem Fähnchen wird das Rind daran gehindert, durch ein Gatter in die Koppel zu laufen.

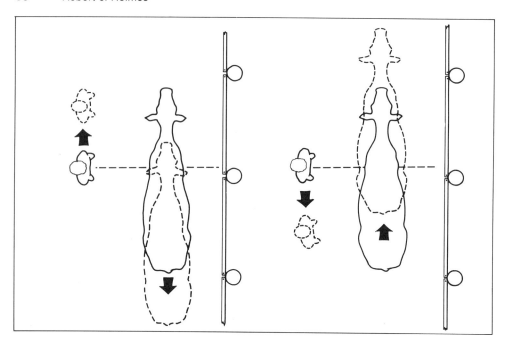

Abb. 2.8. Anwendung des sog. Balance-Punktes in Höhe der Schulter, um ein Rind zum Vorwärts- oder Rückwärtstreten in Richtung auf eine Boxenwand zu veranlassen.

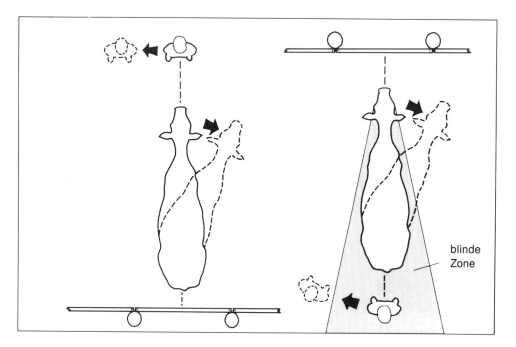

Abb. 2.9. Anwendung des sog. Balance-Punktes in Höhe der Mittellinie des Rindes, um das Tier zum Seitwärtstreten von vorn oder von hinten her zu bewegen. Man beachte, daß das Rind den Pfleger nicht sehen kann, wenn er in der „blinden Zone" des Gesichtsfeldes direkt hinter dem Rind steht.

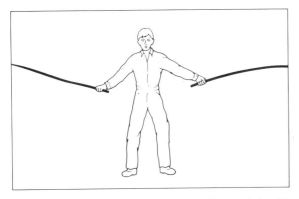

Abb. 2.10. Vergrößerung des Aktionsradius und der Einflußnahme des Pflegers durch zwei Stöcke.

Abb. 2.11. Der Körperumriß des Pflegers wird schmaler, wenn er mit der Körperseite zum Tier steht und gleichzeitig den Stock gesenkt hält.

Grundsätzlich sollten die ruhigeren Tiere von den erregbareren getrennt werden: Kühe von Bullen, Kühe von Kälbern und alte Tiere von Jungen. Die ruhigere Gruppe der Herde ist so einfacher zu handhaben, die leichter zu erregenden Tiere werden nur wenig gestört, Kühe sollten von ihren Kälbern getrennt werden, da sich Kühe allein besser bewegen als mit den Kälbern.

Rinder neigen dazu, einander zu folgen. Falls es notwendig ist, dieses Verhalten zu unterbinden, wird ein Fähnchen vor den Kopf des Rindes gehalten. Mit dieser Methode kann man ein Rind zur Umkehr bewegen (s. Abb. 2.7.).

Annäherung an ein Einzeltier. Einem Tier sollte man sich leise sprechend nähern. Dadurch wird es nicht überrascht, und es läuft nicht fort. Rindern, zu denen regelmäßiger Kontakt besteht, sollte man sich von der Seite her auf die gewohnte Art nähern. Üblicherweise tritt man von der linken Seite heran, aber unter besonderen Umständen, z. B. bei einem Melksystem, kann eine andere Richtung erforderlich sein. Man berühre zuerst die Schulter und gehe ruhig bis zum Kopf. Ängstliche, zur Flucht neigende oder aggressive Tiere weichen gern aus oder schlagen seitwärts. Der Schlag wird gewöhnlich in halbkreisförmigem Bogen ausgeführt und kann schwere Verletzungen verursachen. Aggressive Tiere, wie Bullen und nymphomane Kühe, stoßen gern mit dem Kopf und drücken eine Person gegen die Wand. Wenn man sich solchen Tieren nähert, sollte stets ein Fluchtweg in der Nähe sein. Direktes Annähern wird von den Rindern als aggressiv empfunden und mit Aggression beantwortet, z. B. mit einer Attacke vorwärts oder mit einem Stoß.

Fixation des Kopfes. Der Grad der notwendigen Fixation hängt von der Zahmheit des Tieres und von der Störung ab, die durch die Manipulation verursacht wird. Es ist möglich, daß einige oder sogar alle Körperpartien für die Sicherheit des Tieres und des Pflegers gesichert werden müssen.

Der Kopf ist die erste und wichtigste Körperregion, die fixiert werden muß, da das Tier dem Pfleger mit heftigen Kopfstößen schwere Verletzungen zufügen kann. Ist der Kopf einmal fixiert, verhält sich das Tier leichter ruhig. Bei nicht fixiertem Kopf schlagen viele Rinder weiter, sogar wenn andere Körperteile fest fixiert sind. Offenbar nehmen die Tiere an, durch Schlagen ausbrechen zu können, wenn der Kopf frei ist. Folgende Zwangsmaßnahmen für den Kopf des Rindes sind möglich:

– Verbringen in einen üblichen Melkstand,
– selbstschließender Nackenbügel (Fanggitter) an der Futterbank,

40 Robert J. Holmes

- Anlegen eines Halfters,
- Zwängen des Nackens in eine feste Haltevorrichtung, z. B. in ein Joch oder eine Nackenkette,
- Festlegen des Halses in einer Schelle, in einem Joch oder an einem Pfahl, Niederdrücken des Kopfes mit einer Nasenzange, Niederhalten des Kopfes mit einem Nasenbügel (Abb. 2.12.), Abwärtsziehen des Kopfes mit einem Halfter oder Ausüben eines Druckes auf die Nasenscheidewand.

Aufhalftern. Halfter können ein effektives, billiges und humanes Zwangsmittel sein, besonders wenn die Tiere daran gewöhnt sind. Bei nicht regelmäßig oder schlecht betreuten Tieren kann jedoch das Anlegen des Halfters eine schwierige und langdauernde Prozedur sein. Das Halfter sollte mit einem vergrößerten Kopfstück und einer Nasenschlinge ausgestattet sein (Abb. 2.13.). Das Aufhalftern nicht daran gewöhnter Tiere geschieht am besten, indem man mehrere Tiere auf kleinem Raum zusammenbringt oder einzeln in einem Behandlungsstand fixiert, wobei die vergrößerte Nasen-

Abb. 2.13. Halfter mit gelockerter Kopf- und Nasenschlinge.

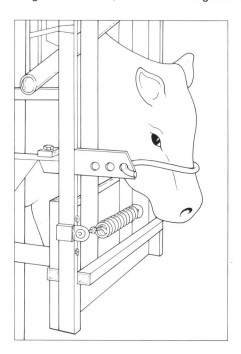

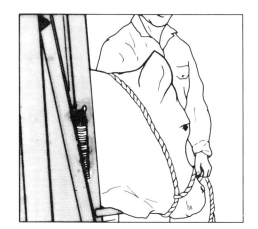

Abb. 2.12. Links: Halsbarren- und Nasenbügelhalter für den Kopf einer Kuh in einem Fanggitter. Rechts: Kopf durch Nackenklemme und Seilhalfter fixiert.

schlinge über die Nase gelegt und das Kopfstück über die Hornansätze gezogen wird (Abb. 2.14). Es besteht auch die Möglichkeit, das Tier mit einer Schlinge um den Hals zu fangen und wenn es sich beruhigt hat, zu halftern. Beläßt man das Halfter am Tier, sollte eine Schlinge dort gelegt werden, wo der Strick den Halfterring verläßt und damit zum Führstrick wird. Zweckmäßigerweise sollte ein Heubüschel dazwischengeschoben werden, um die Öffnung des Knotens zu erleichtern (Abb. 2.15.).

Als Regel gilt, daß man sich der Schulterregion des Tieres langsam von hinten in einem Winkel von 45 Grad nähert. Dies ist eine relativ sichere Position. Man spreche ruhig mit dem Tier, kraule seinen Rücken und bleibe mit ihm in Berührungskontakt.

Manche Rinder halten ihren Kopf gesenkt, wenn die Unterkieferschlinge vor ihnen tief gehalten wird. In diesen Fällen wird das Halfter zuerst über die Ohren gezogen. Heben die Tiere dann den Kopf an, gleitet die Unterkieferschlinge um das Kinn herum, und der Führstrick wird angezogen. Am wichtigsten für das Aufhalftern sind eingeschränkte Bewegungsmöglichkeit für das Tier, Geduld und Belassen des Halfters mit einem lockeren Führungsseil, bis das Halfter fest sitzt.

Zwangsmaßnahmen an der Nase. Druck auf die Nasenscheidewand ist ein wirkungsvolles Mittel, um

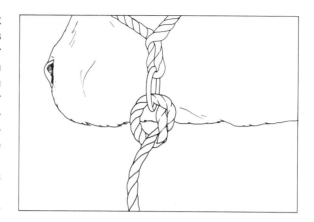

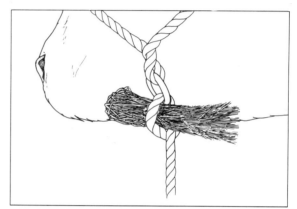

Abb. 2.14. Aufhalftern. Die große Schlinge wird über die Nase gelegt, der für das Genick bestimmte Teil dann über die Stirn gezogen.

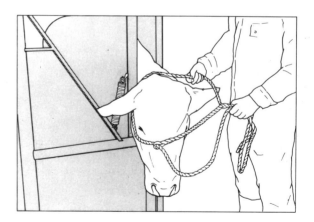

Abb. 2.15. Oben: halbgeknüpfter Knoten am Halfter, um einen zu starken Zug oder ein Abstreifen zu vermeiden. Mitte: Ein Heuwisch steckt im teilweise geknüpften Knoten, der dadurch, falls er naß oder zu fest wird, leicht zu öffnen ist. Unten: Anlegen des Halfters über die Stirn hinweg bis hinter die Ohren.

die Kopfbewegungen des Tieres unter Kontrolle zu bringen. Ein großes Tier kann auf diesem Wege für kurze Zeit mit Daumen und Zeigefinger gegriffen werden. Aber für eine längere Anwendungszeit und für größere Sicherheit wird bei großen Tieren ein Nasenhalter (Bremse) benötigt (Abb. 2.16.). Diese Geräte stehen in verschiedener Ausführung zur Verfügung. Die besten Nasenhalter haben folgende Eigenschaften:
– glatte, kuglige Enden, die in die Nasenlöcher eingeführt werden, so daß der Knorpel nicht beschädigt oder zerstört wird.

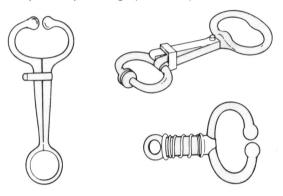

Abb. 2.16. Oben: Nasenzangen. Mitte: Nasenzange mit langem Handgriff. Unten: Nasenzange mit Karabinerhaken und Strick.

- Zwischen den kugligen Enden sollte ein Abstand von 3 mm sein.
- Es sollte eine Vorrichtung angebracht sein, die das Gerät in geschlossener Position hält, damit keine manuelle Bedienung erforderlich ist.

Einige Nasenzangen besitzen lange Schenkel, um einen Vorteil für den Pfleger zu erzielen; andere Geräte haben kurze Schenkel und ein Seil, so daß sie an festen Gegenständen fixiert werden können (Abb. 2.16.). Das Ende des Seils sollte so gehalten werden, daß es jederzeit losgelassen werden kann; es sollte niemals unbeobachtet gelassen werden. Legt sich das Tier hin, können das Nasenseptum und der Nasenflügel in der Nasenmitte ausreißen. Der Pfleger sollte neben dem Kopf des Tieres stehen und in dieselbe Richtung wie das Tier sehen. Man stecke Daumen und Zeigefinger in die Nasenlöcher, um das Tier zu fixieren, bis die Nasenzange eingesetzt ist.

Ein Zangenende wird im Winkel in ein Nasenloch eingeführt und die Zange gedreht, bis das andere Ende in dem anderen Nasenloch und hinter dem fleischigen Abschnitt zu liegen kommt. Die Kontrolle ist am besten möglich, wenn der Kopf hochgehalten wird.

In vielen Ländern müssen über 12 Monate alte Bullen einen Nasenring tragen, an dem möglichst eine Kette oder ein Seil befestigt sein sollte. Der Ring muß gut eingepaßt werden, d. h. vorn im Nasenseptum vor dem knorpeligen Teil. Eine Führstange mit einem Haken kann am Nasenring befestigt werden. Damit kann man auf die Nase mechanisch besser einwirken und den Kopf des Bullen weg vom Pfleger halten. Günstig ist es, wenn der Haken vom anderen Ende der Stange geöffnet werden kann, so daß der Pfleger den Kopf des Bullen weit weg halten kann.

Zwangsmaßnahmen für das ganze Tier

Behandlungstand/Zwangsstand. Wenn routinemäßig mit Rindern umgegangen wird, ist ein Behandlungsstand eine gute Investition (Abb. 2.17.). Dieser stellt das ganze Tier ruhig. Folgendes sollte dabei berücksichtigt werden:

- Lokalisation am Ende eines Einzeltriftweges,
- kein schlüpfriger Bodenbelag,

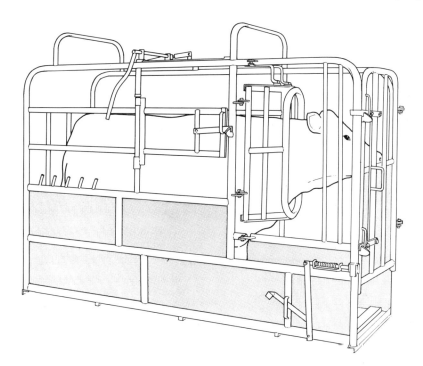

Abb. 2.17. Konventioneller Rinderbehandlungstand.

- genügend Platz und Griffigkeit der Bodenfläche, damit die Tiere aufstehen können,
- keine Gegenstände, die nach innen vorstehen,
- Wasseranschluß und Abflußmöglichkeit,
- Möglichkeit, die Breite des Standes der jeweiligen Größe des Rindes anzupassen,
- ein 6 m langer, heller Raum, der durch das Austrittstor sichtbar ist,
- ein leicht zu öffnender Halsbügel,
- ein vertikal zu verschließender Halsbügel, so daß ein Tier, das niedergeht, nicht in die Stangen fällt, sein Hals nicht verdreht werden kann und sein Kopf in fixierter Position bleibt,
- eine Vorrichtung, die verhindert, daß das Tier nach hinten treten kann, bevor das Vordergatter geöffnet wird,
- eine Vorrichtung zum Lösen von Kopf und Hals, bevor das Austrittsgatter geöffnet wird, damit sich das Tier beim Vorwärtstreten nicht erwürgt,
- eine Halsbefestigung mit Holmen, um Nase und Kopf tiefzuhalten, wodurch dieser immobilisiert wird,
- ein hinteres Gatter oder einen Balken, um ein Rückwärtstreten zu verhindern, wenn der Hals nicht fixiert ist,
- eine sichere Verankerung im Erdboden, so daß bei heftigen Bewegungen des Tieres eine feste Standposition gewährleistet ist,
- bewegliche Seitenholme und Wände, damit alle Körperpartien für chirurgische Eingriffe zugänglich sind (die Vorrichtung muß geschlossen bleiben, bis das Tier fixiert ist, da sich sonst Zehen und Gliedmaßen verfangen und Frakturen entstehen können),
- eine Vorrichtung mit weiten Gurten, um das Tier am Niedergehen oder Niederfallen zu hindern,
- bewegliche Ausleger an den vorderen Vertikalholmen, die ausgeschwenkt werden können, um die Vordergliedmaßen hochzuziehen,
- ein beweglicher Querholm hinter dem Tier, um die Gliedmaße hochziehen zu können.

Es wird folgendermaßen vorgegangen: Eintreiben, Verschluß des Halsbügels, Verschluß der Seitenwände, Anwendung von Kopf- und Nasenholm. Soll das Tier losgemacht werden, erfolgt die umgekehrte Prozedur.

Schwenkbarer Tisch. Schwenkbare Tische bieten maximale Bequemlichkeit für den Behandelnden. Rinder fühlen sich in dieser Position offenbar wohl, da sie leicht in einen hypnotischen Status (tonische Immobilisation) verfallen.

Die Tische können beweglich oder fest montiert sein. Die Methode erfordert eine Möglichkeit zum Fixieren des Kopfes, Rückengurte, Kurbeln zum Hochwinden, Polsterungen, Seile und Ringe. Das Tier wird auf eine Plattform geführt, wobei der Tisch senkrecht steht. Der Kopf wird fest an den Tisch gezogen, wozu man einen Halsbügel oder ein Halfter benutzt. Zwei Zwangsgurte werden um die Brust gelegt, der dritte wird zwischen den Hintergliedmaßen und dem Euter bzw. Skrotum durchgezogen. Dem Tier sollte man eine Augenblende anlegen, um es ruhigzuhalten und das nach oben blickende Auge vor hellem Licht zu schützen. In diesem Stadium muß besonders sorgfältig vorgegangen werden, da Rinder häufig Widerstand leisten, wenn sie an den Tisch herangezogen werden.

Die gesamte Apparatur muß fest im Boden verankert sein, damit sie im Gleichgewicht bleibt, wenn das Tier geschwenkt wird. Der Tisch wird in waagerechte Position verbracht. Unter die Schulter und die unten liegende Vordergliedmaße werden Polster gelegt, um Schäden am Nervus radialis zu vermeiden. Die Zehen werden dann so fest wie erforderlich an der Tischplatte fixiert.

Der umgekehrte Vorgang spielt sich ab, wenn das Tier auf seine Gliedmaßen gestellt werden soll. Rinder sollten nicht länger als 30 Minuten in Seitenlage verbleiben, da es sonst zur Gasansammlung im Pansen kommt.

Rinder können zum Niederlegen und zur Immobilisation gezwungen werden, indem man mit einem Seil Druck auf Thorax und Abdomen ausübt. Diese Methode wird wegen der dafür notwendigen großen Anstrengungen und der Risiken für das Tier nur noch selten angewendet. In der Regel stehen Zwangsstände und Medikamente zum Niederlegen zur Verfügung. Eine allgemein anwendbare Seilmethode wird in Abb. 2.18. demonstriert. Falls es erforderlich ist, ein Rind mit einem Seil niederzuschnüren, sollte folgendes beachtet werden:

- Eine Person ist für den Kopf verantwortlich, besonders um eine Kontrolle zu haben, wenn das Tier fällt. Sie steht auf der rechten Seite, da das Tier auf die linke Seite gelegt wird, um die Gefahr einer Labmagenverlagerung zu vermin-

Ziehen

das Tauende hält eine Person, die rechts von der Kuh steht

Abb. 2.18. Oben: Schlingenführung zum Niederschnüren (Methode nach Reuff). Mitte: Position der Pfleger beim Niederschnüren. Unten: Schlingenführung im Detail.

dern. Kopf und Hals werden nach rechts hinten gedreht, und die Person lehnt an der Schulter (Abb. 2.18., Mitte).
- Ist niemand da, um den Kopf zu halten, sollte dieser tief zum Erdboden gezogen werden.
- Der Untergrund sollte nicht hart, aber fest, flach und frei von verletzenden Gegenständen sein.

Eine lockere Schlinge wird um den Hals, zwei Schlingen werden um den Körper gelegt, die erste hinter der Schulter, die zweite genau vor dem Tuber coxae. Das Tauende wird aufgenommen und zügig nach hinten gezogen, bis sich das Tier hinlegt. Wenn es mit Vorder- und Hintergliedmaßen Widerstand leistet, können diese gefesselt werden. Liegt das Tier einmal am Boden, sollten die oben liegenden Gliedmaßen schnell fixiert werden, um die Gefahr für den Operateur zu vermindern. Die Person, die sich um den Kopf kümmert, kann auf dem Hals knien und die oben liegende Gliedmaße gebeugt halten. Gelegentlich kann ein Schlag mit der Hintergliedmaße erfolgen; wenn notwendig, kann man Vorder- und Hintergliedmaße zusammenbinden.
Bei großen Bullen benötigt man Strenge und Geduld. Ein kleines Tier kann durch eine doppelte Abdominal- und Thoraxschlinge, wie in Abb. 2.19. dargestellt, niedergelegt werden. Durch Anheben der Schlinge wird Druck ausgeübt.

Andere Methoden zum Niederlegen der Rinder sind von Fowler (1978), Leahy und Barrow (1953), Miller und Robertson (1959) und Stöber (1979) diskutiert worden.
Das Niederlegen wird wegen der Möglichkeit eines Abortes für tragende Tiere nicht empfohlen. Es kann dadurch aber auch zur Verlagerung des Labmagens, zur Tympanie und zur Lungenentzündung kommen. Man sollte stets auf die Atmung, auf den Verlust des Bewußtseins oder auch auf Tympanie achten. In all diesen Fällen sollte man dem Tier erlauben, aufzustehen und sich zu erholen.

Verhinderung des Schlagens

Die einzig zuverlässigen Methoden, wie man Ausschlagen verhindern kann, bestehen darin, die Gliedmaßen hochzuziehen oder das ganze Tier medikamentös zu immobilisieren. Es gibt jedoch mehrere Möglichkeiten, das Schlagen einzuschränken.
Schwanzanheben. Eine einfache Methode, das Schlagen zu verhindern, ist das Hochheben des Schwanzes (Abb. 2.20.).
Wo Rinder nicht vorwärts oder seitwärts treten können, ist dies eine sehr wirksame Zwangsmaßnahme. Es ist mit großer Sorgfalt vorzugehen, um den Schwanz nicht zu verletzen. Man steht dicht neben dem Schwanz, faßt ihn mit einer Hand ca. 15 cm von der Wurzel entfernt und hebt ihn

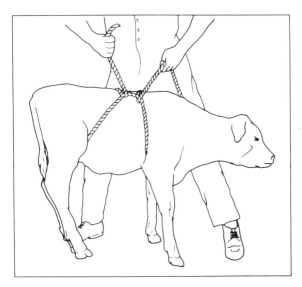

Abb. 2.19. Schlingenführung nach Lark zum Niederlegen eines Kalbes.

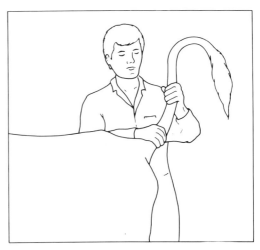

Abb. 2.20. Anheben des Schwanzes. Die obere Hand ist etwa 15 cm von der Schwanzbasis entfernt.

parallel zur Rückenlinie senkrecht hoch. Die andere Hand kann zur Unterstützung dienen. Wie andere Zwangsmaßnahmen sollte diese nur angewendet werden, wenn es unbedingt notwendig ist, und wieder gelöst werden, wenn das Tier nicht mehr schlägt und es ruhig wird.

Flankendruck. Druck auf die Flanke verringert ebenfalls die Möglichkeit des Schlagens. Das kann durch Hochziehen der Kniefalte (Abb. 2.21.) oder mit einer C-förmigen Klammer erreicht werden, die in der Flankenregion angesetzt wird und bis zur gegenüberliegenden Lende reicht (Abb. 2.22.). Um das Abdomen kann ein Seil gezogen werden (Abb. 2.23.), wobei aber für die Milchvene oder den Penis eine Verletzungsgefahr besteht.

Fesseln der Gliedmaßen. Als weitere Zwangsmaßnahme können die Hintergliedmaßen gefesselt werden. Diese Technik sollte aber nur im Notfall benutzt werden, weil der Pfleger in Gefahr gerät, wenn er die Fesseln einem schlagenden Tier anlegt. Die Rinder können sich während und nach der Fesselung extrem erregen, eine ständige Überwachung ist deshalb notwendig. Kuh und Pfleger können verletzt werden, wenn das Tier umfällt. Eine Reihe von Gerätschaften ist entwickelt worden, um das Schlagen während des Melkens zu verhindern. Klemmen und U-förmig gestaltete Geräte können

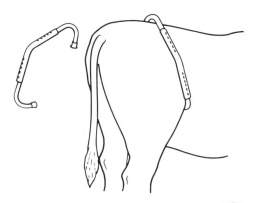

Abb. 2.22. C-förmig gestaltete Klemme (Immobilisator), um ein Ausschlagen des Rindes zu verhindern.

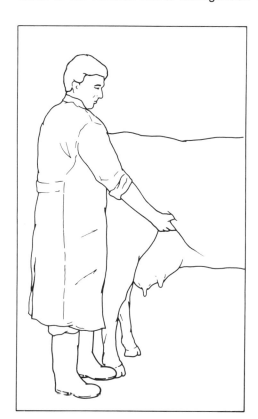

Abb. 2.21. Ergreifen und Hochziehen einer Flankenfalte.

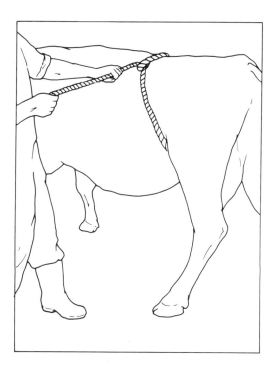

Abb. 2.23. Ausübung eines Flankendruckes durch ein Seil um das Abdomen.

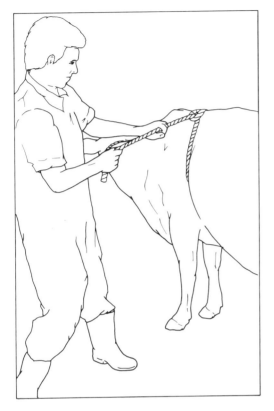

Abb. 2.24. Druck auf Rücken und Brust mit einem Seil.

auf die Achillessehne oberhalb des Fersenhöckers aufgesetzt werden.
Möglichkeiten, die Gliedmaßen zu fixieren, werden später unter „Allgemeine Manipulationen, Zehe" beschrieben.
Brustbremse. Rinder werfen sich leicht nieder, wenn sie am Kopf, an den Gliedmaßen oder am Schwanz gehalten werden. Man kann das verhindern und das Tier beruhigen, indem ein Seil hinter den Vordergliedmaßen um die Brust gelegt und festgezogen wird (Abb. 2.24.).

Fixieren des Schwanzes

Ein herumschlagender Schwanz ist für das Personal gefährlich; deshalb sollte er festgehalten werden. Wenn an ihm gezogen wird, sollte dies in Richtung Tierkörper geschehen. Niemals sollte der Schwanz an ein feststehendes Objekt gezogen werden, da er brechen kann, wenn das Tier hinfällt. Man kann das Schwanzende mit Papier umwickeln und mit einem Seil fixieren, das mit einer Schlinge um den Hals des Tieres gelegt wird (Abb. 2.25.).

• Allgemeine Manipulationen

Handling am Ganztier

Wiegen. Erwachsene Rinder werden im Gegensatz zu Kälbern gewöhnlich in sog. Waageboxen gewogen oder mit Waagen, die am Ende eines Laufganges installiert sind. Die Waagebox sollte vom Eintrittsgatter her gut zu sehen sein, damit das Tier ohne Schwierigkeiten hineingeht. Für die Genauigkeit ist wichtig, daß die Skala vor und nach dem Wiegen Null anzeigt. Die Plattform kann schnell verschlammt und verkotet sein; sie ist zu reinigen und die Waage für jedes Tier wieder auf Null einzustellen.
Manche Tiere stehen in der Waagebox nicht still, wodurch ein akkurates Ablesen unmöglich wird. Kraulen des Rückens oder das Auflegen einer Hand in Kopfnähe beruhigt das Tier in der Regel.

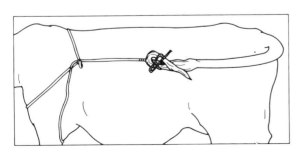 

Abb. 2.25. Links: Der Schwanz wird mit einem Seil am Hals fixiert. Rechts: Am Schwanzende fixiertes Seil.

Liegende Rinder in stehende Position bringen

Veranlassen zum Aufstehen. Bevor man einen Versuch unternimmt, ein Tier zum Aufstehen zu bewegen, ist zu prüfen, ob es überhaupt fähig ist zu stehen. Die Ursachen des Liegens können sehr verschieden sein: ungenügende Blutversorgung, Lähmungen, Frakturen, Dislokationen oder Muskelschäden der Gliedmaßen. Der Versuch, das Tier zum Stehen zu bringen, ist gleichzeitig ein diagnostischer Test. Um stehen zu können, müssen beim Rind folgende Voraussetzungen gegeben sein:

- funktionierende Gliedmaßen; wenn Tiere einige Zeit gelegen haben, werden die Gliedmaßen unter dem Körper steif und starr. Das Tier sollte auf die andere Seite gerollt werden, um den Druck auf die unten liegenden Gliedmaßen wegzunehmen.
- Sind die Gliedmaßen stark abgebeugt, bringt man sie zum Aufstehen in die natürliche Stellung.
- Der Boden darf nicht schlüpfrig sein, damit ein fester Stand gewährleistet ist.
- Zum Aufstehen muß genügend Platz vorhanden sein.

Um ein Rind zum Aufstehen zu bringen, sind unterschiedliche Stimuli anwendbar:

- Klappern und lautes Rufen in Ohrnähe,
- Klaps auf Hals und Brust,
- Nähe eines bellenden Hundes,
- kaltes Wasser in ein Ohr laufen lassen,
- auf einer harten Unterlage Druck auf den Schwanz ausüben.

Während der Behandlung in einem Behandlungsraum oder Behandlungsstand können sich Rinder plötzlich hinlegen. Sie liegen dann mehrere Minuten und verweigern das Aufstehen trotz der üblichen Stimuli. Eine Technik, die immer wieder erfolgreich angewendet wird, besteht darin, den Luftstrom durch die Nasenlöcher zu blockieren. Man legt die Handinnenfläche auf ein Nasenloch, und die Finger verschließen das andere Nasenloch. Mit dem anderen Arm wird der Kopf gehalten, der beim Versuch zu atmen heftig bewegt wird. Will das Tier durch die Mundhöhle atmen, versucht man, die Mundhöhle geschlossen zu halten. Beim Versuch aufzustehen ist dem Rind zu helfen. Vor allem sollte nahe an der Schwanzwurzel Unterstützung gegeben werden, um Frakturen zu vermeiden. Jedoch sollte der Schwanz nicht zum Hochziehen des Tieres benutzt werden. Will sich ein Rind erheben, können auch seine Seitwärtsbewegungen unterstützt werden.

Hochheben. Liegende Rinder können mit der Hand, mit dem Seil, einem Luftkissen, mit Geschirr oder dem Hebezeug hochgehoben werden. Nie sollte der Schwanz zum Hochziehen benutzt werden, weil dadurch eine Paralyse von Teilen der Nachhand verursacht werden kann. Steht das Tier einmal, muß es am Schwanz gehalten werden, um es zu stabilisieren. Hilfe beim Aufstehversuch kann durch Anheben der Flankenfalten auf beiden Seiten gegeben werden. Seile unter der Brust und der Inguinalregion können benutzt werden, um das Stehen zu stabilisieren. Das Aufblasen großer Luftkissen unter Brust und Abdomen ist eine bewährte Methode. Die Kuh kann mit einem Hängegurt aufgehoben und darin bis zu einer Stunde fixiert werden, um zu trinken und die Gliedmaßen zu bewegen (Abb. 2.26.). Ein Rind kann ebenfalls mit Hilfe einer Klemme (Zwinge) über die Hüfthöcker gehoben werden

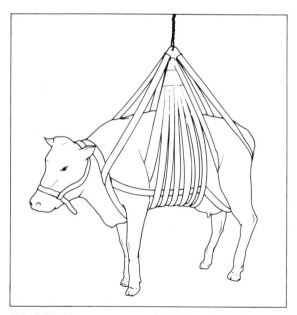

Abb. 2.26. Hängezeug zum Aufheben eines festliegenden Rindes.

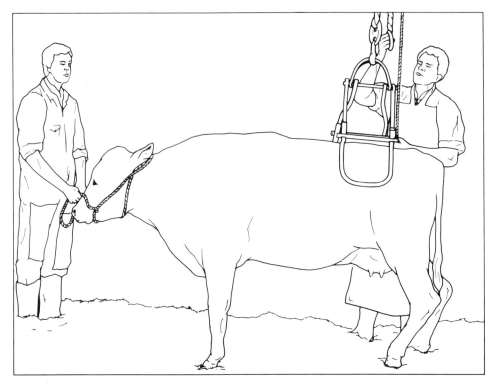

Abb. 2.27. Das Hebezeug nach Bagshawe zum Hochheben von Rindern, die an Nachhandparese leiden.

(Abb. 2.27.); dies sollte aber nur für wenige Minuten geschehen, da die Möglichkeit des Erstickens, von Zirkulationsstörungen und von Muskel- und Hautschäden über der Hüftregion besteht. Aufstehversuche sollten stets vorsichtig vorgenommen werden. Sie schädigen das Tier, wenn man sie mehrfach wiederholt und unnötigerweise oder inkorrekt durchführt.

Steht das Tier einmal, braucht es für einige Minuten Unterstützung, bis es imstande ist, wieder zu laufen. Hilfe kann durch Halten an der Schwanzwurzel oder Hochziehen der Flanken gegeben werden. Wichtig ist ein stabiler Untergrund, damit das Tier nicht rutschen kann. Für die ersten Tage danach sollte die Umgebung für das Tier sicher und bequem sein.

Bewegen eines „Festliegers": Rinder können auf stabile Matten oder gleitbare Schienen gerollt werden, die man dann auf dem Erdboden entlang zieht. Solange das Tier während dieses Vorganges bequem liegt, besteht für die Pfleger die größte Gefahr darin, sich selbst durch den gebeugten Rücken eine Zerrung zuzuziehen. Es ist besser, für die ganze Prozedur ein Fahrzeug zu benutzen.

Kopf

Drenching. Bevor Arzneimittel jeglicher Art oral verabreicht werden, lese man die Anweisungen. Einige Präparate dürfen nicht gemischt werden, für einige gibt es spezielle Vorsichtsmaßregeln. Während der Arzneimitteleingabe sollte man geduldig und freundlich sein, besonders wenn sie wiederholt werden muß. Der Umgang mit Rindern kann sehr schwierig werden, wenn sie erst einmal eine Aversion entwickelt und gelernt haben, das Drenching zu verhindern. Die Arzneimitteleingabe muß am stehenden Tier erfolgen, so daß es normal schlucken kann und keine Flüssigkeit in die Lungen fließt. Der Kopf muß gestreckt gehalten werden.

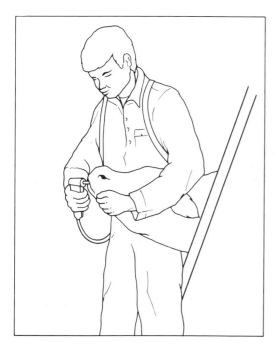

Abb. 2.28. Fixation des Kopfes zur Arzneimittelgabe (Drenching) mit Hilfe eines Fanggitters. Beachte, daß sich die Finger einschließlich des Daumens außerhalb des Maules befinden!

Kälbern kann man Arzneimittel in einem Laufgang eingeben, wenn die Tiere von einer Person richtig festgehalten werden können. Am besten ist es, sich rückwärts durch die Tiergruppe zu schieben und Beinschützer zu tragen, da Kälber strampeln und mit ihren Hinterbeinen schlagen.

Schwerere Rinder benötigen Zwangsmaßnahmen am Hals. Das Vorgehen hängt davon ab, wie die Tiere an das Drenching gewöhnt sind. Milchvieh kann man im Melkstand behandeln, Mastrinder benötigen einen Zwangsstand mit Halsfixation. Der Behandelnde steht seitlich des Kopfes mit dem Blick nach vorn (Abb. 2.28.), wobei er den Kopf mit der Arminnenseite und den Unterkiefer mit den Fingerkuppen erfaßt. Risikoreich und unnötig ist es, die Finger in das Maul des Tieres zu stecken. Eine andere Gefahr für den Behandelnden liegt in plötzlichen, heftigen Kopfbewegungen des Rindes. Um sie einzuschränken, sollte das Tier soweit wie möglich rückwärts in den Nackenbügel gedrückt werden. Wenn die Innenseite des Beines unter den Kopf gedrückt ist, führt man das Eingabeinstrument (Applikationspistole oder Flasche) zwischen Molaren und Schneidezähnen in die Mundhöhle ein. Es ist darauf zu achten, daß man nicht auf die Zähne schlägt. Das Ende des Eingabeinstrumentes schiebt man über die Mitte des Zungenrückens und läßt die Flüssigkeit langsam hineinlaufen, so daß das Tier schlucken kann. Wird zu schnell vorgegangen, kann die Flüssigkeit in die Lungen gelangen, wodurch Husten und Lugenentzündungen entstehen können. Auch beim Entfernen des Gerätes ist eine Verletzung der Zähne zu vermeiden. Man wartet einige Sekunden, um zu prüfen, ob die gesamte Arzneimittelmenge geschluckt worden ist.

Wird eine Flasche benutzt, ist darauf zu achten, daß der Flaschenhals nicht zwischen die Backenzähne zu liegen kommt, wo das Glas zerbrechen kann. Sicherer ist es, den Flaschenhals zu umwickeln oder einen Gummitubus aufzusetzen, z. B. einen Zitzenkuppenschoner. Die Verabreichung von Medikamenten in Form von Pasten, Boli oder Kapseln wird in derselben Weise durchgeführt. Die abzuschluckende Menge muß entsprechend klein sein; es ist mit Sorgfalt zu arbeiten, damit die Kehlkopfregion nicht beschädigt wird. Das Medikament muß langsam auf dem Zungenrücken deponiert werden, so daß der Patient schlucken kann. Es ist zu kontrollieren, ob auch abgeschluckt wird. Wird das Medikament nicht in wenigen Sekunden wieder ausgespuckt, kann man davon ausgehen, daß es abgeschluckt wurde. Zur Verabreichung eines Bolus wird die Mundhöhle mit einem großkalibrigen Maulkeil geöffnet, wobei der Keil zwischen Schneide- und Backenzähne geschoben wird. Dabei sind die Finger von den Zähnen fernzuhalten.

Untersuchung von Mundhöhle und Rachen. Zur Untersuchung von Mund- und Rachenhöhle wird ein Maulkeil verwendet. Um das Gerät einzusetzen, sollte der Kopf zwischen Körper und Arm gehalten werden. Der Arm wird über dem Kopf plaziert und der Unterkiefer gegriffen, so daß der Kopf gegen den Körper des Untesuchers gezogen wird. Der Maulkeil wird zwischen den Molaren einer Seite plaziert, um die Kiefer auseinanderzuhalten und so eine Untersuchung zu ermöglichen (Abb. 2.29.).

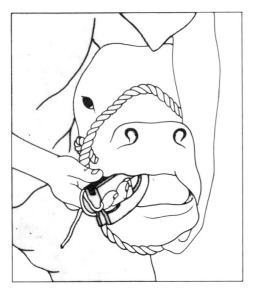 

Abb. 2.29. Links: Der Maulkeil wird in die Mundhöhle zwischen Oberkiefer- und Unterkieferbackenzähne eingesetzt. Rechts: Zahnkeil zur Trinkwassereingabe.

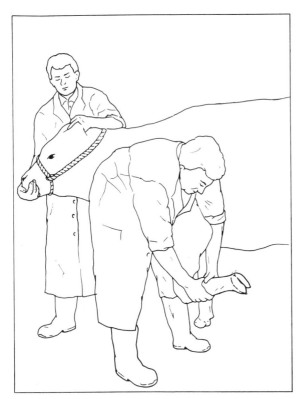 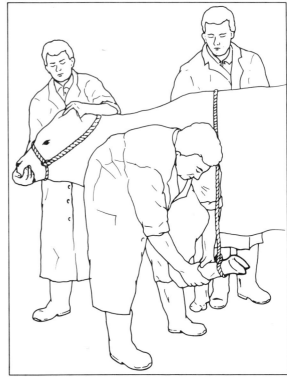

Abb. 2.30. Links: Hochheben einer Vordergliedmaße mit der Hand. Rechts: Hochheben einer Vordergliedmaße mit Hilfe eines über den Widerrist gezogenen Seiles.

Gefährlich und unnötig ist es, die Finger in die Mundhöhle zu stecken, um diese zu öffnen. Die Mundhöhle kann auch geöffnet werden, indem man ein Maulholz in den zahnlosen Zwischenzahnteil einbringt (Raum zwischen den Schneidezähnen und den Molaren).

Magensonden. Für das Einführen einer Magensonde braucht man gute Zwangsmaßnahmen am Kopf. Es wird mehr als ein Halfter benötigt. Rinder bis zum Gewicht von etwa 90 kg können durch eine Person gehalten werden, die mit gespreizten Beinen steht und das Tier gegen einen festen Zaun oder eine Wand drückt. Schwerere Tiere müssen mit fixiertem Kopf (Nackenklemme, Nackenbügel oder ein anderes Zwangsgerät) behandelt werden.

Das Ende des Sondentubus sollte an der inneren und äußeren Seite abgerundet sein. Scharfe Enden können die Schleimhautfalten des Pharynx, des Ösophagus, des Netzmagens und des Pansens verletzen.

Die Mundhöhle sollte durch einen Maulkeil, wie oben beschrieben, geöffnet werden. Der Tubus wird in die Mundhöhle über den Rücken der Zunge hinweg durch den Ösophagus geschoben. Die richtige Lage im Ösophagus kann durch die Haut des Halsbereiches hindurch palpiert werden. Liegt die Sonde in der Trachea, kann sie nicht palpiert werden, aber es strömt Luft aus und ein.

Wenn man Flüssigkeit eingibt, sollte der Kopf leicht aufwärts gehalten werden. Die Flüssigkeit fließt so schnell den Tubus hinab, wie sie durch den Trichter hindurchgeht.

Füße

Hochheben. Es gibt mehrere Methoden, um die Gliedmaßen hochzuheben. Eine verhältnismäßig starke Person kann eine Vordergliedmaße für einige Minuten aufheben und halten (Abb. 2.30; links). Gibt man mehr als leichte Unterstützung, legt das Tier sein ganzes Gewicht auf die gesamte Vordergliedmaße. Es kann auch ein Strohballen unter dem „Vorderknie" (Karpus) plaziert werden. Die Vordergliedmaßen können mit einem Seil über einen Balken oder über den Widerrist des Tieres hinweg hochgezogen werden (Abb. 2.30; rechts). Das Seil sollte am Ende mit einer Schlinge ausgestattet sein, wobei diese um den Metakarpus gelegt wird. Das freie Ende des Seils führt man um ein stabiles Zubehörteil herum, das vorzugsweise direkt über der Gliedmaße angebracht ist; der Fuß des Rindes ist durch Zug am Seil hochzuziehen. Das freie Seilende sollte durch eine Person gehalten werden, so daß u. U. sofort losgelassen werden kann.

Die Hintergliedmaße wird gewöhnlich durch ein Seil hochgehoben. Man bildet eine Schlinge um den Metatarsus und zieht das freie Ende zunächst um eine Befestigung, die sich oberhalb und hinter der Gliedmaße befinden sollte. Durch Zug am freien Ende wird die Gliedmaße hochgehoben und dann durch einen Helfer in Position gehalten, indem er das Seil um die Achillessehne schlingt und das freie Ende hält (Abb. 2.31.). Das Seil kann schnell losgelassen werden, wenn ein Tier fallen sollte. Ferner können zwei kräftige Leute mit einer starken

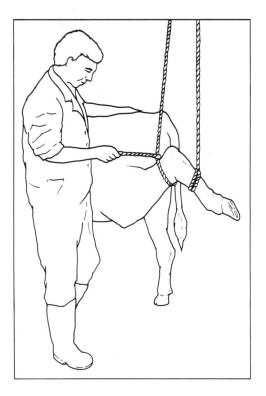

Abb. 2.31. Hochheben einer Hintergliedmaße mit einem durch einen Ring, einen Haken oder über einen Balken an der Decke gezogenen Seil.

Stange die Hintergliedmaße hochheben und zufriedenstellend halten; sie müssen den Stab waagerecht vor das Sprunggelenk halten und die Gliedmaße hoch- und nach hinten heben. Die Helfer sollten das Tier stützen, indem sie sich an das Tier lehnen. Um die Achillessehne kann eine Schenkelbremse gezogen werden, um ein Schlagen mit den Hintergliedmaßen zu vermeiden. Die Stange kann auch an den Vordergliedmaßen benutzt werden.

Es spielt keine Rolle, welche Methode zum Hochheben der Vorder- und Hintergliedmaßen angewandt wird. Die Extremität sollte gelegentlich heruntergelassen werden, um dem Tier die Möglichkeit zu geben, sich vom Balancieren auf drei Beinen auszuruhen. Das manuelle Hochheben von Rindergliedmaßen eignet sich nur für ruhige Tiere, wobei die Pfleger zielsicher und resolut angehen sollten.

Klauenpflege. Klauenpflege erfordert eine Fixation der Gliedmaße. Ein Klauenbehandlungsstand ist bei größeren Milchviehherden eine vernünftige Investition, wenn die Tiere daran gewöhnt werden, diesen Stand zu betreten. Mit Gurten werden die Tiere leicht gestützt, ohne sie vom Erdboden hochzuheben. Die seitlichen Planken sollten mit Schraubenmuttern und Bolzen versehen und schnell entfernbar sein, so daß eine Gliedmaße rasch gelöst werden kann. Zur Fraktur kann es kommen, wenn sich die Gliedmaße zwischen Fußboden und horizontaler Tragefläche verfängt.

Euter

Frühzeitiges Handling. Das Handling am Euter gestaltet sich um so sicherer und einfacher, je früher die Rinder daran gewöhnt werden.

Mastitisbehandlung. Leichte Mastitisfälle können gewöhnlich unter geringsten Zwangsmaßnahmen behandelt werden. Die Rinder stehen dabei in normaler Position wie zur Entnahme von Milchproben. Ist das Euter jedoch schmerzhaft, muß man damit rechnen, daß das Rind schlägt. Dann ist ein zusätzlicher Zwang erforderlich, wie das Hochhalten des Schwanzes, der Kniefaltengriff oder eine Klemme auf der Achillessehne.

• Literatur

Battaglia, R. A., and Mayrose, V. B. (1981): Livestock restraint techniques. Chapter 1 in: Handbook of Livestock Management Techniques (Editors: R. A. Battaglia and V. B. Mayrose), pp. 1–62. Burgess, Minneapolis.

Chesterton, R. N., Pfeiffer, D. U., Morris, R. S., and Tanner, C. M. (1989): Environmental and behavioural factors affecting the incidence of foot lameness in New Zealand dairy herds – a case-control study. New Zealand Veterinary Journal **37**, 135–142.

Clutton-Brock, J. (1981): Cattle. Chapter 6 in: Domesticated Animals from Early Times (Editor: J. Clutton-Brock), pp. 62–70. Heinemann and British Museum (Natural History), London.

Fowler, M. E. (1978): Cattle and other domestic bovids. Chapter 9 in Restraint and Handling of Wild and Domestic Animals, pp. 113–130. Iowa State University Press, Ames.

Fraser, A. F., and Broom, D. F. (1990): Farm Animal Behaviour and Welfare. 3rd ed. Baillière & Tindall, London.

Grandin, T. (1980): Livestock behavior as related to handling facility design. International Journal for the Study of Animal Problems **1**, 33–52.

Grandin, T. (1987): Animal handling. Veterinary Clinics of North America: Food Animal Practice **3**, 323–338.

Holmes, R. J. (1984): Sheep and Cattle Handling Skills. Accident Compensation Corporation, Wellington (NZ).

Johnston, B., and Gahan, B. (c. 1986): Handling Cattle from Farm to Abattoir. Department of Agriculture New South Wales, Sydney.

Kilgour, R., and Dalton, C. (1984): Cattle. Chapter 2 in: Livestock Behaviour: a practical guide, pp. 7–53. Granada, St. Albans (UK).

Leahy, J. R., and Barrow, P. (1953): Restraint of Animals, 2nd ed. Cornell Campus Store, Ithaca (NY).

Leaver, J. D. (1988): Dairy Cattle. Chapter 2 in: Management and Welfare of Farm Animals: the UFAW Handbook, 3rd ed., pp. 14–45. Baillière & Tindall, London.

Lemenager, R. P. (1981): Beef cattle management techniques. Chapter 2 in: Handbook of Livestock Management Techniques (Editors: R. A. Battaglia and V. B. Mayrose), pp. 65–102. Burgess, Minneapolis.

Lemenager, R. P., and Moeller, N. J. (1981): Cattle management techniques. Chapter 3 in: Handbook of Livestock Management Techniques (Editors: R. A. Battaglia and V. B. Mayrose), pp. 105–181. Burgess, Minneapolis.

Miller, W. C., and Robertson, E. D. S. (1959): Casting animals as a method of restraint. In: Practical Animal Husbandry, 7th ed., pp. 79–104. Oliver & Boyd, Edinburgh.

Moeller, N. J. (1981): Dairy cattle management techniques. Chapter 3 in: Handbook of Livestock Management Techniques (Editors: R. A. Battaglia and V. B. Mayrose), pp. 183–210. Burgess, Minneapolis.

Seabrook, M. (Ed.) (1987): The Role of the Stockman in Livestock Productivity and Management. Report EUR 10982 EN. Commission of the European Communities, Luxemburg.

Seabrook, M. F. (1972): A study to determine the influence of the herdsman's personality on milk yield. Journal of Agricultural Labour Science 1, 45–59.

Stöber, M. (1979): Handling cattle: calming by means of mechanical restraint. In: Clinical Examination of Cattle. 2nd ed. (Editor: G. Rosenberger, translator: R. Mack), pp. 1–28. Paul Parey, Berlin.

Webster, A. J. F. (1988): Beef cattle and veal calves. Chapter 3 in: Management and Welfare of Farm Animals: The UFAW Handbook, 3rd ed., pp. 47–79. Baillière & Tindall, London.

3. Schafe

(Robert J. Holmes)

• Einführung

Geschicklichkeit beim Handling von Schafen erwirbt man am besten durch praktische Übungen mit einem guten Schäfer. Einige Anleitungen sind schon im Kapitel 2. gegeben worden. Hinsichtlich der Möglichkeit, Menschen Schaden zuzufügen, kann man sich bei Schafen täuschen. Infolge ihrer relativ geringen Größe neigen wir dazu, Schafe hochzuheben und mit den Händen zu bewegen, häufig in gebückter Haltung. Das kann zu leichten Rückenbeschwerden führen, die sich verstärken können. Der Schaden wird oft jahrelang nicht wahrgenommen, ist aber dennoch ständig vorhanden. Eine große Anzahl von Schäfern und Tierpflegern, die Tiere hochheben, müssen deswegen ihre Beschäftigung, häufig im Ergebnis von Bandscheibenvorfällen, wechseln.

Obwohl Schafe gegenüber Menschen im allgemeinen nicht aggressiv sind, können sie doch Verletzungen verursachen. Böcke können, insbesondere während der Deckperiode, mit erstaunlicher Kraft angreifen und ernsthafte Gliedmaßen- und Rückenverletzungen hervorrufen. Bei Problemsituationen, z. B. wenn Schafe mit Hunden zusammengetrieben werden, können sie in Panik verfallen, Zäune durchbrechen und Menschen umrennen.

• Artspezifische Verhaltensmuster

Schafe sind ausgeprägt soziale Tiere vom ,,Folger"-Typ. Von der ersten Stunde nach der Geburt an folgen die Lämmer größeren sich bewegenden Objekten, in der Regel also ihren Müttern. Erwachsene Tiere folgen auch bereitwillig Personen, die sie als Lämmer gefüttert haben.

Zumindest zu einem anderen Schaf wird visueller Kontakt gehalten. Verlieren sie ihn, versuchen die Tiere, ihn augenblicklich wiederherzustellen. Ist das nicht möglich, blöken sie laut und drängen energisch zu anderen Schafen. Ein isoliertes Schaf kann schnell laufen und springen und sogar eine Person umrennen, die sich zwischen ihm und anderen Schafen befindet. Deshalb sollte man die Tiere jederzeit im Blick haben. Wenn immer möglich, sollten sie so gehalten werden, daß sie untereinander Berührungs- oder Blickkontakt haben, um eine Absonderung zu vermeiden. Schafe, die sich auf begrenzten Flächen, z. B. Feldern, aufhalten, reagieren auf Hütehunde durch Gruppenbildung. Wildschafe dagegen fliehen einzeln, wenn man sie mit Hunden zusammentreiben will. Schafherden versuchen, eine minimale Distanz (*Fluchtdistanz*) zum Hund zu halten; beim Annähern des Hundes bewegen sie sich weg. Fluchtdistanz wird vom Einzelschaf und als Gruppe demonstriert. Können Schafe nicht in der Laufrichtung davonlaufen, z. B. im Pferch, machen sie kehrt und versuchen, sich am Hund vorbeizudrängen.

Schafe nehmen ihre Umgebung nicht in gleicher Art und Weise wahr wie der Mensch. Durch die lateral gestellten Augenbulbi ist ohne Drehen des Kopfes stets ein Panoramasehen gewährleistet (Abb. 3.1.). Eine ,,blinde Zone" von etwa 30° befindet sich direkt hinter dem Kopf. Schafe haben beim räumlichen Sehen ein engeres Gesichtsfeld als der Mensch; seitlich ist keine Tiefenwahrnehmung möglich, da nur jeweils mit einem Auge gesehen werden kann. Dies erklärt, warum nicht vertraute Objekte, die plötzlich in ihrem seitlichen Blickfeld erscheinen, die Tiere leicht erschrecken.

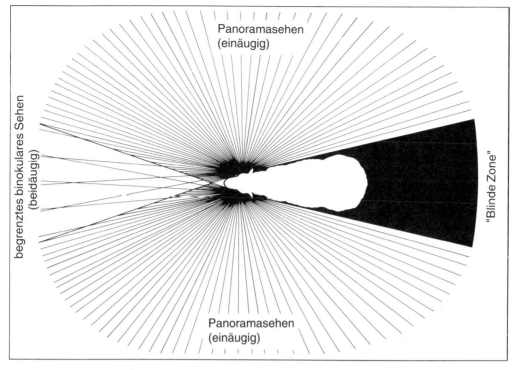

Abb. 3.1. Das Gesichtsfeld des Schafes.

Als eine Tierart, die auch natürliche Feinde hat, beobachten Schafe ihre Umgebung ständig auf potentielle Gefahren hin, wobei das Panoramasehen für sie besonders wichtig ist. Da sie nicht soviel Details wahrnehmen können wie der Mensch, verhalten sie sich gegenüber einem stillstehenden Hund ruhig, wohingegen sie auf einen sich bewegenden Hund bis auf eine Entfernung von 1000 m reagieren.
Das Wiederkauen erfolgt nur im Ruhezustand, d. h., wenn der Erregungspegel niedrig ist.

- **Reaktionsbereitschaft, Erregung (Arousal)**

Der Begriff Erregung (Grad der Aktivität eines Tieres) und die Prinzipien ihrer Kontrolle wurden im Kapitel „Rinder" diskutiert. Beobachtungen haben ergeben, daß der Erregungszustand beim Schaf gesteigert wird durch:

- visuelle Isolierung von anderen Schafen,
- Nähe von Hunden oder Menschen,
- Hunger oder Durst,
- sexuelle Aktivität,
- eine neue Umgebung,
- ungewohnte, laute oder hochfrequente Töne;

dagegen führen zur Senkung des Erregungszustandes:

- Nähe anderer Schafe,
- niedrigfrequente Laute (Blöken eines Mutterschafes nach ihrem Lamm, lockender Ruf des Bockes nach einem brünstigen Schaf),
- schwache Beleuchtung, wie in gedecktem Pferchen.

- **Planung und Vorbereitung des Handlings**

Die Vorteile der Planung eines Tier-Handlings sind ausführlich im Kapitel „Rinder" beschrieben worden. Ehe man mit dem Handling beginnt, ist es sinnvoll, alle Arbeiten und die möglichen Reaktionen der Schafe zu überdenken. Stehen alle Instrumente, Chemikalien und Schutzkleidung bereit? Sind genügend Personen mit ausreichender Erfahrung vorhanden? Sind die Wege frei und Hindernisse beseitigt? Solche Vorbereitungen sind zweckmäßig, damit die Arbeit ruhig vonstatten geht und Verzögerungen auf Grund unvorhergesehener Ereignisse verringert werden.

- **Allgemeine Kontrolle**

Vorbereitung. Die Strecke vom Feld zum Stall sollte vorher vorbereitet sein. Alle Möglichkeiten zum Entkommen müssen blockiert und alle Hindernisse aus dem Weg geräumt sein. Es ist ideal, wenn sich die Herde quasi wie eine viskose Flüssigkeit, stetig und ohne Turbulenz, vom Start zum Ziel bewegt.

Gruppenbildung. Wie schon erwähnt, formieren sich die Hausschafe zu einer Gruppe, wenn ein Hund in der Nähe ist. In gleicher Weise verhalten sie sich Menschen gegenüber. Als Gruppe sind sie viel leichter zu treiben.

Bewegung in der Herde. Es ist viel leichter, eine Schafherde zu bewegen als zu versuchen, ein oder mehrere Tiere von der Herde zu trennen. Manchmal ist es effizienter, eine kleine Gruppe von einer größeren Herde mit Hilfe eines Gatters abzutrennen. Ein gut ausgebildeter Hund oder eine Hilfsperson sowie ein Fähnchen sind dabei hilfreich. Fähnchen können in der beim Rind beschriebenen Weise benutzt werden. Es ist meist einfacher, die ganze Gruppe einzupferchen, wenn einige Tiere ausgesondert werden sollen.

Treiben. Schafe können leicht von Hunden und natürlich von Menschen getrieben werden, weil sie versuchen, ihre Fluchtdistanz aufrechtzuerhalten. Die Stellung, die Körperhaltung, die Bewegung und der Lärm von Hunden oder Personen beeinflussen die Reaktionen der Schafe.

Bei warmem Wetter sollte man frühzeitig beginnen und während der kühleren Stunden arbeiten, da die Schafe dann leichter zu bewegen sind; abgesehen davon ist es für den Schäfer bequemer.

Hunde und Pferde sind die wirksamsten Hilfen für das Aufbringen oder Eingattern, manche Schäfer bevorzugen jedoch Motorräder. Um das Optimale zu leisten, sollten die Hunde gut ausgebildet sein, regelmäßig arbeiten und zu jeder Zeit unter Kontrolle gehalten werden.

Wird eine große Tiergruppe durch ein enges Tor getrieben, z. B. durch ein Tor in einem Umtriebsweidesystem, besteht die Gefahr, daß Tiere ersticken. Das Risiko ist zu vermeiden, wenn man

- Schafe in ihrem arteigenen Tempo laufen läßt,
- die Gruppe, wenn möglich, bergauf bewegt,
- eine Person unmittelbar vor dem Tor plaziert, um den Durchgang der Schafe zu regulieren,
- besondere Vorsicht walten läßt, wenn man bergab treibt und auf ein Gewässer, einen Graben, Tore oder andere enge Stellen trifft.

Wird eine Herde durch einen Torweg bergauf getrieben, kann man durch Hunde und Geräusche hinter der Herde die Schafe dazu bewegen, nach vorn zu marschieren.

Zweckmäßige Gestaltung der Zäune, Gatter und Triftwege ist Voraussetzung, um relativ einfach zu den Wartehöfen zu kommen. Abrupte Richtungsänderungen sind zu vermeiden, Ecken sollten abgerundet sein. Es erweist sich meist als gute Investition, einen oder mehrere Triftwege zu bauen, die von weiter entfernten Feldern in die Höfe führen.

Um eine Tiergruppe in einen kleinen Raum oder eine Sackgasse zu treiben, sollte man solange wie möglich keinen Druck ausüben. Erst wenn sich die Herde kontinuierlich bewegt, muß das Antreiben voll wirksam werden, damit die Schafe nicht zurückdrängen. Es ist viel leichter, sie in die Sackgasse zu bekommen, wenn die Tiere wenigstens 3 m weit vor sich blicken können. Auch durch Klappern, flatternde Gegenstände, z. B. Regencapes, oder Leuchtfeuer auf dem Erdboden können die Schafe vorwärts getrieben werden. Wirksam und billig ist eine Schnarre, die hinter der Gruppe betätigt wird. Steinchen in einer Büchse, auf einem dicken Draht aufgereihte Konservendeckel oder Metallblinker an einer Rute sind ebenso wirksam. Bei wiederholter Anwendung gewöhnen sich jedoch die Tiere an solche Hilfsmittel. Wird zuviel Druck ausgeübt, laufen die Schafe im Kreise, oder sie bespringen sich gegenseitig, wodurch der Durchlaß durch die Tore unterbrochen wird. Wenn die Herdenbewegung einmal in Gang gekommen ist, drückt man sanft nach, damit die Bewegung nicht abreißt. Müssen Schafe auf öffentlichen Straßen getrieben werden, geht eine Person voran, um den entgegenkommenden Verkehr zu warnen und die Bewegungsintensität zu kontrollieren. Die erfahrenere Person sollte hinten gehen und die Herde vorwärts treiben.

Führen. Da die Schafe „Folger"-Tiere sind, laufen sie anderen Schafen, aber auch Menschen, von denen sie regelmäßig gefüttert werden, hinterher. Mitunter lohnt sich auch der Aufwand, einen Leithammel auszubilden.

Bewegung im Pferch. Von der Ausstattung der Pferche hängt es ab, wie man mit den Tieren umzugehen hat. Pferche sollten so gebaut sein, daß die Schafe guten Durchlaß haben und es dem Personal möglich ist, sich überall ungehindert zu bewegen. Bei der Ausstattung ist zu bedenken, welche visuellen, akustischen und olfaktorischen Reize auf die Schafe einwirken. Das Blickfeld der Schafe ist der Faktor, der die Arbeit im Pferch am meisten beeinflußt.

In der Regel genügt die Gegenwart einer Person hinter den Schafen. Ein gut ausgebildeter Hund kann beim Bewegen der Schafe oder beim Aussondern einzelner Tiere nützlich sein.

Hunde können in Pferchen aber auch störend wirken, wenn sie die ihnen zugedachten Aufgaben zu rigoros ausführen. Dadurch können die Schafe in eine andere Richtung laufen, sich an scharfkantigen Gegenständen verletzen, sich in engen Durchlässen einklemmen, übereinanderstürzen oder auf andere Tiere aufspringen. Die Neigung der Hunde zum Beißen bedarf einer sorgfältigen Überwachung. Reichen ein ruhiger Hund und eine Schnarre nicht aus, um die Schafe durch die Pferche zu bewegen, sollte darüber nachgedacht werden, wie die Ausstattung verbessert werden kann. Dabei sind die folgenden Verhaltenseigenschaften der Schafe zu berücksichtigen:

- Schafe bewegen sich schneller zu ebener Erde als bergauf und bergauf schneller als bergab.
- Sie bewegen sich schneller, wenn die Seiten der Triftwege abgedeckt sind.
- An der Spitze einer sich bewegenden Herde halten die Tiere an, wenn neue Eindrücke auf sie zukommen.
- Falls genügend Platz für den Kopf vorhanden ist, blicken Schafe sofort auf den Boden, nachdem sie stehengeblieben sind.
- Sie ziehen sich vom Rand eines Abgrundes zurück („optische Klippe").
- Schafe halten plötzlich an, wenn sie im Boden eine Vertiefung feststellen (z. B. auch auf Fußbodenrosten).
- Etwa 3 m vor dem Ende einer Sackgasse kehren Schafe abrupt um.
- Schafe laufen oder springen nicht freiwillig in ein Gewässer, das tief oder von unbekannter Tiefe ist.
- Beim Fliehen versuchen Schafe, sich in Lücken zu zwängen, die schmaler sind als ihre Körperbreite.

Kürzlich erfolgte Verbesserungen für das Handling von Schafen betreffen Behandlungsboxen, Zwangsstände, Non-Return-Gatter, die schafhaltungsgerechte Spedition und Apparaturen für das Handling. Wenn man Schafe das erste Mal durch Pferche treibt, ist man gut beraten, Tiere mitlaufen zu lassen, die schon früher solche Wege gelaufen sind. Die Aufregung der unerfahrenen Tiere wird dadurch vermindert.

Sortieren. Es gelingt am besten, wenn sich die Schafe hintereinander in Richtung auf ein oder zwei Schwinggatter in einem Einzeltiertriftweg bewegen. Eine Einzelperson sollte einen gut abgerichteten Hund zu Hilfe nehmen. Steht eine weitere Person zur Verfügung, kann man den Hund aus den Pferchen abziehen. Der Assistent kann durch Rufen oder mit klappernden Gegenständen den Vorgang beschleunigen, wie bereits beschrieben.

Nachhelfen mit dem Knie oder Oberschenkel wirkt bei einem sich schnell bewegenden Schaf wie ein Schlag auf den Kopf. Lämmer springen mitunter dem Sortierer ungestüm in den Leib. Es ist günstig, das Schaf mit der Seite des Beines zu dirigieren (Abb. 3.2.), indem man mit dem Gesicht zur Box und mit dem Körper zur Laufrichtung der Schafe steht und das Bein auf das ankommende Schaf ausrichtet. Das Knie wird durch einen Schlag auf die Seite des Beines weniger verletzt.

Einfangen. Beim Umgang mit Schafen sollten feste Schuhe anstelle von Gummistiefeln getragen werden. Man wird nicht so leicht auf die Zehen getreten und kann sich auf die eigentliche Arbeit konzentrieren. Um Schafe einzufangen, ist es am einfachsten und sichersten, sich ihnen von hinten im Bereich

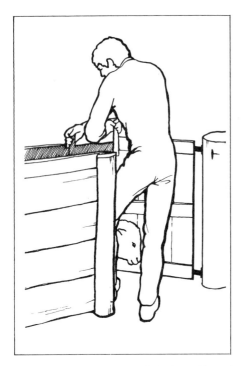

Abb. 3.2. Abblocken von Schafen während des Sortierens, indem man ein Bein in Richtung auf das Schaf vorstellt.

dem anderen Arm an die Hörner. Die Anwendung von Beinkrücken ist nicht zu empfehlen, da sie gelegentlich Euter- und Gliedmaßenverletzungen verursachen.

Abb. 3.3. Einfangen eines Schafes von hinten, die „blinde Zone" des Gesichtsfeldes nutzend.

der „blinden Zone" zu nähern (Abb. 3.3.). Am leichtesten lassen sie sich in einer Box fangen, in der gerade genug Platz für den Behandelnden ist. Ist die Box zu groß, können die Tiere in eine Ecke gedrängt werden.

Zum Einfangen gibt es verschiedene Möglichkeiten. Die wirksamste und für das Schaf ungefährlichste Art besteht im Fixieren des Kopfes. Das kann geschehen, indem man die Hand unter das Kinn bzw. den Unterkiefer schiebt oder das Tier mit einer Krücke am Hals fängt (Abb. 3.4.). Es ist eine schlechte Angewohnheit, das Schaf am Vlies zu halten, da es dadurch zu Körperschäden und minderer Wollqualität kommt. Gehörnte Tiere mit der Hand unter dem Kinn (Unterkiefer) zu fangen, kann schwierig und gefährlich sein. Dann bietet sich der Versuch mit einer Nackenkrücke an. Eine andere Variante besteht darin, ein Hinterbein zu fassen und hochzuheben, wozu aber bei größeren Tieren viel Kraft notwendig ist. Wenn das Tier nicht mehr strampelt, faßt man erst mit dem einen und dann

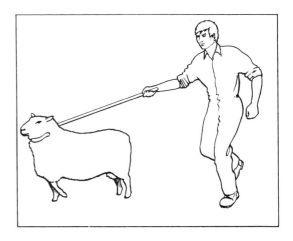

Abb. 3.4. Ein Schaf wird mit Hilfe einer Krücke um den Hals eingefangen.

Halten. Um ein stehendes Schaf ruhig zu halten, drückt man es am einfachsten mit Armen und Knien gegen die Boxenwand (Abb. 3.5.). In offenem Gelände, wo es keinen Zaun gibt, kann ein kleines Schaf fixiert werden, indem man, hinter oder über dem Schaf stehend, das Tier mit einer Hand unter dem Kinn (Unterkiefer) und der anderen Hand am Schwanzstummel hält (Abb. 3.6.). Ein stehendes Schaf kann in einem Halsbügel fixiert werden (Abb. 3.7.).

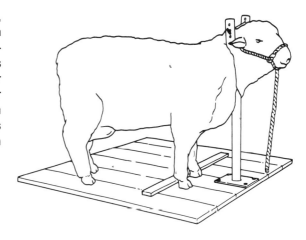

Abb. 3.7. Fixation eines Schafes durch ein Nackenjoch.

Abb. 3.5. Festhalten eines Schafes, indem man es mit den Knien und dem Arm gegen die Boxenwand drückt.

Hochheben. Viele Schafhalter leiden unter Rückenbeschwerden. Das Hochheben der Schafe ist die häufigste Ursache dafür. Schafe sind schwer und lassen sich nur schwierig gegen die Brust des Arbeitenden drücken; sie strampeln heftig und haben keine geeigneten Stellen, um gegriffen zu werden. Alle diese Faktoren erhöhen das Risiko für einen Rückenschaden. Wenn möglich, sollten besser Gatter und Rampen benutzt werden. Falls ein Hochheben unvermeidbar ist,

- bereite man sich auf diese Übung vor,
- halte man den Rücken gestreckt,
- beuge man die Knie und benutze die Beine zum Hochheben,
- hebe man vorsichtig und ohne Unterbrechung,
- schätze man seine Kräfte richtig ein.

Eine empfehlenswerte Methode, um Schafe in ein Fahrzeug oder über einen Zaun zu heben, wird in Abb. 3.8. illustriert.

1. Man drücke das Schaf gegen die Wand und stelle sich mit gespreizten Beinen über den Rumpf des Schafes. Die eine Hand sollte zum eigenen Festhalten auf die Wand gelegt werden, die andere Hand befindet sich unter dem Hals des Schafes.
2. Mit der am Hals befindlichen Hand hebt man die Vorderhand des Tieres hoch, so daß es auf den Hintergliedmaßen steht.

Abb. 3.6. Festhalten eines Schafes im offenen Gelände.

62   Robert J. Holmes

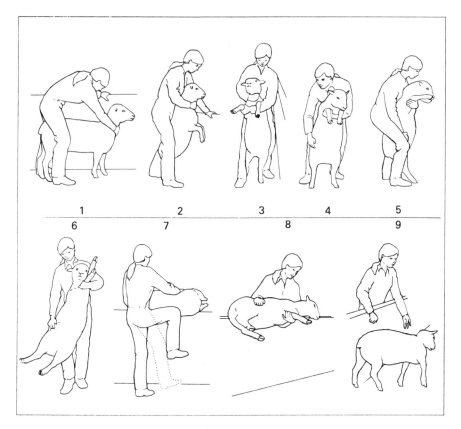

Abb. 3.8. Die einzelnen Phasen beim Heben eines Schafes über eine Einzäunung.

3. Man führt die bisher auf der Wand ruhende Hand unter den Vordergliedmaßen des Schafes durch.
4. Jetzt löst man die Hand am Hals und faßt damit fest in die Haut der Kniefalte auf der entsprechenden Seite.
5. Man beugt die Knie, duckt sich etwas hinter dem Schaf und überträgt so das Gewicht des Schafes auf die Oberschenkel.
6. Das Schaf wird fest und sicher gehalten.
7. Aus den Knien heraus hebt man das Schaf vom Boden. Mit einer kontinuierlichen Bewegung wird das Schaf in Richtung der Auflage nach oben gehievt, wobei man mit dem Knie noch einen zusätzlichen Schwung gibt.
8. Wird das Schaf über eine Kante gehoben, legt man es so, daß es auf den Erdboden sehen kann.
9. Mit einer rollenden Bewegung läßt man dann das Schaf sanft auf den Boden fallen.

Die ganze Prozedur sollte in Ruhe vor sich gehen. Bei größeren Schafen stellt man sich zunächst zwischen Geländer und Schaf. Gibt es Zweifel an der Fähigkeit, ein Schaf hochzuheben, sollte man es nicht tun.

Bewegen des Schafes. In der Position wie in Abb. 3.6. kann die Bewegung des Schafes dadurch kontrolliert werden, daß man das Tier von der Schulter her rückwärts oder vorwärts bewegt. Wenn man hinter dem Tier steht und die Knie zusammendrückt, kann das Schaf zum Vorwärtsgehen veranlaßt werden; es läuft auch vorwärts, wenn man auf Schwanz und Kopf drückt.

Größere Schafe können dadurch bewegt werden, daß man die Stellung wie in Abb. 3.9. einnimmt.

Abb. 3.9. Kontrolliertes Bewegen eines größeren Schafes.

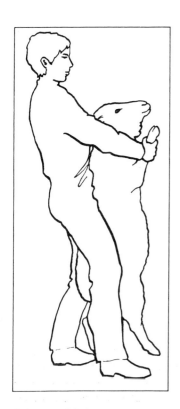

Abb. 3.10. Rückwärtstreten mit einem Schaf.

Weiteres Vorwärtsdrängen kann verhindert werden, indem man das Schaf durch Umfassen des Halses zurückhält und, falls erforderlich, seinen Kopf und Hals dreht. Ein Schaf kann auf seinen Hintergliedmaßen rückwärts gehen. Schafscherer veranlassen es oft dazu, besonders wenn das Schaf von der Einfangbox zum Schurbrett geschleppt wird (Abb. 3.10.). Um zum Stehen auf den Hinterbeinen zu kommen, wird das Schaf in derselben Art und Weise von unten angehoben, wie man das Hochheben beginnt (s. Abb. 3.8.). Steht es erst einmal auf den Hintergliedmaßen, kann es durch Halten der Vorderbeine gegen die Brust gedrückt und zum Rückwärtstreten animiert werden.

Sitzen auf der Nachhand. Um ein Schaf für längere Zeit zu halten, kann man es auf die Nachhand setzen. Sind Schafe einmal in diese Position verbracht worden, strampeln sie zunächst einige Sekunden lang, werden dann aber für gewöhnlich ruhig. Um ein Schaf auf die Hinterhand zu setzen, braucht es nicht vom Erdboden hochgehoben zu werden. Die zu empfehlende Methode wird in Abb. 3.11. gezeigt. Es muß allerdings ausreichend Platz vorhanden sein. Das Schaf wird seitlich gegen die gespreizten Knie des Pflegers gestellt, eine Hand umfaßt das Kinn, die andere liegt auf der hinteren Körperregion. Der Kopf wird so gedreht, daß er zur Hinterhand sieht, die nach unten gegen das Bein des Haltenden gedrückt wird. Wenn das Schaf nicht länger auf seinen Hintergliedmaßen steht, wird die Vorhand angehoben, man streckt den Rücken und setzt das Schaf auf die Nachhand. Das Schaf sitzt besser, wenn es auf eine Seite der Nachhand gesetzt wird. Lehnt man das Schaf gegen sich, kann es leichter an den Zehen gehalten werden. Der Haltende spreizt dabei leicht die Füße und drückt die Knie zusammen. Reicht für diese Methode der Platz nicht aus, kann die Vorhand, wie in Abb. 3.8. gezeigt, hochgehoben werden. Steht das Schaf nur auf den Hinterbeinen, werden beide Vorderbeine gegen seine Brust gedrückt. Durch Druck der eigenen Knie auf den Rücken des Schafes können dessen Beine darunter vorgezogen werden, so daß es schließlich auf seiner Hinterhand sitzt. Die meisten Schafe verharren in dieser Position ruhig, manche strampeln aber kurze Zeit. Dreht man den Kopf des Schafes nach unten und zur Seite, wird es gewöhnlich ruhiger.

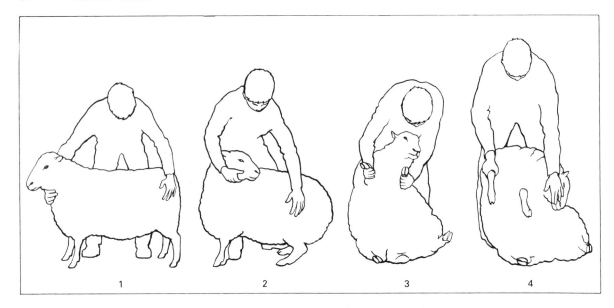

Abb. 3.11. Drehen des Kopfes, um das Schaf zum Sitzen auf der Hinterhand zu bewegen.

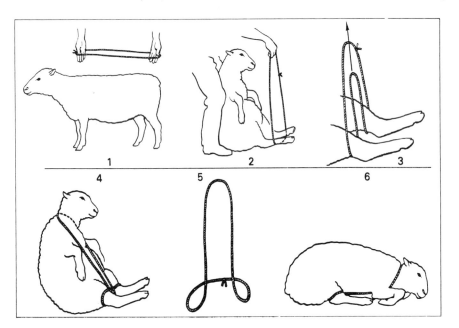

Abb. 3.12. Das Schaf wird mit Hilfe eines Seiles in eine sitzende Stellung gebracht.

Immobilisation. Zur kurzzeitigen Ruhigstellung des Schafes sind verschiedene Techniken, die in unterschiedlichem Grade auf körperlichem Zwang beruhen, einsetzbar. Wird eine dieser Methoden länger als mehrere Minuten angewendet, können die Pansengase nicht abgerülpst werden, wodurch es zum Tod der Tiere durch Aufblähen kommen kann. Sitzt ein Schaf in der beschriebenen Weise auf seiner Hinterhand, hält es gewöhnlich ein paar Minuten still.

Niederschnüren des Schafes. Ein Schaf kann durch Fesseln der Vorder- und Hintergliedmaßen auf dem Erdboden liegend gehalten werden. Eine einfache und wirksame Methode, die Hintergliedmaßen mit Hilfe einer Seil- oder starken Bindfadenschlinge hochzuziehen, wird in Abb. 3.12. demonstriert. Sitzt das Schaf auf seiner Nachhand, wird eine Schlinge von der Länge der Schulter-Rumpf-Entfernung über die Hintergliedmaßen geführt und über den Sprunggelenkhöckern plaziert. Der Seilteil, der zwischen den Hintergliedmaßen liegt, wird aufwärts gezogen, um zwei kleine und eine große Schlinge bilden zu können. Die kleinen Schlingen umgeben je eine Hintergliedmaße oberhalb der Sprunggelenkhöcker, die große Schlinge wird um den Hals herumgeführt. Das Schaf läßt man auf dem Erdboden auf dem Brustbein liegen. Die Schlinge muß so lang sein, daß das Schaf bequem liegen, aber nicht stehen kann. Auf einer Unterlage sollte der Kopf des Schafes aufwärts gelagert werden, damit die Pansengase entweichen können.

Fixiergabel. Eine Art von Kunststoffgabel kann im Handel erworben werden. Das Gerät ist gebogen und wird über den Nacken des auf der Brust liegenden Schafes gelegt (Abb. 3.13.). Die Vordergliedmaßen werden einzeln angehoben und in die Rundungen am Ende der Gabel gelegt; der nach unten ausgeübte Druck hält Nacken und Kopf nieder.

Handlingapparate. Für die Klauenpflege und andere Arbeiten stehen Handlingapparate zur Verfügung. Mit Hilfe verschiedener Mechanismen drehen sie ein Tier meist auf den Rücken und fixieren es in dieser Position. Es gibt auch ein Zwangstransportiergerät, um Schafe auf kontrollierbare Art zum Behandlungsplatz zu schaffen. Schafe laufen dabei in ein umgekehrt V-förmig gestaltetes Gerät, das mit zwei Transportgurten verbunden ist. Sind die Schafe genügend weit hineingelaufen, wird die Belastungsfläche weggezogen und das Schaf nach vorn in das Gerät bewegt. Diese Methode hat sich für die Betäubung vor der Schlachtung und für die Klauenbehandlung als sehr praktisch erwiesen. Anschließend wird der Kopf des Schafes hochgehoben und das Tier durch die Kippbewegung des Transportiergerätes auf den Rücken gedreht. Das Schaf wird danach wieder in den Transportwagen gelegt.

Tonische Immobilität. Es handelt sich um einen hypnotischen Zustand, wie er von vielen Tierarten bekannt ist und durch Zwangsmaßnahmen erzeugt werden kann. Bei einem auf seiner Hinterhand sitzenden Schaf oder einem in Seitenlage auf dem Erdboden gehaltenen Tier wird dieser Zustand in den meisten Fällen ausgelöst. Verschiedene Methoden, die diesen Zustand herbeiführen und verlängern, sind getestet worden. Als effektivste Zwangsmaßnahme für Schafe erweist sich die Seitenlage, wobei eine Manschette über die Ohren und ein Kasten über den Kopf des Schafes gestülpt wird. Stülpt man eine Mütze über die Augen des Schafes, bleibt es gewöhnlich für einige Minuten auf der Seite liegen.

• Häufige Manipulationen

Wiegen. Neugeborene Lämmer können in einer Tasche mit einer in der Hand gehaltenen Waage gewogen werden. In manchen Herden erfolgt dies bald nach der Geburt, um die Möglichkeit eines Irrtums im Pedigree-Dokument zu verringern. Unabhängig vom Alter werden die Tiere bei der antiseptischen Behandlung des Nabels, beim Ohrmarkeneinziehen, bei der Kastration und beim Schwanzkupieren oft mit gewogen.

Manchmal sind die Lämmer zu schwer, um sie zum Wiegen hochzuheben. In diesem Falle werden sie durch einen Laufgang getrieben, der einen Waagekäfig enthält. Die Schafe müssen vor und hinter dem Käfig unter Aufsicht sein, da sie wegen der Trennung von der Gruppe hochgradig erregt sind.

Abb. 3.13. Ein mit Hilfe eines Nackenbügels auf der Brust fixiertes Schaf.

Drenching. Eine Schafgruppe kann medikamentös auf oralem Wege meist leicht behandelt werden, wenn die Tiere dicht zusammengedrängt sind und in einem Treibgang von 1 m Breite in dieselbe Richtung blicken (Abb. 3.14.). Man beginnt am Ende und bewegt sich durch die Gruppe vorwärts. Benutzt wird eine Medikamentenpistole mit kurzer Düse und einem dicken, abgerundeten Ende (Abb. 3.15.). Die Düse sollte glatt sein, damit die Mundregion nicht verletzt wird.

Abb. 3.14. Triftweg, der zur oralen Arzneimittelgabe (Drenching) benutzt wird.

Der Kopf wird mit einer Hand leicht unter dem Kinn gehalten und die Düse von der Seite der Mundspalte her zwischen den Schneidezähnen und den Backenzähnen eingeführt (s. Abb. 3.15.). Die Finger werden nicht in die Mundhöhle eingeführt, um das Risiko einer eigenen Verletzung auszuschließen. Der Kopf sollte soweit horizontal wie möglich gehalten werden, da ein Anheben des Kopfes dem Schaf das Schlucken schwieriger macht. Außerdem wird einer Verletzung des Mundhöhlendaches vorgebeugt. Die Düse wird bis in die Mitte der Mundhöhle vorgeschoben, wobei darauf geachtet werden muß, daß sie nicht zwischen die Backenzähne gerät (s. Abb. 3.15). Man sollte sorgfältig vorgehen und nicht an die Zähne stoßen, da es den Schafen wehtut und die nächste Behandlung dann schwieriger wird. Wenn die Düse über den Zungenrücken eingeführt ist, drückt man vorsichtig auf den Abzug. Das Medikament muß langsam einfließen und abgeschluckt werden. Bei zu schneller Eingabe kann das Medikament leicht in die Luftröhre fließen und dadurch Pneumonie oder gar den Tod zur Folge haben. Die Düse ist aus dem Mund zu nehmen, bevor man den Abzug losläßt. Manche Medikamentenpistolen saugen Flüssigkeit zurück, wenn der Abzug losgelassen wird.

Untersuchung der Schneidezähne. Die Untersuchung der Mundhöhle zur Ermittlung des Zahnstatus kann gewöhnlich in dem Triftweg erfolgen, in dem das Drenching erfolgt. Ein schneller, einfacher und sicherer Griff, um die Schneidezähne zu untersuchen, besteht darin, gleichzeitig die Ober- und Unterlippe mit Daumen und Zeigefinger zurückzuklappen (Abb. 3.16.). Die Nasenlöcher dürfen dabei nicht verlegt werden, weil das Schaf sonst keine Luft bekommt und den Kopf hin- und herschleudert. Eine spätere Behandlung des Schafes im Bereich des Kopfes wird dadurch erschwert. Sind die Schneidezähne sichtbar, kann man erkennen, wie sie auf die Zahnplatte auftreffen und ob der Kiefer zu kurz, normal oder zu lang ist. Lockere Schneidezähne können nur bei geöffnetem Mund festgestellt werden. Dazu umfaßt man den Unterkiefer mit den Fingern und schiebt den Daumen in den Raum zwischen Schneide- und Backenzähnen. Mit der anderen Hand wird eventuelles Lockersein der Zähne geprüft.

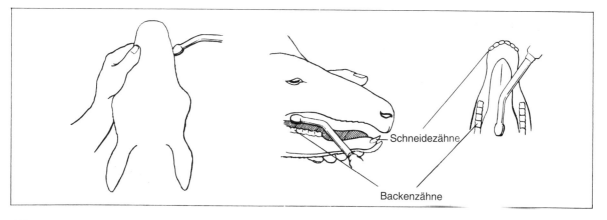

Abb. 3.15. Position der Hand und der Spritzpistolenöffnung während des Drenching.

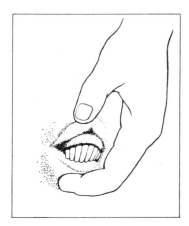

Abb. 3.16. Auseinanderziehen der Lippen zur Untersuchung der Schneidezähne.

• **Literatur**

Battaglia, R. A., and Mayrose, V. B. (1981): Livestock restraint techniques. Chapter 1 in Handbook of Livestock Management Techniques (Editors R. A. Battaglia and V. B. Mayrose), pp. 1–62. Burgess, Minneapolis.

Bremner, K. J., Braggins, J. B., and Kilgour, R. (1980): Training sheep as "leaders" in abattoirs and farm sheep yards. Proceedings of New Zealand Society of Animal Production **40**, 111–116.

Fowler, M. E. (1978): Sheep and goats. Chapter 8 in: Restraint and Handling of Wild and Domestic Animals, pp. 131–138. Iowa State University. Ames.

Fraser, A. F., and Broom, D. F. (1990): Farm Animal Behaviour and Welfare. 3rd ed. Baillière & Tindall, London.

Holmes, R. J. (1980): Dogs in yards: friend or foe? Quarter **1** (3), 16–17. Ministry of Agriculture and Fisheries, Wellington (NZ).

Holmes, R. J. (1984): Sheep and Cattle Handling Skills. Accident Compensation Corporation, Wellington (NZ).

Holmes, R. J. (1987): Sheep behaviour and welfare in New Zealand slaughterhouses. Annual Proceedings of Sheep Veterinary Society of British Veterinary Association **12**, 106–114.

Kilgour, R., and Dalton, C. (1984): Sheep. Chapter 3 in: Livestock Behaviour: a practical guide, pp. 54–84. Granada, St. Albans (UK).

Outhouse, J. B. (1981): Sheep management techniques. Chapter 7 in Handbook of Livestock Management techniques (Editors: R. A. Battaglia and V. B. Mayrose), pp. 354–408. Burgess, Minneapolis.

Williams, H. Ll. (1988): Sheep. Chapter 4 in: Management and Welfare of Farm Animals: the UFAW Handbook. 3rd ed. Baillière Tindall, London.

4. Ziegen

(Alastair R. Mews und Alan Mowlem)

• Einführung

Ziegen waren eine der ersten Säugetierspezies, die vom Menschen domestiziert wurden. Vermutlich wurde nur der Hund vor ihnen in häuslicher Gemeinschaft gehalten. Wahrscheinlich haben sich die Ziegen sogar selbst domestiziert. Da sie sehr neugierige Tiere sind, ist fast mit Sicherheit davon auszugehen, daß sie nur aus diesem Grunde in die Wohngebiete der frühen Menschheit eingewandert sind.

In Großbritannien besteht vornehmlich aus zwei Gründen Interesse an Ziegen: Es ist eine alte Tradition, Ziegen als Hobbytiere zu halten, zum anderen besteht großes Interesse an einer Rassezucht. Die British Goat Society, als höchste Autorität in allen Ziegenzuchtfragen (inkl. Führen der Zuchtbücher) ist vor ca. 110 Jahren gegründet worden. In einigen landwirtschaftlichen Betrieben werden heute Ziegen in großer Anzahl, manchmal bis zu 500 Tiere, gehalten.

In Großbritannien werden zwei Typen von Ziegen gehalten: Rassen für die Milchproduktion und Rassen für die Haarproduktion. Mehrere der Milchrassen, z.B. die Saanen-, die Toggenburg- und die britische Gebirgsziege (British Alpine), stammen aus der Schweiz. Anglo Nubian, eine andere bekannte Rasse, mit ihrer charakteristischen großen Nase und den langen Hängeohren ist das Resultat einer Kreuzung ägyptischer und indischer Rassen mit einheimischen englischen Ziegen um die letzte Jahrhundertwende.

Ziegen, die wegen ihrer Haare gehalten werden, sind die aus der Türkei stammenden Angora-Ziegen für die Mohair- und die Ziegen für die Kaschmir-Produktion. Kaschmir ist die von einer Anzahl in kalten Regionen gehaltener Rassen gebildete weiche Wolle, die als Isolierschicht dient.

Das Handling von Ziegen wird sehr durch die Tatsache geprägt, daß sie die Gemeinschaft lieben, besonders wenn sie einmal daran gewöhnt sind. Milchziegen mit regelmäßigem Kontakt zu Menschen sind oft übertrieben freundlich und können in Gruppen ganz übermütig sein. Haarnutzungsrassen sind mehr zurückhaltend, gewöhnen sich aber schnell an ein Handling. In manchen Fällen sind sie beinahe so umgänglich wie Milchrassen. Eine Ausnahme bilden die männlichen Tiere. Obgleich selten unfreundlich, macht sie ihr strenger, penetranter Geruch für das Handling zu unattraktiven Tieren. Deshalb werden sie auch oft schlecht behandelt.

• Einfangen und Zwangsmaßnahmen

Die Neugier der Ziegen kann man zum Einfangen der Tiere nutzen. Man sollte sich der Gruppe ruhig und freundlich nähern. Dann betritt der Ziegenhalter den Stall und tut so, als ob er eine Arbeit ausführt, um die Aufmerksamkeit der Ziegen auf sich zu ziehen. Die Tiere werden sich zusammendrängen, und es ist nicht schwer, das bestimmte Tier festzuhalten. Trotz ihrer Neugier sind Ziegen auch recht schlau und erkennen rasch, wenn eine von ihnen gefangen werden soll. Deshalb sollten sie beim Einfangen auch nicht gejagt werden, es wäre nur Zeitverschwendung.

Wenn eine Ziege eingefangen ist, kann sie durch einen sicheren Griff um den Hals an der Schädelbasis festgehalten werden. Für eine schwierige Prozedur sollte ein Halsband verwendet werden. Ein Hundehalsband von der Größe, wie es für einen Labrador benutzt wird, eignet sich für eine erwachsene Ziege. Haarproduzierende Ziegen sollten nicht an ihrem Vlies gehalten werden, da es leicht zu erheblichen Quetschungen unter der Haut kommt.

Ziegen, die kein regelmäßiges Handling erfahren, z. B. Herden der Haarnutzungsrassen in bergigem Gelände, müssen für Routinebehandlungen, wie Vakzinationen und Arzneimittelverabreichungen, in Behandlungsstände verbracht werden. Manche Ziegen sind Meister im Springen und Entkommen, deshalb muß der Behandlungsraum mit Wandungen von mindestens 1,5–2 m Höhe ausgestattet sein.

Ziegen folgen gern Personen und sollten daher, wenn immer möglich, mehr geführt als getrieben werden. Eine Menge Zeit kann gespart werden, wenn Ziegen lernen, einen Futtereimer zu erkennen. Sie werden dann dem Pfleger gewöhnlich in die Box folgen, weil sie annehmen, daß sie gefüttert werden.

● **Manipulationen**

Klauenpflege. Mit einer Ausnahme wird die Klauenpflege bei der Ziege in stehender Position ausgeführt (Abb. 4.1.), wobei das Tier u. U. an ein Gitter oder eine Boxenwand angebunden wird. Die Gliedmaßen werden in gleicher Position gehalten, wie es beim Hufbeschlag des Pferdes üblich ist. Ist die Ziege völlig störrisch, muß sie von einer zweiten Person gehalten werden. Das ist in der Regel besser, als sie anzubinden. Die Ausnahme bildet die mehr dem Schaf ähnliche Angora-Ziege. Sie trägt ein dickes Vlies, das erlaubt, sie wie ein Schaf in eine sitzende Position zu zwingen, wobei ihr Rücken gegen die Beine und Knie des Behandelnden gelehnt wird. Die Tiere sind nicht ganz so breit wie die meisten Schafe. Angaro-Ziegen können daher beim Handling nach einer Seite geneigt werden, so daß ihr Körpergewicht auf ihrem Oberschenkel und nicht auf dem Mittelteil ihrer Wirbelsäule ruht.

Blutentnahme. Zur Blutentnahme eignet sich die Vena jugularis (Abb. 4.2.).

Abb. 4.1. Klauenpflege bei der Ziege.

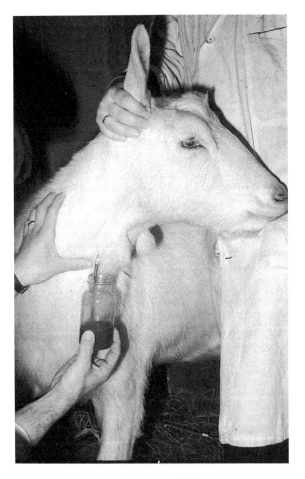

Abb. 4.2. Blutprobenentnahme aus der Vena jugularis.

Drenching (orale Verabreichung von Medikamenten). Position und Zwangsmaßnahmen sind genau dieselben, wie sie beim Schaf angewendet werden. Während man den Kopf nach einer Seite neigt, wird die Medikamentenpistole oder die Flasche auf einer Seite des Mundes durch das Diastema eingeführt. Eine Fehlverabreichung ist ungewöhnlich, aber dennoch sollte man sich versichern, daß das Arzneimittel nicht in die Trachea läuft.

Injektionen. Führt man eigenhändig Injektionen aus, sollte die Ziege, wie bei der Klauenpflege beschrieben, angebunden sein. Ideal ist es, wenn dabei eine Hilfsperson die Ziege hält. Für subkutane Injektionen wird die untere Halspartie oder die Gegend hinter der Schulter gewählt. Intramuskuläre Injektionen werden normalerweise in die Glutäenmuskulatur verabreicht. Ziegen sind schwächer bemuskelt als Schafe. Es ist daher darauf zu achten, daß die Nadel nicht durch die Muskeln in das Periost eingestochen wird. Intravenöse Injektionen werden in der Regel in die Jugularvene verabreicht. Wenn die Ziege Kehllappen oder „Glöckchen" aufweist, verläuft die Jugularvene vertikal von diesen nach unten. Sie ist bei allen, auch stark bevliesten Angora-Ziegen, leicht zu lokalisieren, wenn sie mit den Fingern an der Halsbasis gestaut und der Kopf leicht seitlich gedreht wird. Zur Euthanasie von Ziegenlämmern mit Hilfe von Barbituraten bevorzugt man die intrakardiale Injektion, da die vergleichsweise kleine Jugularvene eines Lammes unter Umständen schwer zu finden ist.

Manche Herdbuchzüchter, die ihre Ziegen auf Ausstellungen zeigen, achten streng auf die Injektionsstellen, weil es bei einigen Vakzinen zu Reaktionen kommen kann und die Möglichkeit einer Abszeßbildung besteht.

Infusion von Arzneimitteln in das Euter. Für die Verabreichung antibiotischer Präparate in das Euter steht eine breite Palette von Tuben und Applikatoren mit engen Düsen zur Verfügung. Da die meisten Präparate für Kühe ausgelegt sind, besteht einige Unsicherheit über die Höhe der Dosierung für Ziegen. Die Ziegeneuterhälfte hat ein ähnliches Fassungsvermögen wie das Euterviertel einer Kuh. Die Zitzen- und Euterzisternen sind jedoch entsprechend größer, deshalb kann dieselbe Dosierung angewendet werden. Das Euter ist vorher auszumelken, die Antibiotika sind in das Euter gut einzumassieren.

Zwangsmaßnahmen für die Allgemeinnarkose. Muß einer Ziege eine Allgemeinnarkose gegeben werden, sollte eine dem Tier vertraute Person freundlich und sicher mit ihm umgehen, um es zu beruhigen. Da Ziegen weniger Muskelmasse und Unterhautfett haben als einige andere Haustiere, ist dafür zu sorgen, daß beim Niederlegen und bei den Zwangsmaßnahmen Quetschungen vermieden werden. Für chirurgische Eingriffe ist es zweckmäßig, gasförmige Anästhetika zu benutzen, die über einen Endotrachealtubus zugeführt werden. Für eine erwachsene Ziege benutzt man Größe 10–12. Tubus und Kopf sind tiefer als das Abdomen zu lagern, damit kein Speichel oder Panseninhalt in die Lungen eindringt.

Enthornung. Lämmer sollten vorzugsweise innerhalb von 4 Tagen nach der Geburt enthornt werden. Eine Lokalanästhesie ist der Allgemeinnarkose vorzuziehen, da es schwierig ist, letztere beim Lamm zu applizieren. Außerdem kann es leicht zu einer Überdosierung kommen. Die Lämmer sollten auf ein Tuch oder ähnlich weiches Material niedergelegt werden. Der Kopf ist sicher zu fixieren, damit die Anwendung des Enthornungseisens möglich wird.

Das Niederlegen einer Ziege zwecks Enthornung ist dieselbe Prozedur, wie sie für die große Chirurgie unter Anwendung der Allgemeinnarkose beschrieben worden ist. Für eine erwachsene Ziege stellt die Enthornung einen schwerwiegenden Eingriff dar, der nur vorgenommen werden sollte, wenn die Hörner in den Kopf einwachsen. Einzelheiten dieser Operation sind bei Buttle et al. (1986) nachzulesen.

Schur. Es werden zwei Typen von Ziegen wegen ihres Haarkleides gehalten: Angora-Ziegen produzieren Mohair, während andere langhaarige Rassen ein weiches Unterhaar bilden, das als Kaschmir bekannt ist. Angora-Ziegen werden zum Scheren (Abb. 4.3.) in fast derselben Weise ruhiggestellt, wie es bei Schafen üblich und bei der Klauenpflege beschrieben worden ist. Kaschmir kann durch Striegeln oder Scheren an der stehenden, normal fixierten Ziege gewonnen werden. Die Tiere beider Rassen erleiden nach der Schur einen Kälteschock und müssen deshalb wenigstens für einige Tage eingestallt werden. Dies hängt natürlich vom Wetter und von der Jahreszeit ab.

Künstliche Besamung. Für die Samengewinnung und Insemination existieren ausgefeilte Techniken, die keine besonderen Probleme bereiten (Mowlem, 1983). Das Sperma wird in einer künstlichen Vagina (verkürzte Vagina für Bullen) gesammelt. Das männliche Tier wird aufgefordert oder trainiert, ein weibliches Tier zu bespringen. Bei erfahrenen Besamungsböcken ist es nicht erforderlich, daß sich die Ziege im Östrus befindet. Am günstigsten ist es, den weiblichen Sprungpartner in einen Absamungsstand zu stellen (Abb. 4.4.). Die Samengewinnung durch Elektroejakulation ist schmerzhaft und die Qualität des gewonnen Spermas gewöhnlich schlecht. Deshalb ist der Elektroejakulator bei Ziegen von zweifelhaftem Wert. Zur Insemination nimmt der Ziegenhalter die weibliche Ziege am besten zwischen seine Beine, so daß sie hinter ihn blickt. Durch Anheben der gebeugten Hinterbeine wird die Genitalregion dem Besamer präsentiert (Abb. 4.5.). Diese Position – Kopf nach unten, Hinterteil nach oben – erleichtert das Einführen eines beleuchteten Spekulums. Die Inseminationspipette wird in die Cervix eingeführt, nicht durch sie hindurch.

Geburt. Jeder, der Übung im Umgang mit lammenden Schafen hat, kennt keine Probleme, um lammenden Ziegen zu helfen. Milchziegen sind fruchtbar, Zwillings- und Drillingsgeburten häufig. Dadurch kommt es vermehrt zu Schwergeburten, und die Überlebenschancen für die Lämmer sind

Abb. 4.3. Scheren einer männlichen Angoraziege.

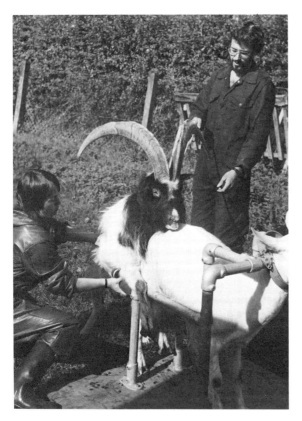

Abb. 4.4. Samenentnahme bei einem Bagot-Bock.

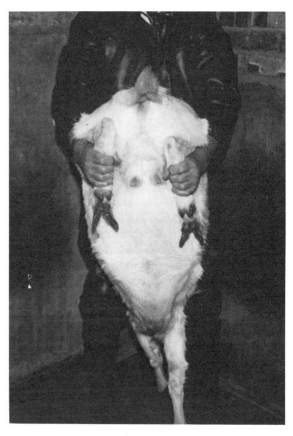

Abb. 4.5. Fixation einer Ziege zur künstlichen Besamung.

manchmal fraglich. Aus diesem Grunde müssen Geburtshelfer sicher sein, daß bei einem Extraktionsversuch nur an einem Lamm gezogen wird. Ein liegenbleibendes Neugeborenes kann manchmal mit denselben Methoden wie ein Schaflamm wiederbelebt werden. Eine drastische, aber oft erfolgreiche Methode besteht darin, das Lamm an den Hintergliedmaßen vorwärts und rückwärts oder im Kreise zu schwingen. Dadurch wird Flüssigkeit aus der Lunge gedrückt und die Atmung stimuliert. Sind neugeborene Ziegenlämmer zu schwach, um an den Zitzen der Mutter zu saugen, muß Kolostrum mittels Magensonde verabreicht werden. Kolostrum ist käuflich zu erwerben und ein wichtiger Bestand einer jeden Schaflamm/Ziegenlamm-Futterküche. Man muß aufpassen, daß die Sonde in der Speiseröhre und nicht in der Trachea liegt. Das Einführen der Sonde wird durch Aufwärtshalten des Kopfes bei gestrecktem Nacken erleichtert.

• Transport

Sollen Ziegen in einem Auto transportiert werden, darf man ihnen nicht zu viel Platz einräumen, damit sie beim Fahren und Anhalten nicht gegen die Wände des Autos geworfen werden. Werden nur einige Ziegen transportiert, kann der freie Raum mit Strohballen gefüllt werden. Diese müssen sicher fixiert und so beschaffen sein, daß sie von den Ziegen nicht bestiegen werden können. Optimaler Fußbodenbelag ist eine Gummimatte, bedeckt mit einer dünnen Lage von Stroh. Enthornte und nicht enthornte Ziegen sollten nicht gemeinsam transportiert werden. Im Fahrzeug muß zwischen Fahrer und Tieren eine Trennwand installiert sein.

• Literatur

Buttle, H., Mowlem, A., and Mews, A. (1986): Disbudding and dehorning goats. In Practice **8**, 63–65.

Dunn, P. (1987): The Goatkeeper's Veterinary Book. 2nd ed. Farming Press, Ipswich.

Guss, S. (1977): Management and Disease of Dairy Goats. Dairy Goat Publishing Corporation, Arizona, USA.

MacKenzie, D. (1980): Goat Husbandry. 4th ed. Faber and Faber, London.

Mowlem, A. (1983): Development of Goat Artificial Insemination in the UK. British Goat Society Yearbook. British Goat Society, Bovey Tracey.

Mowlem, A. (1988): Goat Farming. Farming Press, Ipswich.

Wilkinson, J. M., and Stark, B. A. (1987): Commercial Goat Production. BSP Professional Books, Oxford.

5. Hochwild

(T. John Fletcher)

• **Einführung**

Zumindest seit der römischen Antike ist Hochwild in Parkanlagen gehalten worden, um, wie Columella sagt, ,,zum einen der Pracht und dem Vergnügen der Herrschenden zu dienen, zum anderen um Gewinn zu machen und die Staatseinkünfte zu verbessern." Der moderne Hochwildfarmer unterscheidet sich von denen, die diese Tiere in Parkanlagen halten, durch die Fähigkeit, sein Wild in Gruppen zusammenzuführen und mit ihm nach seinem Willen umzugehen. Er vermag dadurch die Zucht der Tiere sinnvoll zu manipulieren und die gewünschten Zuchtziele zur Geltung zu bringen.

Die Ausstattung eines mittelalterlichen Hirschparks in Europa und speziell in Britannien ähnelte schon sehr derjenigen, wie sie für das Hochwild-Handling von den heutigen Farmern gebraucht wird. Etwa 2000 Parks existierten während dieser Zeit in England und in Wales. Es gab spezialisierte Hochwildhalter, die wahrscheinlich von Park zu Park reisten und Tiergehege oder sog. Heugärten bauten und ausstatteten. So wurde Andrew Mathieson im Falkland Park von Fife (Schottland) bestallt, um einen ,,Heuhof" zu errichten bzw. Gehege einzuzäunen. Meister Levisay, ein Engländer, war für das umsichtige Einfangen des Hochwildes verantwortlich. Das in diesen Käfigen gefangene Hochwild wurde oft in von Pferden gezogenen Kistenwagen in andere Tierparks gefahren, um diese neu zu belegen oder zu ergänzen. Das Errichten von Flechtzäunen um die Hochwildgehege stellt das erste Grundprinzip für das Handling von Hochwild dar: Die Tiere dürfen nicht gegen lichtundurchlässige Barrieren laufen. Hochelastische Federstahlnetzzäune sind ideal, um Hochwild innerhalb von Koppeln zu halten. Nutzholzlatten, Planken, zeitweilig sogar Sackleinen- oder fabrikmäßig mit Strauchwerk verkleidete Zäune werden benutzt, wenn die Tiere auf engbegrenzte Flächen zum Handling getrieben werden. Die Neigung des Hochwildes, weniger solid aussehende Einzäunungen zu attackieren, ist schon vor Jahrtausenden genutzt worden, um Hochwild mit Netzen zu fangen (Abb. 5.1.). In der Tat verwenden manche Tierparks noch heute mehrere Hundert Meter lange Netze, um damit Damwild (*Dama dama*) in die Falle gehen zu lassen. Netze werden auch von Forschern benutzt, um Rehwildpopulationen (*Capreolus capreolus*) einzufangen und zu markieren, in Frankreich betrifft das sogar das Rotwild (*Cervus elaphus*). Netze haben jedoch beim professionellen Hochwildzüchter keinen Platz; ihre Anwendung ist arbeitsintensiv, unbequem, stressreich und oft mit Verletzungen der Tiere verbunden.

• **Handling von freilebendem Hochwild**

Bevor die Methoden des Handlings bei in Gefangenschaft gehaltenem Hochwild im Detail dargelegt werden, sollte zunächst auf die modernen Techniken zum Einfangen wildlebenden Hochwildes eingegangen werden.

Da die Hochwildhaltung im wesentlichen erst in den frühen 70er Jahren große wirtschaftliche Bedeutung erlangte und die Reproduktionsperiode der Hirschkuh etwa 15 Jahre beträgt, begann das Leben für den Großteil des Hochwildes in der freien Wildbahn. Dies trifft auch für die mehr als eine Million Rotwildkühe in neuseeländischen Farmen zu, da sich bis 1986 durch den hohen Preis einer weibli-

Abb. 5.1. Einfangen eines Damwildbockes mit dem Netz.

chen Rotwildzuchtherde das Fangen von freilebenden Tieren kommerziell lohnte.

Obgleich nur eine limitierte Anzahl von Tieren durch Fütterung innerhalb umzäunter Flächen gefangen wurde, konnten mit dem Einsatz von Hubschraubern ca. 15 000 Stück Hochwild pro Jahr eingefangen werden. Anfangs wurden die Tiere mit Medikamentengewehren geschossen und sediert. Bald ging man dazu über, mit Hilfe der Gewehre ein Netz über die Tiere zu schießen. Nachdem das im Netz gefangene Hochwild mit breiten Bändern an den Füßen gefesselt war, erhielt es oft ein Beruhigungsmittel injiziert, wurde in einen Leinensack verpackt und schnell zum Erholen in die Farm geflogen. Geschwindigkeit und Effizienz dieses Verfahrens hielten überraschenderweise die Zahl der Todesfälle auf einem niedrigen Stand (1–5%). Das erwies sich nicht nur für den Bestandsaufbau von Hochwildfarmen, sondern auch für die Reduzierung der Population wildlebenden Rotwildes, das durch seine hohe Populationsdichte zur natürlichen Gefahr für die Buschlandschaft wurde, als sehr wirksam.

In Spanien wird wildlebendes Hochwild beim Füttern oder durch Treiben in Netzpferche eingefangen. Nachdem sich das Tier in dem lockeren Netz verwickelt hat, wird es in eine Transportkiste gehoben. In Schottland ist die Überpopulation so stark, daß wildlebendes Hochwild im Winter nahe am Verhungern ist. Deshalb füttert man es in harten Zeiten in eingezäunten Arealen, von denen es in Behandlungsstände innerhalb einer Koppel getrieben wird. Dort kann es sortiert und auf Lastwagen verladen werden (Abb. 5.2.). Es ist paradox, aber wahr: Erst

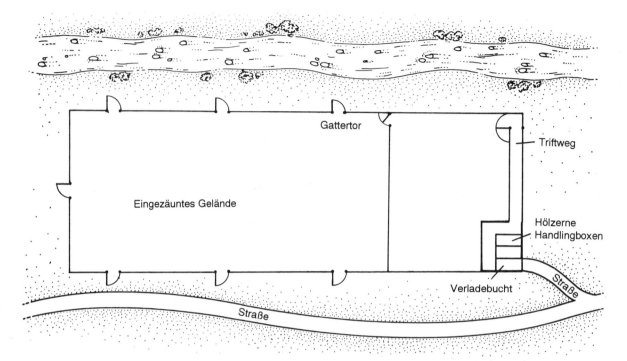

Abb. 5.2. Typische Anlage zum Einfangen von Damwild in einem Tal des Schottischen Hochlandes.

seit kurzem gefangenes, bisher wildlebendes Hochwild kann in entsprechend ausgestatteten Behandlungsboxen leichter gehandhabt werden als die in großen Farmen gezüchteten Tiere, wo Vertrautheit mit dem Menschen kein Zuchtziel ist.

- **Ein Handling erfordernde Prozeduren beim Farmhochwild**

Die Fähigkeit, die Zucht eines Tieres in der Weise zu steuern, daß man nur domestizierte Linienzuchten erhält, unterscheidet einen Farmer von einem Tierhalter. Der moderne Farmer muß imstande sein, aus der Herde der weiblichen Tiere die brünstigen Tiere zu isolieren und dem männlichen Tier zuzuführen. Das sind alles einfache Prozeduren, die jedoch die Möglichkeit der Separation und des Verbringens in abgegrenzte Areale voraussetzen. Dort können die Tiere in Gruppen bis zu 40 Stück gehalten werden. Darüber hinaus muß der Farmer Behandlungsgehege haben, um zu selektieren und den Tieren Ohrmarken einzuziehen. Es ist auch zu dokumentieren, welche Hirschkuh laktiert hat. Die Behandlungsstände müssen eine Euteruntersuchung ermöglichen, damit eine Dokumentation über den Laktationsstatus erfolgen kann.

Zu den Prozeduren, die ein Handling erfordern, gehören Medikationen von Anthelminthika und Vakzinen, die normalerweise oral appliziert (Drenching) oder injiziert werden. Seltener handelt es sich um Mineralsupplementationen und Antibiotika.

Der Farmer muß auch einen Tuberkulin-Hauttest ausführen können. Gute Beleuchtung und geeignete Zwangsmaßnahmen sind erforderlich, um die Injektionsstelle gut vorbereiten und die Hautdicke exakt messen zu können. Früher oder später brauchen die meisten Farmer auch Möglichkeiten für Zwangsmaßnahmen zur Entnahme von Blutproben.

Zu weniger üblichen veterinärmedizinischen Prozeduren, die Zwangsmaßnahmen bei den weiblichen Tieren erfordern, gehören die Hilfeleistung bei der Geburt von Kälbern, das Einsetzen von intravaginalen Schwämmen oder Pessaren und in jenen Ländern, in denen die Entfernung des Bastes verboten ist, die Entfernung der harten Geweihsprossen. Schließlich gibt es Prozeduren, die mit der Gewinnung des Haarkleides verbunden sind. In den Ländern, wo es erlaubt ist, das Bastgeweih zu entfernen, ist dies ein wichtiger Teil der Arbeit in den Behandlungshöfen. Auf allen Farmen sollte die Möglichkeit vorhanden sein, Hochwild zu verladen. Zur Zeit schlachten nur wenige Farmer in den Behandlungshöfen; das Hochwild wird entweder im Freien geschossen oder zum Schlachthof transportiert.

• Ausstattung der Gehege

Verbindungswege (Laufwege). Hochwildfarmen können leicht bewirtschaftet werden, wenn sie nach bestimmten Prinzipien arbeiten. Dafür sollten eine Anzahl von Arealen zur Verfügung stehen, die nicht größer als 4–6 Hektar, möglichst kleiner sein sollten und untereinander durch Verbindungswege zu erreichen sind (Abb. 5.3.). Diese eingezäunten Korridore führen in die Behandlungshöfe und ermöglichen es, daß das Hochwild aus jedem Bereich der Farm in die Behandlungshöfe getrieben werden kann. Die Verbindungswege müssen nicht geradlinig verlaufen. Einmal auf dem Laufweg, geht das Wild im Schritt oder Trab ohne besonderen Stress. Die Verbindungs- bzw. Laufwege sind 6 bis 20 m breit. Die Breite hängt von der Größe der Herde und dem notwendigen Platz ab, um Fahrzeuge zu manövrieren. Ist der Laufweg zu eng, wird es schwierig, das Hochwild in ihn hineinzutreiben. Bei einer Breite unter 15 m wird es beinahe unmöglich, eine

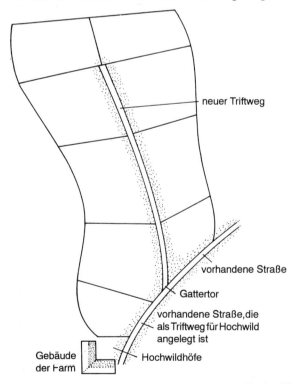

Abb. 5.3. Mögliche Anlage der Gehege in einer Hochwildfarm.

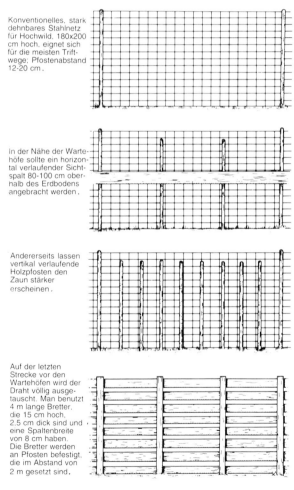

Abb. 5.4. Einzäunung der Triftwege in einer Hochwildfarm. Die Zäune werden umso stabiler gestaltet, je näher sie an die Wartehöfe kommen.

Hochwildgruppe durch den Laufweg zu bewegen, ohne ein heilloses Durcheinander zu verursachen. Dagegen erlaubt ein Laufweg von 20 m Breite den Tieren, wie in einer Koppel zu grasen. Die Einzäunung der Laufwege besteht gewöhnlich aus extrem dehnbaren Hochwildnetzen, deren senkrechte Ankerdrähte besser 150 mm statt 300 mm Abstand voneinander haben sollten. In der Nähe des Behandlungshofes ist es zweckmäßig, den Zaun des Laufweges besonders gut sichtbar und stabil zu gestalten. Man verstärkt ihn durch kunststoffbeschichtete Pfosten oder ersetzt den Drahtzaun überhaupt durch Pfosten und Holzlatten. Auf jeden Fall sollte die Umzäunung für Rotwild wenigstens 1,8 m hoch sein und für Damwild eine Höhe von 2,6 bis 3 m erreichen (Abb. 5.4.).

Wo sich Schwinggatter im Verbindungsweg befinden, sollte man den Weg nach der Einengung durch die Gatterpfosten trichterartig erweitern (Abb. 5.5.). Diese Stelle kann vorteilhaft mit Bäumen bepflanzt sein.

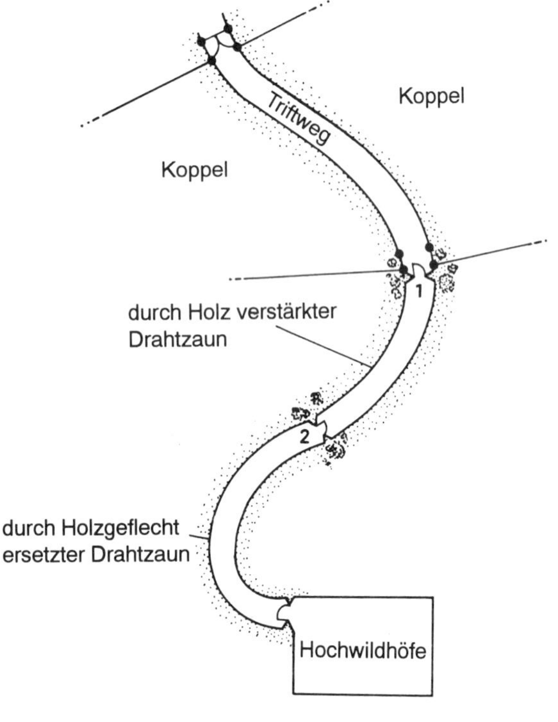

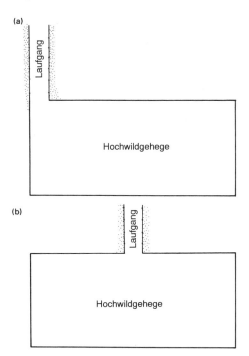

Abb. 5.6. Das Wild läßt man prinzipiell um eine Ecke in den Wartehof eintreten (a: richtig, b: falsch).

Abb. 5.5. Laufweg in einer Hochwildfarm, der so gestaltet ist, daß das Wild leicht in die Wartehöfe gelangen kann. ///: Ausgänge der Koppeln. Gatter 2 kann dadurch geschlossen werden, daß man einen Haken ins Gatter 1 einhängt. Durch dreieckige, meist mit Bäumen bepflanzte Flächen wird der Triftweg an den Toren eingeengt.

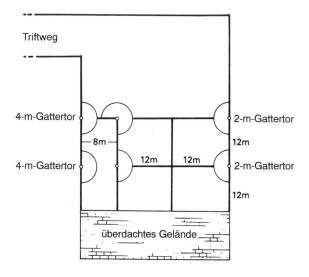

Abb. 5.7. Vorwartehöfe müssen genügend groß sein, damit sich das zusammengetriebene Wild frei bewegen kann.

5. Hochwild

Generell wird empfohlen, daß der Verbindungsweg bei der Einmündung in den Wartehof eine rechtwinklige Biegung aufweist, so daß das Hochwild auf dem Verbindungsweg nicht sehen kann, daß es in eine Sackgasse hineinläuft (Abb. 5.6.).

Vorwartehöfe. Die Zahl der Vorwartehöfe (Abb. 5.7.) hängt von der Größe der Herde ab. Sie beherbergen das aus den Verbindungswegen kommende Hochwild vor und nach der Behandlung. Für große Wirtschaftsherden sind gewöhnlich 6 oder mehr solcher Höfe notwendig. Ein 8 mal 8 m großes Vorwartegehege kann 40 Stück erwachsenes Hochwild nachtsüber oder 80 Stück für ein bis zwei Stunden beherbergen. Die Seitenwände dieser Gehege sollten 2–2,5 m hoch sein, aus festem Sperrholz bestehen oder ganz mit Brettern abgedichtet sein. Gegenwärtig benutzt man etwa 10 Bretter mit den Maßen 400×15×2,5 cm, die im Abstand von 7,5 cm horizontal an Pfosten genagelt werden, die 1,75 m voneinander entfernt sind. Die gleiche Wirkung ist durch senkrecht angeordnete Bretter mit einem Zwischenraum von 7,5 cm zu erzielen.

Diese offene Konstruktion hat zwei Vorteile: Sie ist erstens wirtschaftlicher, zweitens erlaubt sie dem Hochwild, zu Tieren in anderen Gehegen zu blicken und sich ihnen nähernde Personen zu bemerken. Dadurch wird Hochwild auch im Verhalten ausgeglichener. Die Tore der Vorwartehöfe brauchen nur 1,2 m breit zu sein. Sie müssen mit sicheren Schließvorrichtungen ausgestattet sein, die von bei-

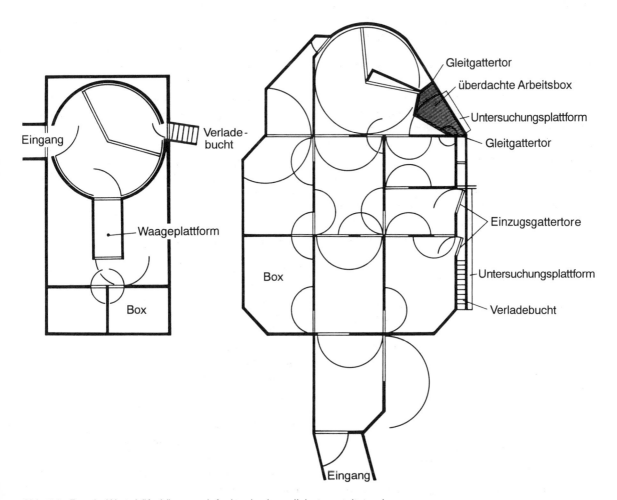

Abb. 5.8. Runde Wartehöfe können einfach oder kompliziert gestaltet sein.

den Seiten der Tür leicht zu handhaben sind und nicht in das Gehege hineinragen. Die Verschlüsse werden einfach aus Federbolzen hergestellt, die in die Tür oder die Pfosten hinein- und herausgleiten.

Wartehöfe. Die Ausstattung dieser Höfe muß so gestaltet sein, daß die Tiere einfach und schnell von den Vorwartehöfen in die Behandlungsräume gebracht werden können. Über die Ausstattung dieses Areals divergiert jedoch die Meinung der Wildtierfarmer sehr. Viele Farmen besitzen einen runden Wartehof (Abb. 5.8.) mit dem Vorteil, daß es nirgends Ecken und Kanten gibt und das Wild in fließender Bewegung herumgehen kann. Viele solcher Kreissysteme haben am Ende der Boxenwände Laufstege, von denen aus die im Zentrum beweglichen Türgitter geschlossen werden können, um die Herde in entsprechend große Gruppen zu unterteilen. Nachteile dieser Systeme sind ihr hoher Preis, und die unbequeme Arbeit in einer dreieckig gestalteten Zone. Ferner ist es schwierig, praktisch günstige Boxen zu konstruieren, die sich an das runde System anschließen. Dennoch benutzen viele moderne Farmen noch einen runden Wartehof, um von dort das Wild in die Vorwarte- und Arbeitsräume zu dirigieren.

Kleine und mittelgroße Hochwildfarmen benutzen in Quadrat- und Rechteckform ausgelegte Höfe, die in ihrer Konstruktion äußerst wirtschaftlich sind (s. Abb. 5.9.). Die Einzäunung des Wartehofes besteht oft aus Sperrholz, kann aber auch aus Sägeholzbrettern bestehen. Zweckmäßig ist es, die häufig frequentierten Arbeitsräume und Wartehöfe so auszustatten, daß ab einer Höhe von 1,50 m über dem Erdboden zwischen den Brettern ein kleiner Spalt gelassen wird, damit die dort Arbeitenden jederzeit auch in die Nachbarboxen sehen können.

Arbeitsareale. Das Einteilen der Tiere in Gruppen kann ohne Schwierigkeiten innerhalb des Wartehofes erfolgen. Regelmäßige Prozeduren jedoch, wie das Einziehen von Ohrmarken und die Verabreichung von Medikamenten, werden am besten in speziellen Behandlungsräumen ausgeführt. Sie bestehen üblicherweise aus Boxen mit den Abmessungen 1,5 mal 1,5 bzw. 2 m (Abb. 5.9.), müssen stabil gebaut sein und eine gute Kommunikationsmöglichkeit zu einem nur Personen zugänglichen Raum besitzen.

In diesen Boxen werden kleine Gruppen von 4 oder 5 Hirschkühen gehalten, zwischen denen man sich relativ leicht bewegen kann.

Günstig ist es, wenn diese Räume mit einem etwa 2 m hohen Dach versehen sind; sie sind dann jedoch nicht für Hirsche mit großem Geweih benutzbar. Ein so niedriges Dach hält Hirschkühe davon ab, sich auf die Hinterbeine zu stellen. In diesen Arbeitsräumen wird in der Regel auch künstliches Licht benötigt.

• Handlingmaßnahmen

Wiegen. Es ist zweckmäßig, die gesamte Bodenfläche des Behandlungsraumes als Waage einzurichten. Moderne elektronische Systeme gestatten das Wiegen von Einzeltieren in einer Gruppe von 4 bis 5 Tieren. Die Waage stellt sich nach jedem Wiegen automatisch wieder auf Null ein. Viele Farmen haben hochspezialisierte computergesteuerte Systeme, die es erlauben, das Gewicht sofort abzulesen, wenn das Tier das Waagesystem betritt. Der Ausgang des Behandlungsareals sollte so gestaltet sein, daß die Tiere direkt in die Vorwartehöfe laufen können, damit sie nach Gewicht, Euterentwicklung usw. selektiert werden können.

Tuberkulinprobe. Tuberkulinprobe und Blutprobenentnahmen können im Arbeitsareal vorgenommen werden, doch ist es sinnvoll, Hochwildfür diesen

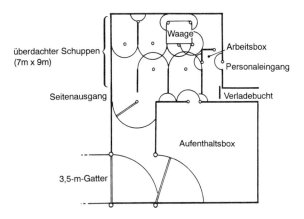

Abb. 5.9. Quadratische Höfe können genauso effektiv sein wie runde und sind meist sogar wirtschaftlicher.

5. Hochwild

Zweck in einen Y-förmig gestalteten Zwangsstand mit versenkbarem Fußboden zu verbringen. (Abb. 5.10.) Das Tier muß vorsichtig im Halsbereich rasiert werden, damit die Tuberkulininjektion und die Messung der Hautdicke sorgfältig ausgeführt werden können. Die Probe ist besonders in den Ländern erforderlich, in denen die Geflügeltuberkulose weit verbreitet ist. Auch wenn bei einer großen Anzahl von Tieren Blutproben genommen werden müssen, ist es das beste, dies in der eben genannten Vorrichtung zu tun, wo dem Tierarzt kaum auf die Füße getreten wird.

Die Hochwildbehandlungsstände sind unterschiedlich konstruiert, können aber in zwei prinzipiell ver-

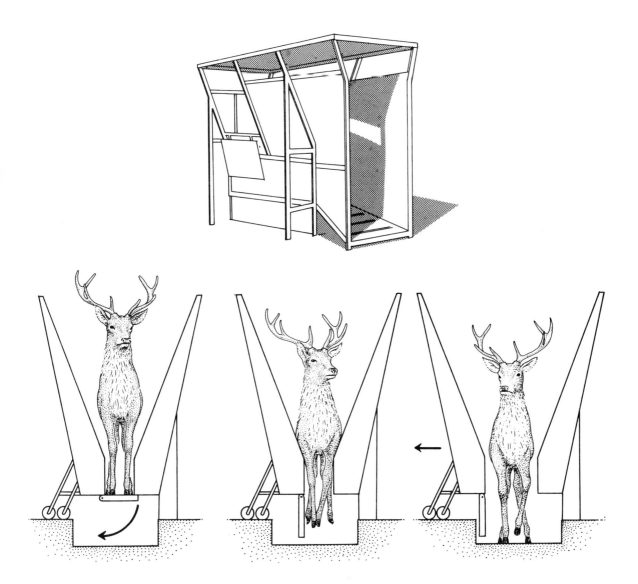

Abb. 5.10. Zwangsstand für Hochwild. Ist das Tier eingetreten, wird durch sein Gewicht die Fußbodenplatte nach unten gedrückt, wodurch das Tier durch sein Eigengewicht fixiert ist. Wenn die Prozedur beendet ist, schwingt eine Trennwand zurück, und das Tier kann heraustreten.

schiedene Typen eingeteilt werden: jene, in denen das Tier durch sein Eigengewicht eingeengt wird, und solche, in denen hydraulische Stempel benutzt werden, um das Tier zwischen weiche Polster zu zwängen. Beim ersten Typ läuft das Tier einen kurzen Verbindungsweg entlang und in einen Käfig, der am Ende eine Y-förmige Erhöhung hat. Befindet sich das Tier im Zwangsstand, wird die Bodenfläche mittels eines Hebels gelöst und abgesenkt; die gesamte Körperlast wird von Thorax und Abdomen übernommen, so daß die Beine nicht mehr länger mit dem Boden in Berührung stehen. Ein Pfleger muß den Kopf des Tieres halten. Nach der Behandlung kann man mit einem zweiten Hebel die Seitenwände des Zwangsstandes lösen und zurückklappen. Dadurch sinkt das Tier ab, gelangt wieder auf seine Füße und kann weglaufen. Teurere und kompliziertere Zwangsstände arbeiten nach demselben Prinzip, wobei aber die Seitenwände unter hydraulischem Druck zusammenklappen.

Entfernung der Geweihsprossen. Bei vielen Jährlingshirschen ist es erforderlich, die Hornansätze vor dem Transport zum Schlachthof zu entfernen. Die Anwendung des Zwangsstandes macht diese Arbeit verhältnismäßig sicher und einfach. Die Entfernung des Geweihes erwachsener Hirsche ist komplizierter. Hirsche neigen dazu, im Zwangsstand zurückzutreten und in dieser Position störrisch zu verharren. Deshalb greifen viele Farmer auf das Medikamentengewehr zurück, um die erwachsenen Hirsche ruhigzustellen, bevor sie das harte Geweih entfernen. In den Ländern, wo Bastgeweihe routinemäßig entfernt werden, wird das Hochwild gewöhnlich mit Xylazin sediert und dann im Behandlungsraum manuell festgehalten.

Verladebuchten. Die verschiedenen Länder haben für ihre Herden unterschiedliche Verladesysteme. Die verschiedenartigen Rampen der Lastwagen in Großbritannien setzen voraus, daß die Wartehöfe mit geeigneten Gatterwegen, einer Box oder einem Triftweg ausgelegt sind, wodurch es möglich ist, das Hochwild in den vorgesehenen Raum zu treiben. In Neuseeland werden die Tiere über Rutschbahnen in Waggons verladen, wobei erstere der Höhe der Waggons angepaßt sind.

• Nutzung der Vorwarte-, Warte- und Behandlungsareale

Es wurden bisher nur die allgemeinen Richtlinien für die Ausstattung von Hochwildhöfen erörtert. Wichtiger ist jedoch die Art und Weise, wie mit Tieren umgegangen wird. Die beste Ausstattung eines Hochwildhofes funktioniert nicht mit inkompetentem Personal. Dagegen kommen geschickte Hochwildhalter mit den primitivsten Ausstattungen zurecht.

Vor dem Handling müssen die Behandlungshöfe kontrolliert werden, ob sie in Ordnung, die Gatter korrekt fixiert und die notwendigen Ausrüstungen für die Prozeduren vorhanden und funktionstüchtig sind. Es ist von Vorteil, wenn das Instrumentarium zum Ohrmarkeneinziehen, die Anthelminthika oder andere Arzneimittel in den Behandlungshöfen griffbereit liegen. Sicherlich gibt es einen Platz, zu dem das Wild keinen Zutritt hat. Den Tieren nicht vertraute Objekte, z. B. vom Wind umgewehte Plastetüten, sollten entfernt werden. Die erste und oft komplizierteste Aufgabe ist das Treiben des Hochwildes von der Weide in den Triftweg. Dabei ist es oft schwierig, die Tiere mit der Anlage vertraut zu machen. Sehr mühevoll kann es auch sein, die Tiere durch die Gattertore zu bewegen, wenn das Hochwild direkt vom Transportwagen auf die Weide verbracht wird. Hunde können dabei helfen, müssen aber gut abgerichtet sein und verantwortungsbewußt arbeiten können. Es hat sich als vorteilhaft erwiesen, die Gatter über Nacht offen zu lassen, da Hochwild nachts bedeutend aktiver ist. Bis sich das Hochwild daran gewöhnt hat, bewegt zu werden, muß mit Geduld und zwei oder drei Helfern gearbeitet werden. Zweckmäßig ist es auch, vor den Tieren einen Futtersack zu tragen. Dahinter sollten Leute gehen, um das Hochwild vorsichtig zu treiben. Ein guter Hochwildzüchter verbringt mit seinen Tieren viel Zeit, so daß sie zum Futter gerannt kommen, wenn er ruft. Hochwild erlernt diese Signale sehr schnell. Das Futter sollte immer auf genügend großem Raum verteilt werden, damit die meist ängstlichen Tiere zu jeder Gelegenheit Nahrung finden.

Für Hochwild sollte der Triftweg möglichst breit sein. Wenn zwei Männer mit über dem Kopf straff gehaltenen Tüchern das Wild von hinten treiben, werden die Tiere abgelenkt und treten leichter in die Wartehöfe ein bzw. aus Gebäuden heraus.

Einige Hochwildfarmer benutzen eine lange, gebogene Stange, mit der sie die Tür hinter dem Wild am Ende des Triftweges schließen. Das ist jedoch nicht notwendig, wenn das Wild um die Ecke gehen muß und das Gatter nicht mehr sieht. Alle diese Techniken werden bestimmt von der Anzahl der Tiere, die zu einer festgesetzten Zeit behandelt werden müssen. Es ist auf jeden Fall ratsam, nicht mehr als 100 Stück Hochwild auf einmal zu behandeln, besonders dann nicht, wenn Hirschkühe ihre Kälber bei Fuß haben oder geweihtragende Hirsche dabei sind.

Sind die Hirsche in das beschriebene System abgegrenzter Areale eingetrieben worden, sollte man sie durch möglichst viele Vorwartehöfe laufen lassen, weil sich dadurch von selbst kleinere Gruppen bilden. Das Treiben aus diesen Höfen in die Handlingareale ist im allgemeinen sehr einfach. Bei vorsichtigem Vorgehen kann gewöhnlich schon eine Person nur mit Körper und Händen ein Stück Wild aus der Gruppe isolieren.

Wie im Umgang mit allen Tieren üblich, ist es von großer Bedeutung, beim Handling zu den Tieren zu sprechen. Zureden gibt den Tieren ein Signal über den Standort des Untersuchers und beruhigt sie. Gefährlich ist es, Tiere durch plötzliche Handlungen zu erschrecken.

- **Damwild**

Die vorangegangenen Ausführungen betrafen in erster Linie das Rotwild (Cervus elaphus) und dessen größere Verwandte, wie Elch und Wapiti (Cervus elaphus canadensis). Es wird im allgemeinen angenommen, daß diese ausgeglichenen Cerviden leicht zu betreuen und zu behandeln sind. Wenn jedoch Rotwild nicht zur Verfügung steht oder man Bedenken haben muß, daß es zur Kreuzung von eingeführtem Rotwild und einheimischem Wapiti kommt, sollte man Damwildfarmen einrichten. Inzwischen sind auch Systeme entwickelt worden, um mit diesen mehr kämpferischen Tieren wirksam umzugehen.

Die Triftwege brauchen beim Damwild nur 3–4 m breit zu sein. Bei größeren Herden sollte der Anfangsteil jedoch eine Breite von 15 m haben. Genau wie beim Rotwild ist an der Stelle, wo der Laufweg in die Höfe hineinführt, eine besondere Konstruktion erforderlich. Dort muß die Stabilität des Zaunes, der auf 3 m erhöht werden muß, speziell gesichert sein. Diese Höhe sollte für Damwild in den Höfen überall eingehalten werden.

Wichtig für das Handling von Damwild ist dessen Verhalten auf Hell und Dunkel. Wenn die Tiere in den Laufboxen sind, sollte das Licht abgeblendet werden, damit sie in kleine Behandlungsstände hineingehen. Es dürfen keine scharf beleuchteten Stellen vorhanden sein. Von den Vorwartehöfen aus muß Damwild in ausgeleuchtete Boxen gehen. Will man ein Tier in das Behandlungsareal treiben, wird das Licht abgeblendet und die Tür in einen beleuchteten Tunnel geöffnet. Das Tier wird diesen dann spontan oder nach leichtem Antreiben betreten. Dieser Tunnel führt für gewöhnlich in eine Holzbox, die vorn eine Aussparung für Kopf und Hals hat, wo das Tier behandelt werden kann (Drenching, Impfungen, Blutprobenentnahmen, Tuberkulinisierung). Für Maßnahmen, die einen Zugang zu anderen Körperregionen erfordern, wird ein Zwangsstand wie beim Rotwild eingesetzt.

- **Zusammenfassung**

Bewußt haben wir auf streng verbindliche und allgemeingültige Angaben für die technische Ausstattung von Hochwildfarmen verzichtet. Jeder Hochwildfarmer meint, daß sein Gehege das beste in der Welt wäre. Vorausgesetzt, daß die hier dargelegten Grundprinzipien berücksichtigt werden, sind die Unterschiede zwischen den verschiedenen Einrichtungen unbedeutend.

- **Literatur**

The Deer Farmer. Published periodical of New Zealand Deer Farmers' Association and AgPress Communications Ltd, P.O. Box 12-342, Wellington North, 16 Motorua Street, Thorndon, New Zealand.

Deer Farming. Published periodical of British Deer Farmers' Association, Editor Jessica Gould, 6 Maesygroes, Brechfa, Dyfed SA32 7RB.

Fletcher, T. J. (1986): In Management and Diseases of Deer, a Handbook for the Veterinary Surgeon (Editor: T. L. Alexander). London, British Veterinary Association.

Yerex, D., and Spiers, I. (1987): Modern Deer Farm Management. Ampersand Publishing Associates Ltd, Box 176, Carterton, New Zealand.

6. Schweine

(John R. Walton)

• Einführung

Handling und Zwangsmaßnahmen bei Schweinen sind in verständnisvoller Weise vorzunehmen, um Furcht- und Fluchtreaktionen zu verhindern. Prinzipiell sollte versucht werden, den Umgang des Tierbesitzers mit dem Schwein auf einfache Techniken, wie Sprechen oder Berühren des Tieres, zu beschränken. Zusätzlich kann Futter angeboten werden, wodurch das Schwein nicht erregt und durch die Gegenwart Fremder nicht gestört wird. Der erste Schritt beim Handling besteht darin, daß man eine einfache Mensch-Tier-Beziehung herstellt. Das Schwein wird wie jedes andere Tier bald erkennen, welche Person mit ihm ruhig und ausgeglichen umgehen kann und dies in sehr positiver Art beantworten.

• Einfacher Mensch-Tier-Kontakt

Schweine registrieren sehr schnell, unabhängig davon, ob sie allein oder in Gruppen aufgestallt sind, wenn sich jemand nähert. Wird die Annäherung nicht gleich bemerkt, erschrickt das Schwein und kann sich selbst oder andere verletzen. Dies trifft besonders für Sauen zu, die gerade geferkelt und die saugenden Jungen bei sich haben. Jede auf die Sau zukommende plötzliche Bewegung kann sehr leicht bewirken, daß ein Ferkel getreten oder eingequetscht wird. Mit der eigenen Stimme kann der Mensch das Schwein am einfachsten auf sich aufmerksam machen (Abb. 6.1.). Schweine erkennen sehr schnell eine Stimme und gewöhnen sich rasch daran, besonders wenn der Laut mit der Futterverabreichung kombiniert wird. In einigen Fällen kann man Sauen durch bestimmte Laute beruhigen, wenn Stimme und Person der Sau bekannt sind.

Um ein gutes Vertrauensverhältnis herzustellen, muß der Berührungskontakt gesucht werden (Abb. 6.2.). Das sollte man besonders mit erwachsenen Schweinen und mit solchen Tieren tun, die in kleinen Ställen gehalten werden. Während der Berührungskontakt für gelegentliche Besucher nicht so wichtig ist, ist er jedoch von größtem Wert für Schweinezüchter und Besitzer, die ständigen Kontakt mit ihren Tieren haben müssen. Wie die Stimme wird auch der Handkontakt oft an die Fütterungszeiten gekoppelt, weil dann das Schwein

Abb. 6.1. Schweine macht man am besten mit der Stimme auf sich aufmerksam.

merkt, daß eine Person in der Nähe ist. Da Stimme und Berührung meist gleichzeitig angewendet werden, ist es schwierig, über den jeweiligen Wert von Stimme oder Berührung zu urteilen. Menschen, die sonst keinen Kontakt zu Schweinen haben, können durch gleichzeitigen Gebrauch von Stimme und Berührung doch einen gewissen Grad von Vertrauen gewinnen.

Eine der wirksamsten Methoden, um zu Schweinen einen Kontakt herzustellen, besteht in der Verabreichung eines besonderen Futters, vor allen an erwachsene Schweine (Abb. 6.3.). Fressen ist ein Grundinstinkt des Schweines. Während das Schwein frißt, kann der Pfleger oder der Tierarzt eine ganze Anzahl einfacher Verrichtungen durchführen, denn das Schwein steht beinahe vollständig still. Auf diese Weise ist es möglich, die Körpertemperatur rektal zu messen, die Körperoberfläche im Detail zu untersuchen, eine Injektion zu verabreichen, den Stand der Trächtigkeit zu ermitteln oder kleine Wunden zu behandeln.

Diese Kombination – Sprechen, Berührungskontakt und Futteraufnahme – befähigt sogar eine ungeübte Person dazu, ein so leicht begreifendes Tier wie das Schwein zu beruhigen und versöhnlich zu stimmen. Der Ton der Stimme sollte nicht ängstlich oder zu hoch, die berührende Hand ruhig und das angebotene Futter dem Schwein vertraut sein.

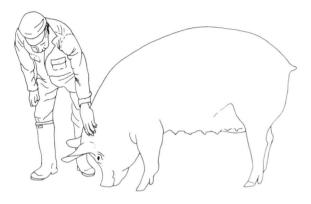

Abb. 6.2. Berührungskontakt ist für gute Zuchterfolge außerordentlich wichtig.

• Verwendung von Hilfsmitteln

Die nächsthöhere Stufe von Zwangs- oder Handlingsmaßnahmen stellen Hilfsmittel dar, um ein Schwein zu einem bestimmten Platz zu dirigieren und zu verhindern, daß es in eine nicht gewünschte Richtung läuft. Diese Hilfsmittel bilden gleichzeitig eine Schutzmaßnahme für die arbeitenden Personen. Das einfachste Hilfsmittel ist ein kleines Holzbrett mit einem Schlitz für die Hand in seinem obersten Teil (Abb. 6.4.). Mit ihm wird durch Druck auf eine Körperseite (Abb. 6.5.), die Hinterhand oder den Kopf (Abb. 6.6.) des Schweines die einzuschlagende Richtung angezeigt. Rohe Gewalt ist dabei zu vermeiden. Ist der Platz, zu dem die Schweine gehen sollen, zu dunkel, weigern sich die Tiere,

Abb. 6.3. Das Anbieten von Futter ist eine besonders effektive Form, um ein Schwein abzulenken und zu beruhigen.

Abb. 6.4. Ein kleines Holzbrett ist der einfachste Gegenstand zum Handling eines Schweines.

z. B. wenn sie aus dem Tageslicht in ein spärlich beleuchtetes Gebäude treten sollen. Ähnlich verhalten sie sich, wenn man sie veranlaßt, eine sehr steile Rampe an der Rückwand eines Lastkraftwagens hinaufzusteigen. Gleiches trifft zu, wenn eine Stallgasse zu eng ist oder zu scharfe Kurven hat. Der Gebrauch des beschriebenen Brettes kann mit der Verabreichung von Futter kombiniert werden (Abb. 6.6.). Gleichzeitig kann man mit Stimme und Berührungskontakt arbeiten (Abb. 6.7.). Anstelle des bewährten Brettes kann man auch einen anderen stabilen Gegenstand benutzen, keinesfalls sollte der Tierpfleger mit seinen Beinen dirigieren. Steht man seitlich von einem erwachsenen Schwein mit einem kleinen Brett, kann man verhindern, daß das Schwein seitlich ausbricht. Wird das Brett an der Kopfseite des Schweines gehalten, kann man Beißen und Schlagen mit dem Kopf verhindern, während der Tierarzt eine Injektion gibt. Ein erwachsenes Schwein kann auch zum Stillhalten gezwungen werden, indem Futter verabreicht und mit einem kleinen Brett auf eine Seite des Kopfes leichter Druck ausgeübt wird, um das Tier nahe einer Wand zu halten. Diese Maßnahme eignet sich für kleinere Manipulationen, wie rektale oder vaginale Untersuchungen. Man darf das Schwein natürlich nicht mit dem Brett schlagen oder es in irgendeiner Weise verletzen. Es gilt die Kardinalregel, an die immer wieder erinnert werden muß, daß körperliche Gewalt beim Umgang mit erwachsenen Schweinen verboten ist und für den Pfleger sehr gefährlich werden kann. Das gilt besonders für erwachsene Sauen oder Eber, die bis zu 300 kg wiegen können. Wenn man erwachsene Schweine bewegt oder sie vor einer Untersuchung kontrolliert, wird allerdings ein fester Griff am Schwanz und ein dabei ausgeübter geringer Druck nach vorn hilf-

Abb. 6.5. Mit einem kleinen Brett wird von der Seite her auf das Schwein leichter Druck ausgeübt.

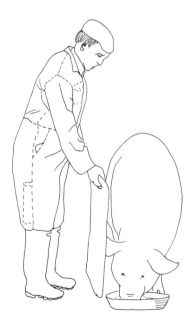

Abb. 6.6. Mit einem kleinen Brett kann von hinten oder von vorn Druck ausgeübt werden.

Abb. 6.7. Neben dem kleinen Brett und der Stimme können noch Berühren und Futtergabe angewandt werden.

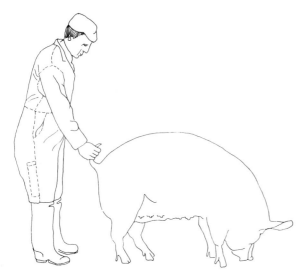

Abb. 6.8. Durch Drücken des Schwanzes nach oben und vorn läßt sich das Schwein in die gewünschte Richtung dirigieren.

reich sein, das Schwein auf den gewünschten Weg zu bringen oder es in einer bestimmten Richtung zu halten (Abb. 6.8.).
Eine andere Variante ist ein bedeutend größeres Brett, das von zwei Personen gehandhabt wird (Abb. 6.9.). Es eignet sich sehr gut, um ein großes Schwein oder mehrere kleine Schweine in die Ecke einer Box zu treiben. Darüber hinaus bietet es dem Tierarzt einen viel besseren Schutz, wenn schmerzhafte Prozeduren an großen, erwachsenen Schweinen vorgenommen werden müssen (Abb. 6.10.). Zusätzlich zum seitlichen Druck mit einem großen Brett können Stimme und Berührungskontakt eingesetzt werden. Der erfahrene Schweinehalter wird zu seinen Tieren ständig Kontakt halten; manche Betreuer sprechen ununterbrochen, andere pfeifen oder singen. Werden Schweine unter Zuhilfenahme von Brettern bewegt, muß Klarheit bestehen, in welche Richtung sich das Schwein eigentlich bewegen soll. Der Triebweg sollte gut beleuchtet sein. Scharfe Gegenstände oder defekte Wände, an denen sich das Schwein verletzen kann, sind zu meiden bzw. zu beseitigen.

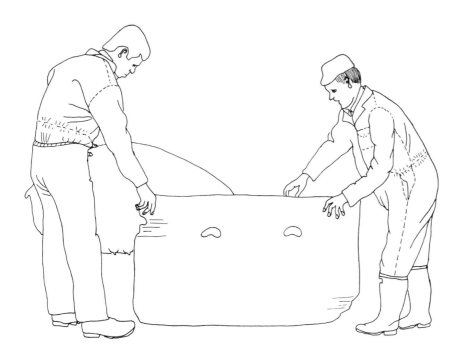

Abb. 6.9. Ein großes Brett wird oft von zwei Personen gehalten, um ein erwachsenen Schwein zu fixieren.

6. Schweine

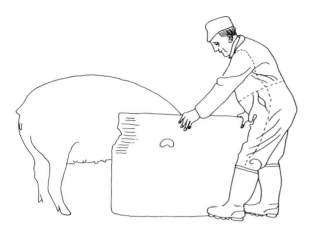

Abb. 6.10. Mit einem großen Brett kann sich auch der Tierarzt gut schützen.

• **Allgemeines Handling**

Die nächstfolgende Stufe von Zwangsmaßnahmen betrifft die Lagerung des Schweines, um chirurgische und andere Eingriffe (Kastrationen, Schwanzkupieren, Tätowieren, Zähnekürzen und Injektionen von Eisenpräparaten) sicher durchführen zu können. Viele dieser Eingriffe werden an so jungen Schweinen ausgeführt, daß sie hochgenommen und mit Händen und Armen des Pflegers gehalten werden können. Sehr kleine Ferkel werden aufgenommen und mit beiden Händen fest vor der Brust des Pflegers gehalten (Abb. 6.11.). In dieser Lage können verschiedene Untersuchungen vorgenommen werden; dazu gehören die Ermittlung der Rektaltemperatur, die Durchführung von Injektionen und die Entnahme von Hautgeschabseln. Wird ein Ferkel vom Erdboden hochgehoben, sollte es niemals an den Ohren angefaßt werden. Das ist einmal sehr schmerzhaft, zum anderen können die Ohren verletzt werden. Junge Ferkel sollten immer durch Ergreifen eines oder beider Hinterbeine gefaßt und hochgehoben und wie in Abb. 6.11. und 6.14. gehalten werden. Das Ferkel muß fest gehalten werden, damit es sich sicher und geborgen fühlt. Sehr kleine Ferkel können auch getragen bzw. in kleinen Wagen oder Schubkarren mit hohem Aufsatz von Platz zu Platz gefahren werden.

Abb. 6.11. Ein Ferkel kann hochgenommen und gegen die Brust des Pflegers gehalten werden.

• **Kastration**

Für diesen Eingriff kommen mehrere Fixationsmethoden zum Einsatz. Alle zielen darauf ab, daß das Ferkel mit der Skrotalregion zum Behandelnden hin sicher gehalten wird. Die Vorhand des Ferkels wird zwischen die Beine des Pflegers gesteckt, während die Hintergliedmaßen fest an den Sprunggelenken gehalten werden (Abb. 6.12.). Mit dieser senkrechten Position des Ferkels soll eine unnütze Erregung vermieden werden. Eine Variation dieser Methode wird dadurch erreicht, daß der Pfleger eine Hinter- und eine Vorderextremität gleichzeitig in je einer Hand hält (Abb. 6.13.). Dabei wird der Kopf des Ferkels jedoch nach unten gehalten, und der Oberkörper des Ferkels hat keinerlei Unterstützung. Eine dritte Methode besteht darin, das Ferkel an den Hintergliedmaßen zu fassen, den Kopf nach unten hängen zu lassen und den Rücken des Ferkels gegen den Körper des Pflegers zu lehnen (Abb. 6.14.). Diese drei Methoden haben alle ihre Vor- und Nachteile, und Abwandlungen sind in Gebrauch. Es sind auch verschiedene Metall- und Holzgestelle kon-

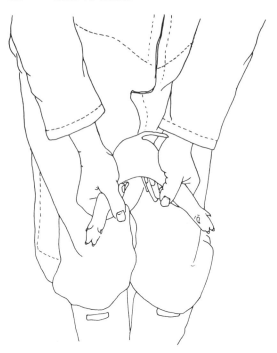

Abb. 6.12. Ferkel können auch an den Sprunggelenken gehalten werden. Dabei werden die Vordergliedmaßen durch die Beine des Pflegers gesteckt.

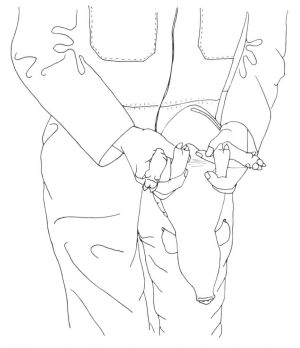

Abb. 6.13. Der Pfleger kann auch in jede Hand gleichzeitig eine Hinter- und eine Vorderextremität nehmen.

struiert worden, mit denen Kastrationen, Schwanzkupieren und Eiseninjektionen von einer Person ausgeführt werden können.

• Schwanzkürzen

Dabei wird im wesentlichen dieselbe Halte- bzw. Fixationsposition wie bei der Kastration benutzt. Vor dem Eingriff ist festzulegen, wie lang der Schwanz sein soll.

• Ohrtätowierung und Zähnekürzen

Beide Eingriffe werden generell so ausgeführt, daß das Ferkel in den Armen des Pflegers mit aufwärts gerichtetem Kopf fest an der Brust gehalten wird (s. Abb. 6.11.). Das ist für das Ferkel bequem, und man vermeidet dadurch heftiges Quieken. Eine einzelne Person kann das Ferkel entweder mit einer Hand zwischen den Beinen oder auf einem spe-

Abb. 6.14. Ein Ferkel wird so an den Hintergliedmaßen gehalten, daß der Rücken des Tieres zum Körper des Pflegers zeigt.

ziellen, auf einer Futterkarre zu befestigenden Metallgestell halten und mit der anderen Hand den Eingriff vornehmen.

- **Immobilisation größerer Schweine**
- **Fixation größerer Schweine zwecks Blutentnahme, intravenöser Injektion oder einfacher chirurgischer Eingriffe**

Draht- oder Seilschlingen. Die beste Methode, um ein großes Schwein für diese Maßnahmen zu fixieren, ist die Verwendung kleiner Draht- oder Kunststoffseile, die an einem Ende eine zusammenziehbare Schlinge aufweisen. Diese Schlinge wird über den Oberkiefer gezogen, so daß sie hinter den Eckzähnen (Hauern) liegt. Wenn man sie zusammenzieht, wird der Kopf des Schweines nach vorn oben gehalten (Abb. 6.15.). Da die Schlinge hinter den Oberkieferzähnen liegt, kann sie nicht abgleiten, auch nicht, wenn das Schwein heftig mit dem Kopf schlägt. Ist die Schlinge um den Rüssel gelegt, tritt das Schwein in der Regel rückwärts, nur selten nach vorn (Abb. 6.16.). Für Blutentnahmen bei einem Eber sollte man eine sog. Schweinenasenbremse vorziehen (Abb. 6.17.). Mit ihr hat der Pfleger eine bessere Kontrolle über den Kopf des Schweines und kann das Tier auch besser halten.

Halte- und Zwangszangen. Zangen (Abb. 6.18.) werden heutzutage nicht mehr so häufig eingesetzt, da sie den Oberkieferdrahtschlingen unterlegen sind. Man sollte sie nur bei kleineren Schweinen anwenden. Der Rüssel wird mit den Backen der Zange in derselben Region gegriffen, wie dies mit der Schlinge geschieht, also hinter den oberen Eckzähnen (Hauern).

- **Medikamentöse Zwangsmaßnahmen**

Sedation. Müssen störrische erwachsene Schweine behandelt werden, oder beißen Sauen ihre neugeborenen Ferkel, können Sedativa injiziert werden, die ruhigstellen und ein sicheres Handling erlauben.

Anästhesie. Dieser Zustand kann nur vom Tierarzt herbeigeführt werden. Die dazu notwendigen Medikamente können intravenös oder auch in gasförmigem Zustand mit Hilfe eines über die Mundhöhle eingeführten Trachealkatheters verabreicht werden. Anästhesie ist für chirurgische Eingriffe erforderlich, einschließlich schmerzhafter Eingriffe an den Zehen oder den übrigen Gliedmaßenabschnitten.

Abb. 6.15. Anwendung einer Drahtschlingenrüsselbremse für ältere Schweine.

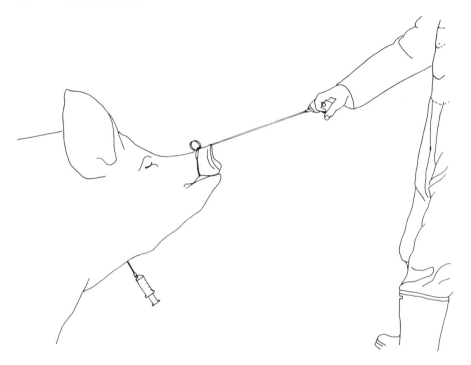

Abb. 6.16. Ein Schwein zieht generell nach hinten, wenn die Drahtschlingenrüsselbremse angelegt ist.

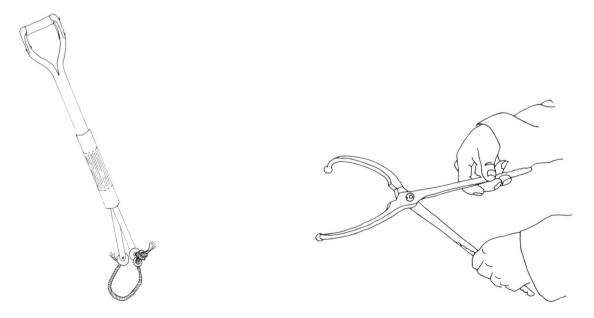

Abb. 6.17. Eine Drahtschlingenrüsselbremse mit Handgriff kommt am besten bei Ebern zum Einsatz.

Abb. 6.18. Nasenhaltezangen kommen am besten zur Kontrolle kleinerer Schweine zur Anwendung.

• Schlußbetrachtungen

Erfolgreiches Handling und Zwangsmaßnahmen beim Schwein erfordern vom Schweinehalter oder Pfleger, mit den Tieren ruhig und verständnisvoll umzugehen. Auf keinen Fall darf mit roher Gewalt oder brutalen Methoden wie Elektrostäben oder Holzstöcken gearbeitet werden. Geht man mit Schweinen nicht ordnungsgemäß um, werden sie dem Halter gegenüber ängstlich, oder es entstehen aggressive Verhaltensweisen bzw. die Schweine verletzen sich. Unverantwortliches Handling kann schwere Stresszustände verursachen, die sogar zum Tode führen können. Ein guter Schweinehalter ist darum bemüht, daß jede Handlingsmaßnahme unter ruhigem Zureden und mit der geringsten Gewalt durchgeführt wird.

Schließlich sei darauf hingewiesen, daß Schweine nicht immer ruhig und fügsam sind; manche können „schlecht gelaunt" sein, andere fürchten sich leicht. Unter solchen Bedingungen rasen Schweine umher und versuchen sogar, dazutretende Menschen zu beißen. Das kommt besonders bei Jungsauen und älteren Sauen vor, die gerade geworfen haben und versuchen, ihre neugeborenen Ferkel zu schützen. Beim Umgang mit Ebern ist besondere Vorsicht geboten. Sie sind oft sehr groß und schwer und mit scharfen, hervorstehenden Hauern ausgestattet, mit denen sie Fremden schwere Verletzungen zufügen können. Das kann aber auch Tierärzten bei Injektionen oder unvorsichtigen Schweinehaltern passieren. Zum Schutz gegen die Zähne des Ebers muß deshalb stets ein Brett zur Hand sein, auch um während der Behandlung den Eber in der Gewalt zu haben. Beim Umgang mit Ebern sollte möglichst eine Hilfsperson anwesend sein.

• Literatur

English, P. R., Fowler, V. R., Baxter, S., and Smith, W. J. (1988): The Growing and Finishing Pig. Farming Press, Ipswich.

King, J. O. L. (1978): An Introduction to Animal Husbandry. Blackwell, Oxford.

Sainsbury, D. (1986): Farm Animal Welfare: Cattle, Pigs and Poultry. Collins, London.

7. Wirtschaftsgeflügel

(Peter E. Curtis)

• Einführung

Unter dem Begriff Wirtschaftsgeflügel werden Hühner, Truthühner, Enten und Gänse zusammengefaßt. Mitunter zählt man auch noch andere Arten, z. B. Wachteln und Federwild, dazu.

In manchen Kreisen besteht die Vorstellung, daß Hühner, Truthühner, Enten und Gänse weniger entwickelte Spezies als die Säugetierarten sind. Es sollen unintelligente Tiere sein, die ihrer Umgebung wenig Aufmerksamkeit widmen. Man betrachtet sie deshalb gern als „Tiere zweiter Klasse". Merkwürdigerweise wissen wir nicht viel über das Wahrnehmungsvermögen des Geflügels. Es besteht aber die Aussicht, daß Geflügel heute besser behandelt wird, als dies in der Vergangenheit der Fall war. Offenkundig waren die Wildformen, von denen unsere domestizierten Vögel abstammen, sehr geschickte Tiere, die imstande waren, sich an verschiedene Umgebungen zu adaptieren. Das gegenwärtige Management der Geflügelzucht stützt sich noch auf einen Großteil des ursprünglichen genetischen Potentials ungeachtet der Tatsache, daß das Geflügel intensiv auf Eigenschaften selektiert worden ist, die lediglich die Produktivität erhöhen. Ein guter Geflügelhalter behandelt seine Tiere immer mit Verstand und Einfühlungsvermögen, woraus sich schließlich das Wohlbefinden der Tiere und der Erfolg des Unternehmens ergeben.

Hühner sind eine domestizierte Form des Roten Dschungelhuhns oder Bankivahuhns (*Gallus gallus*), Truthühner stammen von der Wildform von *Meleagris gallopavo*, Enten von der Stockente (*Anas platyrhynchos*) und Gänse von der Graugans (*Anser anser*) ab. Die Arten haben viele Gemeinsamkeiten: Schnäbel, Federn, Flügel und das vogelspezifische Atmungssystem, einschließlich der Luftsäcke mit Divertikeln, die sich bis in die Knochen ausdehnen.

Sehvermögen. Wie alle Vögel sind auch die Wirtschaftsgeflügelarten mit dem panoramischen Sehen ausgestattet, so daß sie sich nähernde Feinde leicht entdecken. Die ausgeprägte Sehschärfe befähigt zum Picken, d. h. zur präzisen Aufnahme von Futter vom Boden. Einschränkung optischer Wahrnehmungen mit der dadurch verminderten Aufmerksamkeit kann genutzt werden, wenn Hühner für den Transport oder andere Zwecke, z. B. zum Wiegen, eingefangen werden müssen. Geflügel wird auch durch neue Kleidung des Personals oder fremder Besucher oder durch das Erscheinungsbild bestimmter Ausrüstungsgegenstände beeinflußt. Helle Kleidung oder stark reflektierende Gegenstände können Schreckreaktionen und in einigen Fällen sogar den Tod auslösen.

Hörvermögen. Das Hörvermögen des Geflügels ist gut ausgebildet. Viel Zeit wird dafür verwendet, durch Lautäußerungen Nachrichten auszutauschen, vor allem betrifft es gegenseitige Sicherheitsbekundungen. Erscheinen Fremde, wird ein Alarmruf ausgestoßen, der in extremen Fällen in großen Geflügelherden ausgedehnte Schreckreaktionen auslösen kann. Aus diesem Grunde sollten sich Besucher den Herden vorsichtig nähern und vor dem Eintritt an die Tür des Geflügelstalles klopfen.

Einfangen. Sollen Vögel eingefangen werden, ist ein vorsichtiges Vorgehen erforderlich, da plötzliche Bewegungen bei ihnen sofort eine Fluchtreaktion auslösen, die es dann beinahe unmöglich macht, die Tiere zu fangen. Solche Zwischenfälle können dazu führen, daß die Tiere in eine Ecke fliehen und u. U. ersticken. Andere Tiere werden durch das Flattern verletzt, und die Legeleistung geht zurück. Mit zwar vorsichtigen, jedoch unerwarteten Bewegungen kann sogar eine sehr erfahrene Person einen solchen Alarm in der Herde auslösen. In sehr kleinen Geflügelherden, wo für die Vögel genügend Platz zum Ausweichen vorhanden ist, stellen Unfallverletzungen eine zusätzliche Gefahr dar. Zweckmäßigerweise läßt man die für das Geflügel verantwortliche Person das zu untersuchende Tier einfangen, zumindest am Anfang, da die regulären Betreuer bei den Vögeln weniger Furchtreaktionen auslösen als unbekannte Besucher. Vögel gewöhnen sich jedoch schnell an Fremde.

Tonische Immobilität. Wenn Vögel nach einem Handling oder nach einem Transport auf dem Boden bewegungslos verharren, spricht man von tonischer Immobilität. Dieses Phänomen wird besonders bei Broilerküken nach dem Transport beobachtet, es kommt aber auch bei anderen Hühnern vor. Offenbar ist dieses Verhalten eine Furchtreaktion, die bei den wildlebenden Vorfahren zur Tarnung vor Räubern diente.

Artunterschiede. Unter den Hühnern und den anderen Geflügelarten besteht eine große Vielfalt in den Verhaltensmustern, die auf natürlicher Anlage und selektiver Züchtung durch den Menschen beruht. Die Unterschiede im äußeren Erscheinungsbild zwischen einem Zwerghuhn und einem Kampfhahn, zwischen einer Hochleistungslegehenne und einem schnell wachsenden Masthähnchen spiegeln sich eben auch in den Verhaltensweisen wider.

• Hühner

Küken. Das Küken besitzt eine außerordentliche Vitalität. Nachdem es seine Lungen schon einige Stunden in der Schale trainiert hat und aus dem Ei geschlüpft ist, erkundet es die Welt und lernt die Futtersuche. Frisch geschlüpfte Küken sind mit isolierenden Daunenfedern ausgestattet. Küken besitzen in Form des Dottersackes ein internes Nahrungsreservoir, das ihnen hilft, die ersten Tage ihres Lebens zu überstehen.

Das Personal der Brutanstalten hat Küken mit feuchter Nabelgegend, die eine Dottersackinfektion begünstigt, sowie Küken mit sichtbaren Deformitäten, wie gekreuzten Schnäbeln oder gespreizten Beinen, zu eliminieren. Das Handling der Küken ist einfach; sie können problemlos zu Plätzen transportiert werden, wo sie behandelt werden können, z. B. zwecks Impfung, Schnabelverschneidens und Feststellung des Geschlechtes (Sexen). Die Kämme der männlichen Küken dürfen bis zum Lebensalter von drei Tagen mit der Schere entfernt oder beschnitten werden. Bei Truthühnern kann der Stirnzapfen entfernt werden.

Nach dem Zählen werden die Küken in feste Kartons oder Kisten verbracht, in klimatisierte Fahrzeuge verladen und in die Geflügelfarmen abgefahren.

Frisch geschlüpfte Puten-, Enten- und Gänseküken erfahren ein ähnliches Procedere, sie erhalten aber keine Marek-Impfung, und nur bei Truthühnern ist der Schnabel zu beschneiden.

Ältere Hühner. Das *Einfangen* älterer Hühner erfolgt, indem man den Körper mit beiden Händen umfaßt und dabei die Flügel an den Körper legt, um ein Flattern zu verhindern (Abb. 7.1.). Dieses optimale Vorgehen ist aber nicht immer möglich. Als

Abb. 7.1. Die Flügel einer Henne werden an den Körper angelegt, um Flattern zu verhindern.

Alternative greift man das Huhn mit einer Hand an beiden Beinen und benutzt die andere Hand, um das Tier von unten her zu umfassen und anzuheben. Während das Huhn dann an beiden Beinen gehalten wird, ruht der Körper in der Hand (Abb. 7.2.). Damit ist ein Handling, z. B. zur Feststellung der Kondition, für eine allgemeine Untersuchung, Beurteilung auf Ausstellungen, Ermittlung des Legestatus durch Messung der Lücke zwischen den Beckenknochen mit Hilfe der Finger (Abb. 7.3.), möglich. Nur durch Prüfung einer repräsentativen Anzahl von Tieren einer Herde kann der Geflügelzüchter die allgemeine körperliche Kondition und den Gesundheitszustand des Bestandes ermitteln. Aus der Distanz kann der Geflügelhalter nicht feststellen, ob es sich z. B. um magere oder überfütterte Tiere handelt, denn sie können optisch durchaus normal erscheinen. Regelmäßiges Wiegen ist empfehlenswert (Abb. 7.4.). Das Wiegen von Hühnergruppen kann in einer Kiste erfolgen.

Ist der Aufwand zum Einfangen der Hühner zu groß, können Fischernetze benutzt werden.

Halten und Tragen. Ein gefangenes Huhn muß mit festem Griff gehalten werden, um Flattern und Strampeln und dadurch Schaden für das Tier zu verhindern. Andernfalls würden Alarmrufe der in

Abb. 7.2. Ein Ausstellungszwerghuhn wird zur Untersuchung gehalten.

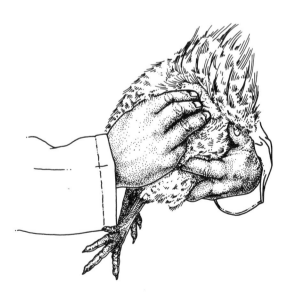

Abb. 7.3. Untersuchung einer Henne, ob sie legt.

Abb. 7.4. Wiegen eines lebenden Vogels mit einer Federwaage.

der Nähe befindlichen Hühner provoziert, wobei sich Alarmreaktionen über die ganze Herde ausbreiten könnten. Gewöhnlich strampelt ein Huhn beim Einfangen, unterbrochen von Ruhephasen. Nachlässige Fixierung erlaubt es den Tieren freizukommen, wobei eine oder beide Gliedmaßen verletzt werden können.

Unter bestimmten Umständen ist es erforderlich, erwachsene Hühner an den Beinen zu tragen. Es müssen dabei immer beide Beine gehalten werden, da es sonst zu Verletzungen an den Gliedmaßen kommen kann. Das Tragen der Hühner an den Beinen wird oft angewandt, wenn sie gewogen werden sollen und es nicht möglich ist, die Tiere aufrecht zu tragen. In Großbritannien ist es nicht erlaubt, bei öffentlichen Veranstaltungen Hühner oder anderes Geflügel mit nach unten hängendem Kopf an den Beinen zu tragen. Erleiden Hühner durch einen nicht sorgsamen Umgang Schäden an Muskeln, Sehnen und Bändern einer Gliedmaße, haben sie in der Regel große Schwierigkeiten, an Nahrung und Wasser heranzukommen; außerdem sind sie den Angriffen anderer Vögel leicht ausgesetzt.

Da bekanntermaßen in Batterien gehaltene Hennen sich leichter Knochenbrüche zuziehen als Tiere, die auf Tiefstreu oder im Freigelände gehalten werden, ist es ganz wichtig, daß sie mit besonderer Sorgfalt behandelt werden, um Frakturen an Flügeln, am Becken, an den Gliedmaßen, am Sternum oder an anderen Knochen zu vermeiden.

Abstriche und Probenentnahme. Müssen Abstriche von der Kloake gemacht werden und ist keine Hilfsperson anwesend, ist es vorteilhaft, die Tiere an den Beinen mit dem Kopf nach unten zu halten (Abb. 7.5.). Bei Abstrichen von der Mundhöhle, dem Ösophagus oder der Luftröhre ist ein Helfer notwendig, der das Tier in aufrechter Position hält (Abb. 7.6.). Zur Blutentnahme benutzt man üblicherweise die rechte Jugularvene. Ein Assistent ist erforderlich, um die Vene zu stauen und das Tier zu halten (Abb. 7.7.). Doch kann auch die Flügelvene benutzt werden.

Broiler. In Großbritannien werden ca. 600 Millionen Broiler pro Jahr aufgezogen. Diese Zuchtlinien sind auf schnelles Wachstum selektiert, so daß der Geflügelproduzent sechs Produktionseinheiten pro Jahr und Stall gewinnen kann. In den meisten Anlagen erlangen diese Hühner niemals ihre körper-

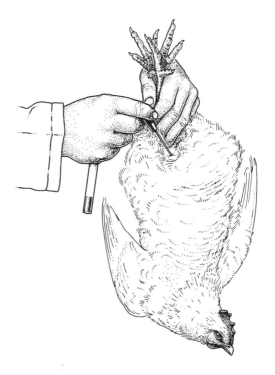

Abb. 7.5. Von einer Person ausgeführter Kloakenabstrich.

Abb. 7.6. Halten eines Huhnes für einen Speiseröhrenabstrich.

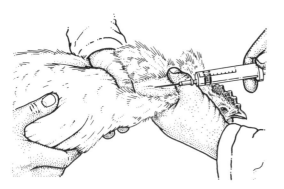

Abb. 7.7. Blutentnahme bei der Henne aus der rechten Jugularvene.

liche Reife. Deshalb sind ihre Knochen nicht vollständig kalzifiziert und leicht verletzbar. Die Tiere müssen daher mit geringstem Stress vom Betrieb zum Schlachthof transportiert werden.

Einfangen. Arbeitet man bei Tageslicht, sollte der Raum mit Kunststoffplanen verdunkelt werden. Werden die Tiere zur Nachtzeit gefangen, reduziert man die Lichtstärke soweit wie möglich. Die Transportkisten werden mit einem Gabelstapler in die Anlage gebracht. Gewöhnlich bilden 16 Kisten (255 mm × 910 mm) eine Verladeeinheit. Die Anzahl der Tiere im Transportbehälter hängt vom Körpergewicht, von der Wegstrecke und von den klimatischen Bedingungen während des Be- und Entladens ab. Dichtes Beladen verhindert, daß die Tiere während der Fahrt auf der Straße hin- und hergeworfen werden. Befinden sich aber viele Hähnchen in einer Kiste, kann es zu zusätzlichem Stress und sogar zum Erstickungstod kommen. Bei kaltem und regnerischem Wetter sollten außen Planen angebracht werden. Die Kraftfahrer sollten immer mit großer Rücksicht auf die zu transportierenden Tiere fahren.

Das Einfangen von Broilern ist arbeitsintensiv und erfordert Geduld und Geschick, aber auch große Beweglichkeit. Die Arbeit muß zwar schnell vollbracht werden, um vor Schließung des Schlachthofes fertig zu sein, aber jeglicher Schaden ist zu vermeiden. Es ist üblich, die Tiere an beiden Beinen zu fassen (Abb. 7.8.) und mit beiden Händen mehrere Hähnchen gleichzeitig hochzuheben und sie dann behutsam, aber schnell in den Transportkäfig zu setzen. Broiler sollten nicht an den Flügeln gefangen werden, da ihre Knochen leicht zu verletzen sind. Frakturen oder Verrenkungen sind für die Tiere sehr schmerzhaft und mindern die Schlachtqualität. Solche Schäden werden meist erst nach der Schlachtung entdeckt; sie sehen wie eine Quetschung mit lokaler Blutung aus. Auf derartige Schäden ist das Personal hinzuweisen, damit die Mängel im Handling abgestellt werden können.

Sind keine Gabelstapler und standardisierten Transportkäfige vorhanden, kann es erforderlich werden, die Tiere über eine nicht unerhebliche Distanz bis zu den Verladerampen zu tragen, wobei erhöhte Verletzungsgefahr an den Gliedmaßen besteht. Ein Weiterreichen der Tiere von Hand zu Hand erhöht ebenfalls das Verletzungsrisiko und ist abzulehnen.

Neuerdings entwickelte, mechanisch arbeitende Einsammelmaschinen nehmen die Broiler vom Boden auf und transportieren sie behutsam in die Transportkäfige. Die eigentlich etwas unberechenbaren Broiler nehmen ein solches System ohne erkennbaren Stresseffekt an. Für den Einsatz solcher

Abb. 7.8. Tragen von 47 Tage alten Broilern.

Abb. 7.9. Tragen eines einzelnen Broilers.

Maschinen sind Stallungen mit Dächern, die nur von wenigen Säulen getragen werden, erforderlich.
Zur klinischen Untersuchung oder zum Aussondern müssen die Tiere mit dem ganzen Körper und nicht nur an den Beinen gegriffen werden (Abb. 7.9.). Der Kopf ist nach oben zu halten, die Flügel müssen dem Körper anliegen. Damit werden ein Schlagen mit den Flügeln und Flügelverletzungen verhindert. Die Tiere sind behutsam auf den Boden zurückzusetzen und dürfen nicht einfach fallengelassen werden.

• **Truthühner**

Seit die künstliche Besamung weithin praktiziert wird, ist ein regelmäßiges Handling erwachsener Truthühner notwendig geworden. Die Truthähne müssen zur Spermagewinnung, die Truthennen zur Besamung gefangen werden. Truthühner werden auch aus anderen Gründen eingefangen: tierärztliche Untersuchungen, Selektion von Tieren, Vakzination und Wiegen. Jüngere Truthühner werden nicht routinemäßig behandelt, aber zur Verabreichung von Vakzinen oder Injektion von Medikamenten eingefangen.

Truthühner werden in Fangkäfige getrieben oder auf engem Raum zusammengedrängt, um von einem erfahrenen Pfleger gefangen zu werden. Die Technik des Einfangens besteht darin, daß man das ausgewählte Tier an einem Bein und dem Flügel der Gegenseite erfaßt (Abb. 7.10. und 7.11.); dann er-

Abb. 7.10. Greifen einer Pute am rechten Flügel und linken Bein.

Abb. 7.11. Hochheben einer Pute an Flügel und gegenüberliegendem Bein.

Abb. 7.12. Pute, die mit dem Brustbein auf einem Strohballen ruhend gehalten wird.

Abb. 7.13. Pute, die mit erhobenem Flügel zur Blutentnahme aus der Flügelvene gehalten wird.

oder gar Verrenkungen und Frakturen zu vermeiden. Truthühner können sehr schwer werden (Abb. 7.14.), entsprechend kräftige Pfleger sind erforderlich.

• Enten

Einfangen und Halten. Enten sind gesellige Tiere. Da sie in Gruppen gehalten werden, lassen sie sich mit beruhigenden Worten von einem Platz zum anderen treiben. Zum Einfangen treibt man die Enten in eine schmale Fangzone in der Nähe der Transportkäfige, in die sich die Tiere freiwillig begeben, wobei sie den Kopf erhoben tragen und sich genau nach Zeichen und Signalen richten. Enten können im Dunkeln gut sehen, da sie in der freien Natur nachts das Futter aufnehmen. Deshalb hat es keinen Sinn, beim Einfangen das Licht abzublenden. Enten haben keinen richtigen Kropf; die Speiseröhre ist jedoch erweitert, so daß Futter zurückgehalten werden kann. Ein Druck auf diese Gegend ist zu vermeiden, damit das Futter nicht regurgitiert wird. Es ist ratsam, die Weichteile im vorderen Halsbereich nicht anzufassen. Die Luftröhre ist jedoch, verglichen mit der vom Huhn, verhältnismäßig fest.

Abb. 7.14. Fixation einer Pute zum Wiegen.

greift man beide Beine mit einer Hand und plaziert das Tier mit der Brust auf einen Strohballen (Abb. 7.12.). Man kann auch einen anderen weichen Gegenstand nehmen oder das Tier auf das Knie des Pflegers legen. Ein solches Einfangen setzt ein behutsames Annähern und ein eingespieltes Handeln des Pflegers voraus. Es ist zweckmäßig, vorher zu den Tieren zu sprechen bzw. zu pfeifen. Damit wird erreicht, daß der Kopf des Truthuhnes im Augenblick des Einfangens nach oben gehalten wird. In der beschriebenen Position kann das Truthuhn klinisch untersucht werden, es können auch Abstriche aus Mundhöhle, Ösophagus, Trachea und Kloake, parenterale oder orale Verabreichung von Medikamenten und Entnahme von Blutproben aus der Flügelvene vorgenommen werden (Abb. 7.13.). Sorgsames Einfangen und ebensolcher Umgang sind Voraussetzung, um Quetschungen

Abb. 7.15. Links: Erfassen einer Ente am Hals, rechts: Hochheben der Ente an Flügel und Hals.

Enten sollten am Kopf eingefangen werden. Man greift sie von hinten mit einer schöpfenden Bewegung, wobei die hohle Hand hinter dem Kopf liegt und Daumen und Zeigefinger den Hals umfassen. Auf die vordere Halspartie übt man dabei keinen Druck aus (Abb. 7.15.). Die Ente wird dann mit Gefühl vorwärts und aufwärts bewegt, so daß man die Flügel greifen kann (Abb. 7.15.). Danach läßt man den Hals los und faßt den Körper von unten. Die Flügel nimmt man in eine Hand, so daß die andere von unten her den Körper hält (Abb. 7.16.).

Druck auf die Rippen bzw. die Brust ist zu vermeiden, es können dadurch, besonders bei jungen Enten, Skelettschäden oder Verletzungen innerer Organe entstehen. Prinzipiell soll die Ente nicht am

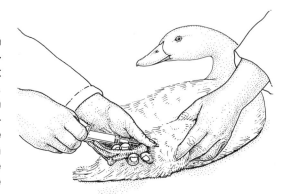

Abb. 7.18. Fixieren der Ente zur Blutentnahme aus der Beinvene.

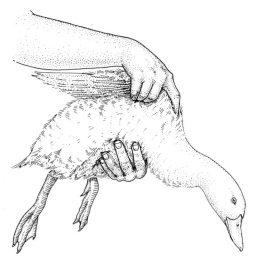

Abb. 7.16. Die Ente wird unter dem Brustbein mit der Hand getragen, die Flügel werden mit der anderen Hand fixiert.

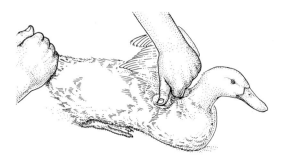

Abb. 7.17. Fixieren der Ente zur Blutentnahme aus der Flügelvene.

Brustkorb oder in der Bauchregion gehalten werden. Auch die Beine sollten wegen der Verletzungsmöglichkeiten nicht zum Einfangen oder zum Festhalten der Ente benutzt werden. Nachdem eine Ente behandelt worden ist, wird sie vorsichtig auf den Erdboden gesetzt. Dabei gibt man ihr einen leichten Vorwärtsschub und hält die Beine in der richtigen Position für eine sichere „Landung", so daß keine Stoßwirkung auf die Ente ausgeübt wird.

Blutprobenentnahme. Blutproben können aus der Flügelvene bei sitzender Position des Tieres entnommen werden. Dabei wird der Flügel hochgehoben und die Vene komprimiert (Abb. 7.17.). Man kann auch die Beinvene auf der vorderen Seite des Sprunggelenks benutzen, aber dabei muß sich die Ente in Rückenlage befinden (Abb. 7.18.).

• Gänse

Die Größe erwachsener Gänse variiert in Abhängigkeit von der Rasse und der Zuchtrichtung. Einige Rassen sind nur wenig größer als eine Ente, wohingegen andere über 10 kg schwer werden. Gänse werden als aufmerksame und intelligente Tiere angesehen und sollten auch als solche behandelt werden.

Einfangen und Halten. Zum Einfangen von Gänsen können mehrere Methoden empfohlen werden. Ist es möglich, nur wenige Tiere in eine kleine Stallung hineinzutreiben, können sie einzeln hochgenommen werden, indem man die Gans zunächst an der Basis der Flügel greift (Abb. 7.19.). Man kann die

Gans auch fangen, wenn sie versucht, einen kleinen Stallraum durch einen engen Ausgang zu verlassen. Gänse haben einen natürlichen Drang, aus solchen engen Stallungen zu entkommen. Die Gans wird dann unter einem Arm mit gefalteten Flügeln und dem Kopf nach vorn oder nach hinten gehalten (Abb. 7.20.). Zeigt der Kopf nach vorn, sollte er mit der freien Hand fixiert werden, damit Gans und Pfleger nicht verletzt werden (Abb. 7.21.).

Wenn die Gans zu groß ist, kann sie mit Hilfe eines Fanggerätes, das einer Schäferkrücke gleicht, eingefangen werden. Das Gerät wird um den Hals des Tieres gelegt und immobilisiert es dadurch. Die

Abb. 7.19. Ergreifen beider Flügel einer Gans.

Abb. 7.21. Halten des Kopfes einer Gans nach vorn.

Abb. 7.20. Hochheben einer Gans in sog. Unterarm-Kopf-vorwärts-Position.

Gans kann dann, wie beschrieben, bei den Flügeln gegriffen werden. Ein Fischereinetz kann ebenfalls verwendet werden, um Gänse durch Immobilisation zu fangen. Halten sich beim Einfangen zu viele Gänse im Stall auf, besteht die Gefahr, daß sie sich in einer Ecke zusammendrängen und einige von ihnen ersticken, besonders in der warmen Jahreszeit.

Gänse müssen gefangen werden, wenn ihre allgemeine Kondition zu beurteilen ist, um Blutproben zu entnehmen oder Abstriche anzufertigen, zur Verabreichung von Medikamenten, für den Transport u. a.

Blutprobenentnahme und Abstriche. Für die Blutentnahme ist die Flügelvene am besten zugängig; die Flügelvene wird bei dieser Tierart gegenüber der Jugularvene bevorzugt. Die Gans wird mit beiden Beinen auf den Erdboden gesetzt und durch leichten Druck auf den Rücken fixiert. Durch Anheben eines Flügels wird die Flügelvene sichtbar gemacht (Abb. 7.22.).

Flügelstutzen. Flügel werden gestutzt, um das Fliegen zu verhindern. Das Stutzen der Schwungfedern eines Flügels ergibt eine unsichere Aerodynamik, die einen ausbalancierten Flug unmöglich macht. Das dafür geeignete Handling veranschaulicht Abb. 7.23.

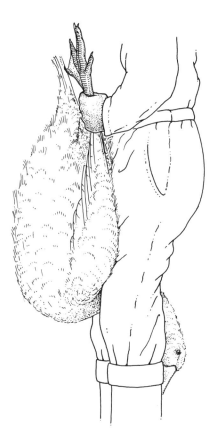

Abb. 7.23. An den Füßen gehaltene Gans, wobei der Hals zwischen die Knie des Pflegers gesteckt wird.

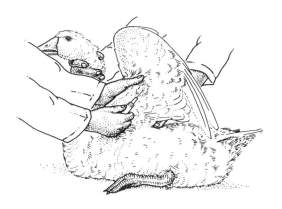

Abb. 7.22. Fixieren einer Gans zur Blutentnahme aus der Flügelvene.

• Literatur

Birds (1984): Their Structure and Function. 2nd ed. (Editors: King, A. S., and McLelland, J.). Baillière & Tindall, London.

Heider, G., und Monreal, G. (Hrsg.) (1992): Krankheiten des Wirtschaftsgeflügels. Gustav Fischer Verlag, Jena – Stuttgart.

Sainsbury, D. (1984): Poultry Health and Management. 2nd ed. Granada, London.

The Management and Welfare of Farm Animals. 3rd ed. (1988): The UFAW Handbook, Ballière Tindall, London.

8. Pferde und Ponys

(Alison Schwabe)

• Das natürliche Verhalten des Pferdes

Vorhersehbarkeit ist der Schlüssel zum sicheren Handling von Pferden und Ponys. Ihr Verhalten kann, obwohl es manchmal durch Spontaneität und Heftigkeit gekennzeichnet ist, oft durch sorgfältiges Beobachten vorausgesehen werden. Wenn man die natürlichen Verhaltensweisen eines Pferdes kennt und bestimmte Ereignisse von ihm fernhält, sind Unfälle zu vermeiden. Die meisten Pferde verhalten sich umgänglicher, wenn sie vertrauensvoll, sicher und freundlich behandelt werden. Nur bewußt schlechtes Verhalten oder Ungehorsam sollte zum Tadel Anlaß geben, der unmittelbar erfolgen muß. Es ist niemals gerechtfertigt, ein Pferd zu schinden oder in anderer Form schwer zu strafen. Dies löst nur Angst und Panik aus. Das Pferd, bedeutend stärker als der Mensch, wird instinktiv reagieren und weniger willig die abgeforderten Verrichtungen ausführen. Es ist wichtig, daß derjenige, der mit dem Pferd umgeht, kräftiges Schuhwerk trägt (Abb. 8.1.). Stiefel oder Schuhe mit Metallzehenkappen sind von großem Vorteil. Sie schützen den Fuß, wenn man getreten wird, und erlauben es dem Menschen, nahe am Pferd zu bleiben, ohne Angst vor einer Verletzung haben zu müssen.

Das moderne domestizierte Pferd hat die Urinstinkte seiner Vorfahren beibehalten. Dazu gehören der Trieb zur Futtersuche und der Drang zur Gesellschaft mit anderen Pferden, vor allem solchen, die es bereits kennt. Diese Herdenbildung kann an

Abb. 8.1. Beim Umgang mit Pferden ist stabiles Schuhwerk erforderlich.

jedem Ort beobachtet werden, wo Pferde sich ausruhen oder gemeinsam weiden (Abb. 8.2.). Wird aus der Gruppe ein Tier entfernt, ertönt lautes Gewieher, und es gibt sogar den Versuch, wegzuspringen oder dem Tier zu folgen. Pferde, die sich manchmal zu Hause recht widerspenstig benehmen, werden in fremder Umgebung oft sehr umgänglich, so z. B. bei einer Pferdeschau. Die andere Motivation – das Futter – kann benutzt werden, um die Aufmerksamkeit von furchterregenden Dingen abzulenken, so daß das Tier willig wird. Dies trifft auch zu, wenn die Pferde das erste Mal geputzt werden. Futterverabreichung zwecks Beruhigung kann natürlich nur für eine begrenzte Zeit wirksam sein, für den Anfang kann man damit aber gut zurechtkommen. Die primitiven Equiden konnten sich nur durch Schlagen, Beißen, Starrsinn und Flucht vor ihren Feinden retten. Diese Instinkte sind dem modernen Pferd erhalten geblieben, können aber durch Training verändert werden. Pferde schlagen den Menschen selten absichtlich, tun es aber, wenn sie erschreckt werden. So warten sie auch nicht, um herauszufinden, ob es ihr vertrauter Besitzer ist, der plötzlich erschienen ist und die Hand auf ihren Rücken legt. Für ein Pferd könnte es auch ein scharfzähniger Tiger sein! Durch Sprechen mit dem Pferd, insbesondere bei Annäherung, wird das Tier gewarnt, und es hat genügend Zeit, den Menschen als Freund zu erkennen. Riskant ist es, zwischen die Hinterhand von zwei Pferden zu treten, besonders, wenn sie futterneidisch sind (Abb. 8.3.). Pferde haben wenig Skrupel, sich in solchen Situationen gegenseitig zu schlagen. Der Mensch kann dabei leicht in Mitleidenschaft gezogen werden.

Pferde beißen auch gern andere Pferde. Auch junge Tiere, die geneckt oder mißhandelt worden sind, können beißen oder zwicken. Selbst ein spielerisches Zwicken kann sehr schmerzhaft sein. Das Pferd zeigt seine Reaktionen dadurch an, daß es die Ohren anlegt und manchmal die Zähne fletscht. Es gibt auch einige Pferde, die versuchen, den Menschen gezielt anzugreifen, wobei sie sogar aus einiger Entfernung auf den Menschen losgehen. Das ist eine seltene, aber sehr ernstzunehmende Untugend. Von solchen Pferden sollte man sich trennen oder sie nur mit größter Vorsicht behandeln.

Die Unart des ,,Bockens'' oder ,,Störrischseins'' wird besonders zum Problem, wenn das Pferd geritten wird. Es ist zu prüfen, ob diese Ungezogenheiten vielleicht durch Schmerz oder spitze Gegenstände, die das Pferd verletzen, ausgelöst werden. Man muß dabei den Kopf des Pferdes hochhalten und fest im Sattel sitzen. Pferde bocken auch gern vor Freude, besonders, wenn sie gerade auf die

Abb. 8.2. Pferde sind von Natur aus Herdentiere.

Abb. 8.3. Futterneid.

Weide gebracht worden sind. Das Pferd muß dabei nahe am Kopf im Griff behalten werden. Ein nachlässiges Handling in diesen Situationen ist die Hauptursache von Unfällen.

Pferde wehren sich vornehmlich durch Weglaufen. Im Verlauf ihrer Evolution vom kleinen waldbewohnenden Eohippus (Hyracotherium) zum präriebewohnenden Equus caballus sind sie in höchstem Maße athletisch geworden. Um ein Pferd auszubilden, muß es mit den alltäglichen Dingen vertraut gemacht werden, damit es weiß, daß ein Weglaufen kaum notwendig ist. Nichtsdestoweniger ist es wichtig, mit dem Pferd, wenn es Angst hat, engen Kontakt zu halten, damit es die Gefahr selbst einschätzen kann. Sogar die meist gut trainierten Polizeipferde können bei plötzlichen Bewegungen sowie unbekannten Anblicken und Geräuschen scheuen. Damit Pferde es lernen, solche Signale zu verstehen und zu deuten, muß man viel mit ihnen beobachten und soviel Zeit wie möglich mit ihnen verbringen. Das Buch „The Horse's Mind" von Lucy Rees ist ein ausgezeichneter Ratgeber für das Verstehen der Körpersprache von Pferd und Pony.

- **Annähern und Einfangen**

Zweckmäßig ist es, an das Pferd von vorn und etwas von der Seite heranzutreten, damit man von ihm gesehen wird. Es kann nicht gut nach hinten und direkt geradeaus sehen. Man soll das Pferd ansprechen, wenn man sich nähert, damit es gewarnt ist. Es wird zuerst an der unteren Halspartie oder an der Schulter berührt, da dies „sichere" Körperregionen sind (Abb. 8.4.). Man führt das Seil zunächst um den Hals. Die meisten Tiere akzeptieren, daß sie dadurch gefangen sind. Wenn das aber nicht der Fall ist und man sich in einem offenen Raum befindet, kann man wenig tun, um derartige Pferde weiter zu dirigieren. Solche Tiere sollten, wenn sie frei laufen, stets ein Halfter tragen. Die meisten Pferde gestatten das Anlegen des Halfters oder des Halsriemens. Wenn man ein freilaufendes Pferd einfängt, ist es hilfreich, einen „Lieblingshappen" in Form eines Apfels oder einer Möhre zu reichen. Laufen mehrere Pferde frei umher, ist es nicht ratsam, einen Kübel mit Futter anzubieten. Alle Tiere werden sich um das Futter drängen, wobei man leicht getreten und geschlagen werden kann. Es ist besser, so nah wie möglich an das ausgewählte Tier heranzugehen, ehe man den Lieblingshappen reicht, sonst könnte es durch ein stärkeres Tier weggetrieben werden. Pferde, die mit Süßigkeiten aufgezogen worden sind, reagieren sogar auf deren Verpackungspapier. Man halte das Halfter solange fest, bis das Pferd stillsteht. Beim kleinen Pony genügt es, wenn man die Hand über die Nase legt, die Mähne erfaßt oder den Arm um den Hals legt.

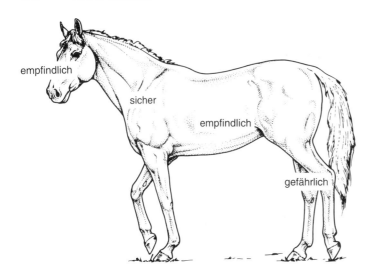

Abb. 8.4. Sichere und risikoreiche Handlingzonen.

Es gibt eine ganze Anzahl von Tricks, um schwierige Pferde und Ponys zu fangen.
1. Man kann Futter über den Zaun halten. Manche Pferde nehmen dann an, es handle sich um einen Besucher und glauben nicht, daß sie eingefangen werden sollen. Günstig ist es, wenn das Pferd ein Halfter trägt, und natürlich klappt es am besten, wenn man das Pferd zum ersten Mal auf diese Weise fängt.
2. Man kann jemanden schicken, der üblicherweise das Pony nicht reitet oder keine Reitkleidung trägt.
3. Ein Pferd, das nahe herankommt, aber seinen Kopf schnell wegwendet, wenn man es greifen will, kann gefangen werden, indem man sich mit etwas Futter am Boden duckt. Das nichtsahnende Tier läßt es zu, daß man seine Vordergliedmaße berührt, die dann aufgehoben werden kann. Das Pferd nimmt nun an, eingefangen zu sein. Ein kurzes Seil oder Lederband am Halfter ist bei einem kopfscheuen Pferd hilfreich.
4. Manchmal ist es leichter, an das Pferd heranzukommen, wenn es zwei oder mehrere Personen in die Enge treiben, vorausgesetzt, daß es nicht ein solcher Typ ist, der weggaloppiert, wenn man noch weit von ihm entfernt ist. Man sollte das Tier möglichst nicht erregen und darauf achten, daß es nur im Schritt geht. Viele Pferde geben dann plötzlich auf und lassen sich fangen. Unter Umständen spannt man zwischen den Hilfspersonen ein Seil, um Lücken zu schließen.
5. Wird das Einfangen zum ständigen Problem, ist es zweckmäßig, in der Ecke einer Koppel einen eingrenzenden Lattenzaun zu errichten. Das Pferd wird dann nur in dieser Ecke gefüttert. Eventuell kann man auch noch ein einfaches ferngesteuertes Kontrollsystem zum Schließen der Tore bauen. Die Zäune sollten hoch sein und aus Querhölzern oder Bretterverschlägen bestehen, da sonst die Pferde darüberspringen und entkommen könnten. Eine weitere Alternative stellt das Eintreiben der Tiere in die Stallungen dar.
6. Läßt sich ein Pferd sogar in einem eingegrenzten Raum nur schwer fangen, kann es verschiedene Gründe dafür geben: Das Tier kann sich fürchten, oder es hatte bisher noch keine Handlingerfahrung; es kann widerstreben, weil es verletzt worden ist und sich vor einer weiteren Behandlung fürchtet. In solchen Fällen kann ein Lasso notwendig werden (Abb. 8.5.). Ein selbst hergestelltes Gerät, das aus einem leichten, aber kräftigen Bambusstab mit zwei im Abstand von einem Meter eingeschraubten großen Haken besteht, kann in Verbindung mit einem starken Seil, das an einem Ende eine längliche Schlinge bildet, ebenfalls verwendet werden. Man legt die Schlinge, hängt sie über die Haken und hält sie offen; sie kann dann aus entsprechender Entfernung über den Kopf des

Abb. 8.5. Improvisiertes Lasso zum Einfangen eines nervösen Pferdes.

Tieres geworfen werden. Man kann es auch über die Stalltür hinweg versuchen. Damit ist das Tier erst einmal fixiert. Der Stab wird entfernt, wenn die Schlinge um den Hals des Pferdes liegt.

7. Außergewöhnliche Situationen erfordern außergewöhnliche Maßnahmen. Die Ultima ratio besteht darin, eine mit dem Lasso gut ausgebildete Person zu verpflichten oder einen Tierarzt zu holen, der berechtigt ist, ein Medikamentengewehr zu benutzen.

Viele der beschriebenen Methoden sind leichter durchzuführen, wenn sich keine anderen Tiere in der Nähe aufhalten. Niemals sollte man das Pferd über die Koppel jagen. Das würde das Vorhaben nur komplizieren. Pferde, die von Geburt an gut behandelt wurden, sind selten schwer einzufangen. Die ersten Stunden im Leben eines Tieres sind in dieser Hinsicht besonders wichtig.

• **Kopfhalfter und Haltevorrichtungen**

Für die meisten Verrichtungen im Bereich der Ställe kann ein Pferd mit Kopfhalfter oder anderen Haltevorrichtungen gehalten werden. Es gibt davon verschiedene Ausführungen (Abb. 8.6.). Kopfhalfter sind besser als einfache Halfter, da sie nicht so leicht abgestreift werden können. Sie können aus Leder sein, das weich, aber fest und teuer ist. Gurtband ist für den täglichen Gebrauch genauso gut und kostet nur ein Viertel der Lederausführung. Die Qualität der Textilhalfter schwankt natürlich erheblich. Die steifen Halfter mit den traditionellen Schnallen und nicht verstellbaren Nasenriemen tragen sich am besten. Für wachsende Tiere wählt man zweckmäßigerweise ein Halfter mit verstellbarem Nasenriemen („Fohlen-Slip"). Es ist auch üblich, einen Lederriemen am Fohlenhalfter anzubringen, um das Fohlen zu halten, wenn es bei Fuß mit der Mutter geht. Sogenannte Halfter (s. Abb. 8.6.) sind noch billiger und werden aus Sisalfaser oder Baumwollseilen hergestellt. Man kann sie provisorisch herstellen, indem man im Notfall ein längeres Seil verwendet. Es kann aber leicht vom Kopf herunterrutschen und dabei die Ohren verletzen. Das Yorkshire-Halfter (s. Abb. 8.6., Mitte) stellt eine etwas ausgeklügeltere Variante dar. Es besteht aus grobgewebtem Gurtband und hat einen kräftigen Kehlriemen, der genau seitlich befestigt ist und dadurch das ganze Halfter stabiler macht. Yorkshire-Halfter werden traditionell benutzt, um schwere Pferde vorzuführen. Der Führzügel ist gewöhnlich

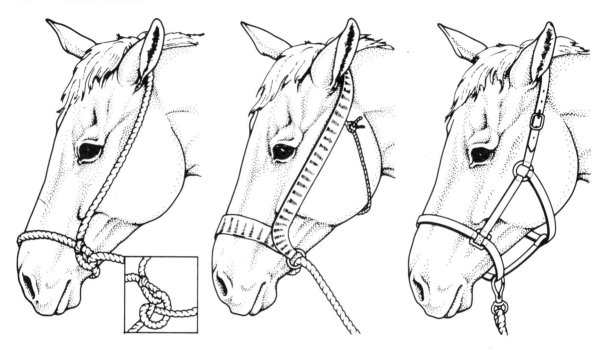

Abb. 8.6. Halfter und Kopfkragen. Links: Seilhalfter, Mitte: Yorkshire-Halfter, rechts: Kopfkragen (Lederhalfter).

ein integraler Bestandteil des Halfters. Kopfhalfter sollten einen starken Führzügel mit einem Karabinerhaken haben, an dem ein Seil befestigt ist. Pferde, die Zügel oder Seil durchbeißen, sind entsprechend zurechtzuweisen.

• **Festbinden**

Alle Pferde sollten so erzogen werden, daß sie stillstehen, wenn sie angebunden sind. Man muß damit rechtzeitig beginnen; ein Pferd, das nicht festgebunden werden kann, ist eine ständige Plage. Immer sollte ein schnell lösbarer Knoten angewendet werden (Abb. 8.7.). Ein Pferd darf niemals an einen Gegenstand angebunden werden, der rattert, klappert oder gar auf das Pferd fällt. Man benutzt einen kräftigen Ring in der Mauer, einen Pfahl oder eine Stange (Abb. 8.8.). Ist die Anbindevorrichtung nicht fest genug, kann sie beim Rückwärtstreten zerbrechen. Es kann auch passieren, daß sich die Tiere den Kopf verletzen oder sich überschlagen, wenn sie zerren und die Vorrichtung nachgibt, oder das Halfter reißt. Schließlich kann sich das Pferd losreißen und weglaufen. Günstig ist es, ein Pferd mit einem sehr kräftigen, breiten, unzerbrechlichen Kopfhalfter, das an der Genickseite gepolstert ist, zu trainieren. Das Tier sollte nicht unbeobachtet gelassen werden und im Bedarfsfall schnell losgebunden werden können. Ein Pferd, das ständig sein Halfter zerreißt, sollte weiter trainiert werden. Die

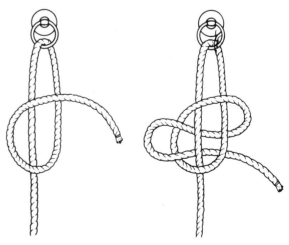

Abb. 8.7. Leicht zu lösende Knoten

8. Pferde und Ponys   111

Abb. 8.8. Trainieren eines Pferdes, das ständig die Halfter zerreißt (Methode nach Galvayne).

Methode, die von Galvayne in seinem Buch „The Horse" (1888) beschrieben wurde, hat sich besonders gut bewährt (s. Abb. 8.8.). Wenn dabei das Pferd zurückzieht, übt es gegen sich selbst Druck aus. Man soll Pferde niemals einseitig am Zaum ziehen, weil sie leicht in Panik verfallen und den Zaum zerreißen. Sie werden abgerichtet, indem sie mit einem Zaum oder einer Bodenschlinge angebunden werden. Läßt man die Zügel nach unten hängen, verbleiben Western-Pferde, wo sie stehen. Das Training dieser Methode erfordert sehr viel Geduld.

● **Führen**

Pferde werden traditionell aus der Nähe und von der linken Seite geführt (Abb. 8.9.). Man sollte den Pferden trotzdem beibringen, daß man sich ihnen von beiden Seiten nähern kann. Werden Pferde auf der Straße geführt, sollte die führende Person zwischen Pferd und der Seite des Verkehrs gehen. Der Führzügel sollte am Kopf des Pferdes gehalten werden, der Ersatzzügel in der anderen Hand. Der das Pferd Führende geht in Höhe der Schulter des Pferdes. Der Zügel sollte niemals um das Handgelenk

Abb. 8.9. Führen des Pferdes an der Hand.

Abb. 8.10. ,,In-hand"-Zaum.

gewunden werden. Man kann ihn im Bedarfsfall nicht schnell genug lösen, vor allem, wenn das Pferd durchgeht; der Pfleger wird dann mitgezogen. Alle lebhaften und schwierigen Pferde sollten beim Handling einen Zaum tragen, ebenfalls alle Pferde, die geführt werden oder in Straßennähe kommen. Es ist grob nachlässig, wenn man dies unterläßt. Ein normales Gebiß genügt, wobei die Riemen über den Kopf gelegt werden, oder man benutzt ein sog. ,,In-Hand"-Gebiß bzw. einen Zaum (Abb. 8.10) mit einer geraden Gebißstange, die eine bessere Kontrolle zuläßt. Ein Chiffney-Steigegebiß (Abb. 8.11.) ist sehr zweckmäßig, es kann über das Halfter gelegt werden und gewährleistet eine größere Sicherheit. Pferde, die zu jung sind, um ein Gebiß zu tragen, können an der Longe mit Longenzügel und -halfter gehen. Sie sind dann besser zu kontrollieren als mit einfachem Halfter. Ganz junge

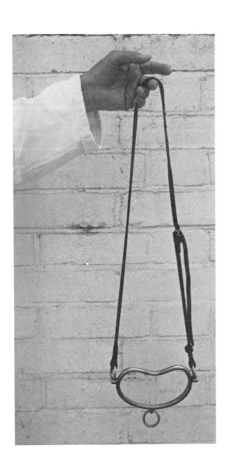

Abb. 8.11. Das Chiffney-Gebiß gegen das Steigen.

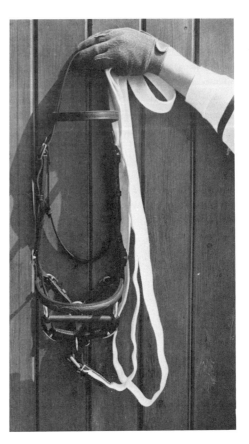

Abb. 8.12. ,,In-hand"-Zügel mit Fohlengebiß aus Nylon.

Tiere können zu einem sehr frühen Zeitpunkt an ein Nylon-Fohlengebiß gewöhnt werden (Abb. 8.12.), wenn man sie an der Hand vorstellt. Eine Longierleine oder eine bedeutend längere Führleine ist zweckmäßig, wenn Pferde gern steigen (Abb. 8.13.), damit der Pfleger sich von den schlagenden Hufen fernhalten und auch noch das Pferd festhalten kann. Dabei ist es wichtig, sobald wie möglich wieder in Kopfnähe des Pferdes zurückzukehren, sonst könnte der Pfleger geschlagen werden. Für derartige Zwecke ist eine Rolleine oder ein Seitenzügel eine zusätzliche Hilfe und bei Hengsten sogar üblich, da sie ungeachtet ihres spielerischen Zurschaustellens besonders zum Beißen und Steigen neigen.

Will ein Pferd nicht vorwärts gehen, soll man es nicht ziehen oder ihm etwa ins Gesicht starren. Man bleibt neben dem Pferd stehen, gibt das Kommando „los geht's" und berührt es, falls erforderlich, an der Seite mit einem Stock bei ausgestrecktem Arm. Schließlich kann man jemanden zu Hilfe nehmen, der mit einer langen Peitsche oder einem Besen außer Reichweite hinter dem Pferd geht, um nicht geschlagen zu werden. Schon frühzeitig sollten solche Kommandos wie „vorwärts", „halt" und „steh" geübt werden.

Läßt sich ein Pferd nicht vorwärts führen, will es nicht rückwärts treten oder wirft es seinen Kopf, sollte ein improvisiertes Seilhalfter angefertigt werden, wie es von Monty Roberts, dem bekannten amerikanischen Pferdetrainer, entwickelt wurde. Er bezeichnet es als „come-along line". Man benutzt dafür ein Seil von ca. 3 m Länge und der Dicke einer Wäscheleine (Abb. 8.14.). Tritt das Pferd rückwärts, zieht sich das Seil hinter dem Kopf und über der Nase zusammen. Das Pferd lernt sehr bald, dies zu vermeiden und geht vorwärts. Das improvisierte Halfter ist ebenso zweckmäßig, wenn ein Pferd frei umherläuft und nur ein Stück Seil oder eine Schnur zur Verfügung steht. Es kann auch beim Verladen schwieriger Pferde angewendet werden. Um ein Pferd ruhigzustellen, stellt man sich mit dem Gesicht zum Kopf des Pferdes, am besten etwas seitlich, um nicht von einer Schultergliedmaße geschlagen zu werden. Die Zügel werden nahe am Gebiß beiderseits des Kopfes gehalten. Das Tier kann dann im Zaume gehalten werden; am Vorwärtstreten wird es durch ein leichtes Bewegen des Gebisses gehindert. Hochheben einer Schultergliedmaße kann hilfreich sein, wenn eine Beckengliedmaße bandagiert wird (Abb. 8.15.).

• **Hochheben eines Fußes**

Da die meisten Pferde ihre Gliedmaßen täglich hochgehoben und die Hufe gesäubert bekommen, dürfte es diesbezüglich keine Probleme geben. Man spricht zum Pferd, legt die Hand auf seine Schulter, indem man mit dem Gesicht zum Schweif steht, dann streift man mit der anderen Hand über das Ellenbogen- bis zum Fesselgelenk. Man umfaßt dieses und gibt das Kommando „hoch". Sobald das Pferd die Gliedmaße hebt, umfaßt man den Huf an der Zehenwand, um ihn mit der anderen Hand zu unterstützen. Vor dem Hochheben vergewissere

Abb. 8.13. Für steigende Pferde wird eine lange Leine benötigt.

Abb. 8.14. Ein Seil von 3 m Länge und der Dicke einer Wäscheleine ist erforderlich, um ein Halfter selbst zu konstruieren.

man sich, daß das Pferd gleichmäßig alle Extremitäten belastet und die Gliedmaße gut unterstützt ist. Das Pferd wird dann keinen Widerstand leisten. Man sollte nicht erlauben, daß das Pferd die Gliedmaße wegreißt und nach unten setzt. Es können dabei die eigenen Zehen im Wege sein und die Finger sich an scharfen Stellen des Hufes verletzen. Um eine Hintergliedmaße hochzuheben (Abb. 8.16.), streicht man mit der Hand über den Rücken des Pferdes und dann an der Hintergliedmaße entlang bis in Höhe des Sprunggelenks und weiter auf der Vorderfläche des Mittelfußes entlang bis auf die innere Seite des Fesselgelenks. Man berührt dieses wieder mit dem Kommando ,,hoch'', umfaßt dann

8. Pferde und Ponys   115

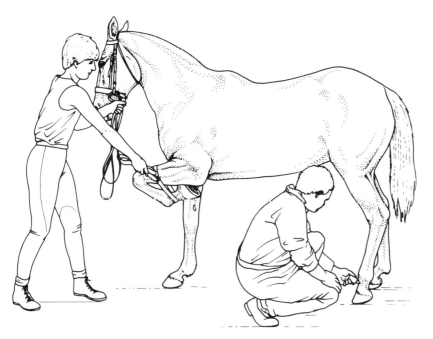

Abb. 8.15. Aufhalten einer Vordergliedmaße, um ein Ausschlagen mit dem Hinterbein zu verhindern.

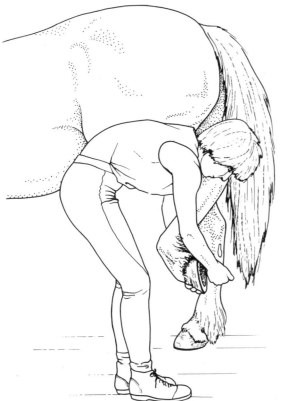

Abb. 8.17. Vortraben zur Lahmheitsuntersuchung.

◀ Abb. 8.16. Aufhalten einer Hintergliedmaße.

8*

den Huf und unterstützt ihn. Die Gliedmaße wird unter dem Pferd und leicht nach außen gehalten, so daß das Tier gut balancieren kann. Leistet das Pferd beim Hochheben des Hufes Widerstand, lehnt man sich gegen das Pferd, um dessen Gewicht auf die gegenüberliegende Gliedmaße zu verlagern. Im Falle der Vordergliedmaße legt man das eigene Ellenbogengelenk in die Hinterseite des „Vorderknies" (Carpus) hinein. Pferde, die ihre Beine regelmäßig auf einen besonderen Befehl hin hochheben, sind oft so trainiert, daß sie die nächste Gliedmaße anheben, wenn eine behandelt ist.

- **Maßnahmen zur Lahmheitsdiagnostik**

Soll die Gangart eines Pferdes gezeigt werden, kann dies an der Hand geschehen. Zur Demonstration läßt man es „vortraben". Das Pferd kann aber auch zum Sichtbarmachen einer Lahmheit vorgetrabt werden. Es ist wichtig, daß dabei immer das gleiche Tempo eingehalten wird. Zur Lahmheitsuntersuchung sollte das Pferd auf hartem und auf weichem Boden vorgeführt werden. Das Pferd wird zuerst vom Beobachter geradeaus weggeführt, ungefähr über eine Entfernung von 25 m, dann wird gewendet und zurückgegangen, direkt auf den Beobachter zu. Die gesamte Prozedur geschieht zuerst im Schritt und wird dann im Trab wiederholt. Mit Ausnahme beim Wenden soll die Führleine über der offenen Hand liegen (Abb. 8.17.). Damit wird vermieden, daß man die Kopfbewegungen beeinflußt, aber dennoch läßt sich jederzeit fest zufassen, um dem Pferd Einhalt zu gebieten, wenn es herumtollen will. Unter normalen Umständen wendet man das Pferd von Pfleger weg, um zu vermeiden, daß man auf die Zehen getreten wird und um den Blick des Pferdes freizuhalten. Die Tierärzte wünschen jedoch mitunter, daß das Pferd in beiden Richtungen gewendet wird. In beengten Räumen kann es notwendig sein, das Pferd auf sich zu zu wenden, dabei ist auf die eigenen Füße zu achten. Der Tierarzt kann auch scharfes Wenden fordern, um festzustellen, ob das Tier seine Gliedmaßen überkreuzen oder voll belasten kann. Dies ist zu erreichen, indem man die Mittelpartie des Tieres ansieht, dessen Kopf mit einer Hand auf sich zu zieht und die Hinterhand mit den Enden des Seils oder dem Zügel von sich wegtreibt (Abb. 8.18.). Diese Prozedur ist nach beiden Richtungen auszuführen. Es kann auch notwendig sein, das Pferd zum Rückwärtstreten zu veranlassen. Man faßt mit einer Hand am Seil oder Zügel an, drückt mit einer Faust auf die Brust und gibt das Kommando „zurück" (Abb. 8.19.). Ein trainiertes Fahrpferd reagiert auf dieses Kommando sehr rasch.

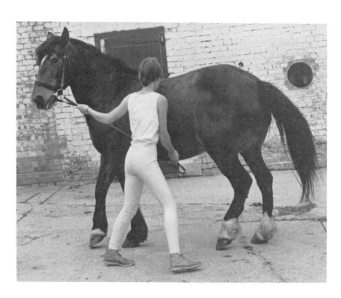

Abb. 8.18. Scharfes Wenden eines Pferdes.

8. Pferde und Ponys

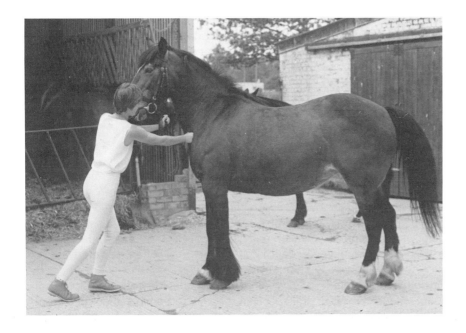

Abb. 8.19. Rückwärtstretenlassen eines Pferdes.

• **Longieren**

Longieren (Abb. 8.20.) ist eine zweckmäßige Methode, mit einem Pferd zu üben, das nicht geritten werden kann. Es ist überhaupt ein wichtiger Teil des Trainings und kann unterstützend zur Lahmheitsdiagnostik sowie zum Training des Kreislaufs oder des Atmungssystems eingesetzt werden. Longieren ist eine sehr intensive Form des Trainings und sollte bei Jährlingen nicht und bei zweijährigen Pferden nur mit Vorsicht zum Einsatz kommen, um Gliedmaßenschäden zu vermeiden. Es ist empfehlenswert, daß der Pfleger Handschuhe und eine feste Mütze trägt. Das Pferd sollte steife Bandagen tra-

Abb. 8.20. Longieren.

gen. Hilfreich ist es, wenn das Pferd auf bestimmte Kommandoworte trainiert ist. Wird das Pferd auf der linken Hand longiert, sollte die Longierleine links und die Peitsche in der rechten Hand gehalten werden. Das Ende der Leine wird dann in beiden Händen in großen Schlingen zwecks leichterer Handhabung und nicht etwa um die Hand gewunden gehalten. Der Pfleger sollte niemals vor der Schulter des Pferdes stehen. Beim Longieren bewegt er sich in einem kleinen Kreis. Die Peitsche soll auf das Ellenbogengelenk des Pferdes zeigen, dadurch wird es auf dem großen Zirkel gehalten. Zieht man vorsichtig an der Longierleine, wird das Pferd langsamer. Ein Peitschenknall hinter dem Pferd treibt es an, wenn es nicht auf die Kommandoworte hört. Geschwindigkeit und Richtung sollten häufig gewechselt werden. Man sollte das Pferd auf dem Zirkel halten und ihm nicht erlauben, sich zum Pfleger zu drehen. Eventuell muß man eine zweite Leine durch einen Ring an der Außenseite und um die Hinterhand herumziehen, um das Pferd gerade zu halten. Auf diese Weise kann nur ein erfahrener Pfleger mit einem untrainierten Pferd arbeiten.

• Umgang mit Gruppen von Pferden

Natürlicherweise in Herden lebende Pferde sollten auch in Gruppen behandelt werden. Dagegen ist zu vermeiden, daß sich fremde Tiere zu nahe kommen. Werden Pferde im Ring geführt oder geritten, sollte wenigstens eine Pferdelänge Abstand zwischen den Tieren bestehen, um ein Schlagen zu verhindern. Pferde, die zum ersten Mal Nase an Nase aneinandergebracht werden, schreien laut und schlagen mit den Vordergliedmaßen, oder sie drehen sich schnell, um mit den Hintergliedmaßen zu schlagen. Die Pfleger tragen eine große Verantwortung und sollten mit Rücksicht auf die allgemeine Sicherheit auch die übrigen Pferde und Pfleger im Blick haben. Beim Überqueren einer Straße ist darauf zu achten, daß alle Pferde es gemeinsam tun. Eine vorangehende Person sollte das gemeinsame Überschreiten absichern, oder man teilt die Pferde in große Gruppen auf, wobei zwecks Vermeidung von Unfällen eine Person in der Mitte der Straße steht, um den Verkehr zu stoppen und zu sehen, ob alle Tiere passiert haben. Ein zurückgelassenes Pferd gerät außer Kontrolle und versucht, die Straße allein zu überqueren.

Geht man mit einer Gruppe von Pferden in eine Koppel, sind ähnliche Vorsichtsmaßnahmen angezeigt. Alle Pferde sollten mit in die Koppel genommen und übersichtlich auf dem Weg gehalten werden. Vor dem Belegen der Koppel muß das Tor fest verschlossen sein. Alle Tiere sollten so stehen, daß sie in Richtung Tor blicken; erst dann werden sie zusammen hineingelassen. Damit vermeidet man, daß langsamere Pferde von anderen geschlagen und überrannt werden. Sehr erregte Pferde beruhigt man, indem man mit dem Halfter wedelt. Das Halten der Pferde mit Blick auf das Gatter gibt den Pflegern Zeit, zur Seite zu gehen, ehe die Tiere losstürmen.

Verliert eine reitende oder führende Person die Kontrolle, sollten die anderen ruhigbleiben und stillstehen. Der Versuch, auf heroische Art ein galoppierendes, durchgehendes Pferd zu stoppen, macht die ganze Angelegenheit nur komplizierter.

• Vermeidung des Schlagens

Pferde schlagen Menschen selten absichtlich. Trotzdem sollte man sich aber niemals innerhalb des Radius stellen, in dem ein unbekanntes Pferd schlagen kann. Es muß auch auf die Position anderer Personen achtgegeben werden, besonders auf die von Kindern, die gern hinter den Tieren herumlaufen. Es ist jedoch erlaubt, hinter ein bekanntes Pferd zu treten, wenn es von anderen Artgenossen getrennt ist. Voraussetzung ist, daß das Pferd die betreffende Person kennt. Man legt eine Hand auf die Kruppe und tritt nahe an das Pferd heran, so daß man dessen Bewegungen registrieren kann. Hält man den Schweif des Pferdes und lehnt sich leicht an das Pferd an, verliert es den Mut zu schlagen. Pferde können wie eine Kuh (Abb. 8.21.) auch nach vorn schlagen. Dies tun sie gern, wenn sie belästigt werden, z. B. von einer Fliege oder wenn der Sattelgurt angezogen wird. Das Schlagen mit den Vordergliedmaßen nach vorn (Abb. 8.22.) kann gefährlich sein und muß dem Pferd abgewöhnt werden.

8. Pferde und Ponys 119

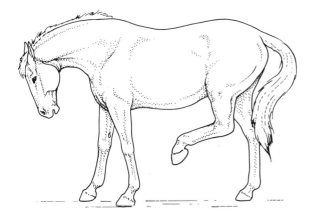

Abb. 8.21. Das Pferd schlägt wie ein Rind.

Abb. 8.22. Ausschlagen mit der Vordergliedmaße.

Muß man bei einem Pferd, dem nicht voll vertraut werden kann, in den Radius eintreten, in dem das Tier schlagen kann, beispielsweise zum Einbinden des Schweifes oder für eine tierärztliche Maßnahme, ist besondere Vorsicht geboten. Am einfachsten ist es, eine Schultergliedmaße hochzuheben. Das kann gleichzeitig von der Person erfolgen, die das Pferd am Kopf hält. Die Gliedmaße soll auf der Seite hochgehoben werden, wo die Behandlung durchgeführt wird. Es ist schwieriger für das Pferd (aber nicht unmöglich), nur auf zwei Gliedmaßen einer Seite zu stehen. Muß die Extremität für längere Zeit hochgehalten werden, kann ein Lederriemen, wie er am Steigbügel vorhanden ist, benutzt werden. Dabei braucht der Aufhalter weniger Kraft, und für das Pferd ist es nicht unbequem (s. Abb. 8.15.). Das Bein kann sofort freigegeben werden, wenn das Pferd versucht wegzulaufen. Dem Pferd sollte man Knieschützer umbinden, um Verletzungen zu verhinden, wenn es sich auf das Karpalgelenk fallen läßt. Die Methode ist auch beim Decken der Stute gut geeignet. Ist der Hengst aufgesprungen, läßt man die Gliedmaßen los, damit die Stute auf allen Extremitäten stehen kann. Der Stutenmeister hat dann auch die Hufe des Hengstes gut unter Kontrolle.

Der in einigen Ländern und in der Armee viel benutzte Spannstrick (Abb. 8.23.) bietet eine schnelle und einfache Maßnahme, um das Schlagen zu verhindern. Dabei wird ein Seil über den Hals des Pferdes gelegt und mit einem Seemannsknoten verhindert, daß sich der Knoten am Pferd festzieht (Abb. 8.24.). Das lange Ende wird durch eine Lederschlaufe des Fesselzeuges gezogen, die sich in der Fesselbeuge oder oberhalb des Fesselgelenks befindet. Fesselgelenk und Fesselbeuge können dabei durch eine Bandage geschützt werden. Das Ende wird dann zum Pferdepfleger oder Stutenmeister zurückgeführt und gehalten, indem er sich einige Schlingen in die Hand legt. Will das Pferd die Gliedmaße zum Schlagen heben, ist es nicht imstande, nach hinten Gewalt auszuüben. Für den Deckakt sind die Fesseln um beide Hintergliedmaßen zu fixieren, um zu verhindern, daß die Stute den Hengst schlägt. Allerdings kann ein nervöses Pferd, das nicht daran gewöhnt ist, bei einer solchen Fesselung durchdrehen und sich überschlagen.

Eine weitere Alternative, ein Pferd am Schlagen zu hindern, besteht in der Benutzung eines Brettes. Das ist wahrscheinlich die beste Lösung für jene Fälle, bei denen man für längere Zeit hinter dem Pferd stehen muß, z. B. bei einer gynäkologischen Untersuchung. Es gibt für Pferde zweckgebundene Behandlungsstände (Abb. 8.25.), in denen solche Untersuchungen routinemäßig durchgeführt werden. Die Stände sollten aus Hartholz bestehen sowie gepolsterte Seitenteile und gepolsterte, entfernbare Bretter hinten und vorn haben. Stehen solche Behandlungsstände nicht zur Verfügung, können

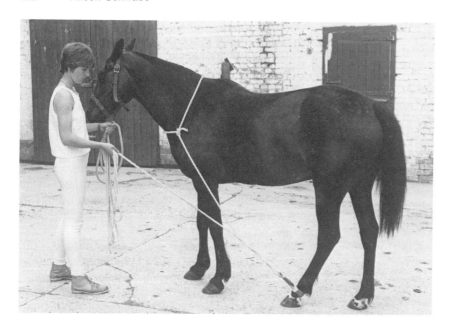

Abb. 8.23. Seitliches Ausbinden einer Hintergliedmaße, um ein Schlagen zu verhindern.

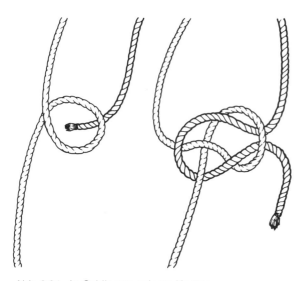

Abb. 8.24. In Schlingen gelegte Knoten.

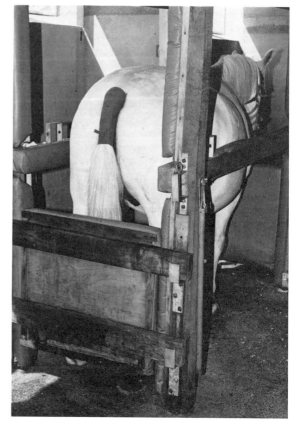

Abb. 8.25. Pferdebehandlungsstand. ▶

Abb. 8.26. Improvisierter Behandlungsstand.

sie improvisiert aus Holz- oder Steinblöcken hergestellt werden (Abb. 8.26.). Eine andere Möglichkeit besteht darin, das Pferd in eine offene Stalltür zu stellen, so daß die betreffende Körperregion freibleibt. Der Tierarzt kann sich dann hinter die Wand zurückziehen, wenn das Pferd unruhig wird. Dennoch besteht bei Durchführung der Hauptuntersuchung immer noch eine Verletzungsgefahr. Es ist sehr gefährlich, rektale Untersuchungen über die Stalltür oder die Stallgasse hinweg auszuführen. Sinkt das Pferd zusammen, was gelegentlich vorkommt, kann man sich den Arm brechen, und das Pferd kann sich innere Verletzungen zuziehen.

• **Zusätzliche Zwangsmaßnahmen**

Zusätzliche Zwangsmittel müssen manchmal eingesetzt werden, wenn ängstliche oder verletzte Tiere zu untersuchen und zu behandeln sind. Für diese Zwecke wird eine Nasenbremse benutzt. Es gibt davon zwei Arten: Die konventionelle Nasenbremse (Abb. 8.27.) hat einen langen Griff (50–70 cm) mit einer 6–7 mm dicken Seilschlinge am Ende des Griffes. Die 40–50 cm lange Schlinge wird um die Oberlippe gedreht. Die beste Methode, um die Oberlippenbremse aufzusetzen, besteht darin, den Daumen und die Finger, mit Ausnahme des Zeigefingers, durch die Schlinge zu stecken und die Oberlippe zu ergreifen (Abb. 8.28.). Man schiebt die Schlinge von der Hand auf die Lippe und dreht sie fest. Dadurch wird verhindert, daß die Finger mit in die Schlinge eingedreht werden. Ursprünglich wurde angenommen, daß die Schlinge Schmerzen auslöst, welche die Aufmerksamkeit des Pferdes beanspruchen. Das ist zweifellos der Fall. Jedoch scheint das Pferd nach ein paar Minuten sediert zu sein. Arbeiten aus der Universität Utrecht haben gezeigt, daß ein Druck auf die Oberlippe eine Freisetzung endogener Opioide (Endorphine) verursacht, die einen anästhetischen Effekt – ähnlich wie durch Akupunktur – besitzen. Nichtsdestoweniger sollte man die Bremse nur die unbedingt notwendige Zeit über belassen, niemals jedoch länger als 5 Minuten, vor allem, wenn sie stark angezogen ist. Die „humane" Bremse (s. Abb. 8.27.) ist ein im Handel befindliches Gerät mit langer Wirksamkeit. Es scheint leichter, sie anzusetzen, wobei die Haut selten beschädigt wird. Bremsen sollten niemals auf das Ohr gesetzt werden, da dadurch leicht ein permanenter Schaden entstehen kann. Der Kopf kann festgehalten wer-

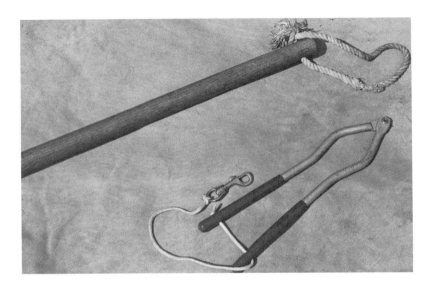

Abb. 8.27. Traditionelle Oberlippenbremse (oben) und eine „humanere" Bremse.

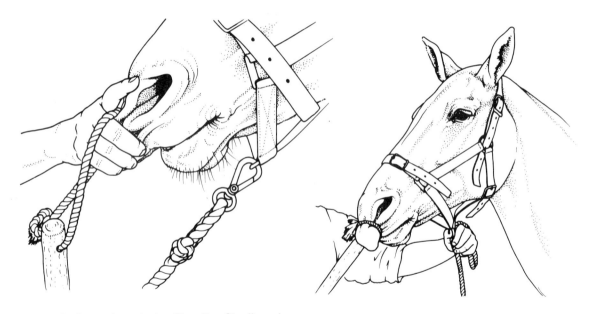

Abb. 8.28. Anwendung der traditionellen Oberlippenbremse.

den, indem man eine Hand in der Mitte der Nase auflegt und das Ohr fest an der Basis umfaßt (Abb. 8.29.). Eine Methode zum kurzzeitigen Ablenken des Pferdes, z.B. um eine Injektion vorzunehmen, ist der sog. „Zigeunergriff" (Abb. 8.30.). Dazu ergreift man eine dicke Hautfalte am Hals und dreht sie ein klein wenig seitwärts.

• Untersuchung der Mundhöhle

Die Lücke zwischen den Eckzähnen und den ersten Prämolaren (sog. Diastema) erleichtert das Öffnen der Mundhöhle ohne die Gefahr des Gebissenwerdens. Wenn das Öffnen der Mundhöhle notwendig ist, z.B. für einen Blick auf die Oberfläche der Lip-

8. Pferde und Ponys 123

Abb. 8.29. Festhalten des Kopfes.

Abb. 8.30. Der „Zigeunergriff".

pen, den Gaumen oder die Zähne, tolerieren es die meisten Pferde, daß die Lippen nach unten gezogen werden. In Ausnahmefällen ist eine Bremse erforderlich. Viele Pferde gestatten dem Untersucher ein genaues Überblicken der Mundhöhle, ohne daß man einen Knebel braucht. Eine Hand legt man dabei auf die Nase, während man mit der anderen durch das Diastema mit der Handfläche nach unten eingeht, um die Zunge zu ergreifen, die dann nach außen und seitwärts gezogen werden kann. Die Zunge kann auch aufwärts und rückwärts gerollt werden, so daß sie eine Art Knebel bildet und die Mundhöhle offen hält. Die Zunge kann schlüpfrig und dadurch schwierig zu halten sein. Niemals sollte sie dazu benutzt werden, um den Kopf des Pferdes nach unten oder seitwärts zu ziehen. Ein Medikament kann auf die beschriebene Weise oral verabreicht werden.

Zum Zähneberaspeln ist es einfacher, einen Maulspreizer zu benutzen. Er sitzt fest, und wenn er einmal eingesetzt ist, läßt er zum Behandeln die Hände frei. Die beiden am meisten benutzten Typen sind der Maulöffner nach Swale (Abb. 8.31.) und der nach Hausmann (Abb. 8.32.). Der Swalesche Maulöffner wird als Keil zwischen die Molaren geschoben. Man muß darauf achten, daß der Nasenriemen des Halfters ausreichend locker sitzt. Es ist zweckmäßig, das Pferd in eine Ecke zu drängen, um ein Rückwärtstreten zu verhindern. Man steht vor dem Pferd, hält den Kopf mit der einen Hand und den Griff des Maulkeiles mit der anderen. Der Keil wird vorsichtig durch das Diastema in die Mundhöhle aufwärts und rückwärts geschoben, bis das Tier mit den Molaren auf die Metallplatte beißt. Den Daumen hat man im am Keil befestigten Lederband, die übrigen Finger erfassen das Halfter, damit der Maulkeil nicht herausfällt. Man kann andererseits das Lederband auch an das Halfter binden. Der Maulkeil kann auf beiden Seiten der Mundhöhle eingesetzt werden. Um ihn zu entfernen, löst man den Lederriemen, so daß er aus dem Maul fallen kann.

Hausmanns Maulgatter ist schwerer, teurer und läßt sich schwieriger einsetzen. Ist es jedoch einmal eingesetzt, sitzt es sehr sicher und bietet einen freien Zugang zu den Molaren. Es ist zweckmäßig, aber nicht unbedingt notwendig, zwei Personen zum Einsetzen des Maulgatters zur Verfügung zu haben. Verschiedene Variationen des Hausmannschen Maulgatters haben seine Ausstattung verbessert. Es wird mit den zwei Schneidezahnplatten so eingesetzt, daß es sich öffnet, wenn die Platten auseinandergezogen werden. Um das Maulgatter zu schließen, drückt man beiderseits mit den Dau-

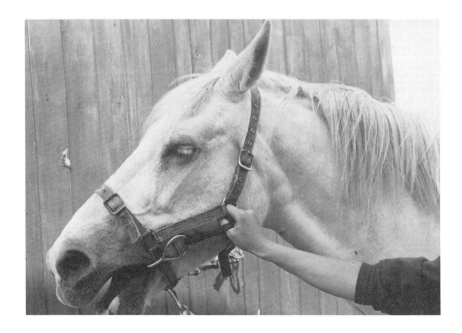

Abb. 8.31. Maulöffner nach Swale in Position.

men. Man darf das Maulgatter nicht länger als erforderlich in der Mundhöhle belassen. Die meisten Pferde tolerieren Maulgatter widerstandslos. Das Hausmannsche Maulgatter gibt es mit gummibelegten Platten, eine Alternative zu den Schneidezahnplatten aus Metall. Solche Maulgatter waren primär für Rinder gedacht. Sie können auch in das Diastema des Pferdes eingesetzt werden, wenn ein Zugang zu den Schneidezähnen erforderlich ist. Varnell- und Hitching-Spreizer (Abb. 8.33.) werden heutzutage selten benutzt; sie erfüllen aber ihren Zweck, wenn Pferde anästhesiert werden und eine Intubation vorgenommen wird. Für empfindliche Pferde sind sie nicht besonders geeignet.

• Umgang mit Fohlen und jungen Pferden

Fohlen und junge Pferde vermögen aus ihren Fehlern zu lernen. Es ist wichtig, daß man die Tiere nicht zu hart anfaßt und sie nicht verletzt. Die jungen Fohlen folgen instinktiv ihren Müttern und bleiben in ihrer Nähe. Wenn sie älter werden, machen sie sich zunehmend selbständig. Mit einem Fohlen sollte man sich von Geburt an regelmäßig beschäftigen. Man legt ihnen ein Fohlenhalfter an, womit man sie führen und am Kopf behandeln kann. In

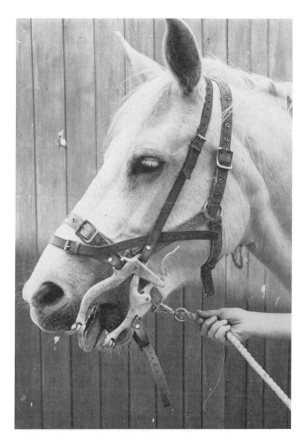

Abb. 8.32. Maulgatter nach Hausmann in Position.

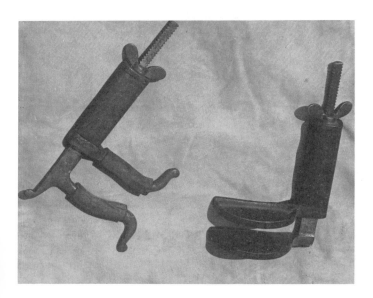

Abb. 8.33. Links: Maulgatter nach Varnell, rechts: Maulgatter nach Hitching.

vielen Gestüten werden Stuten und Fohlen tagsüber ins Freie verbracht und abends wieder aufgestallt. Anfangs sind zwei Personen erforderlich: Die eine führt die Stute, die andere treibt mit der einen Hand vorsichtig das Fohlen von hinten und führt es dann mit der anderen Hand. Bald kann dann eine Person Stute und Fohlen gemeinsam führen (Abb. 8.34.). Wichtig ist, eine Trennung von Stute und Fohlen zu verhindern. Besondere Vorsicht ist in dieser Hinsicht an Gattern und Türen geboten. Wenn das Fohlen bemerkt, daß es von der Mutter getrennt ist, kann es in Panik verfallen und versuchen zu springen oder seinen Weg zu erzwingen. Die meisten Gestüte haben besonders breite Triftwege. An den Türpfosten angebrachte Rollen verringern die Verletzungsgefahr. Das Fohlen sollte immer zuerst durch die Tür gehen. Wenn sehr junge Fohlen nicht stehen können, müssen sie getragen werden, indem man das Fohlen unter dem Brustkorb und unter dem Steiß ergreift (Abb. 8.35.). Dazu ist viel Kraft erforderlich. Jedes Tier, das nicht imstande ist zu stehen, sollte eine tiefe Einstreu haben und regelmäßig gewendet werden, um Druck-

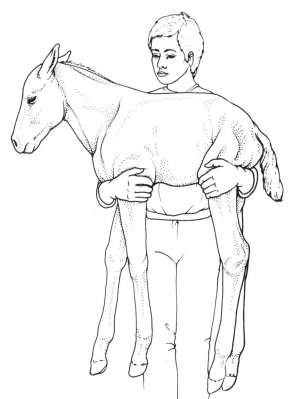

Abb. 8.35. Tragen eines sehr jungen Fohlens.

Abb. 8.34. Führen einer Stute mit Fohlen bei Fuß.

stellen zu vermeiden. Liegt das Tier eine gewisse Zeit, ist zu überlegen, ob man es mit einem Hängezeug hochhebt (Abb. 8.36.). Nicht alle Tiere akzeptieren ein Hängezeug, und alle benötigen eine ständige Betreuung, um Druckstellen zu verhindern. Dennoch sind viele Tiere mit schwierigen Frakturen nach mehreren Wochen im Hängezeug voll wiederhergestellt worden. Ein Hängezeug sollte so hergerichtet werden, daß alle Gliedmaßen des Pferdes den Boden berühren, damit das Tier einen Teil seines Körpergewichts oder sein gesamtes Gewicht auf die Gliedmaßen legen kann. Balken hinter und vor dem Tier verhindern ein Bewegen oder Schlagen. Der Patient muß sich jeden Tag eine Zeitlang niederlegen können.

Pferde, die anästhesiert werden müssen, brauchen einen erfahrenen Pfleger, der nicht den Kopf verliert, wenn ein Tier auf das Anästhetikum unerwartet reagiert. Vielmehr muß er dafür sorgen, daß das

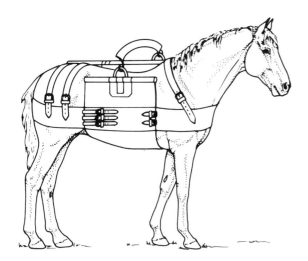

Abb. 8.36. Angelegtes Hängezeug.

Tier auf angenehme Art in die geeignete Lage kommt. Die Arbeitsräume können eine gepolsterte Recovery-Box, ein freier Platz oder ein großes Areal mit tiefer Einstreu, Stroh oder Sägespänen sein, um Verletzungen zu vermeiden. Man muß verhindern, daß das Pferd nach vorn fällt und es veranlassen, nach hinten niederzugehen. Den Kopf hält man dabei fest und unter Kontrolle, um zu vermeiden, daß er schwer aufschlägt. Ist das Pferd zusammengesunken, werden seine Gliedmaßen gefesselt. Der Pfleger kniet auf dem Kopf des Pferdes, bis es sicher intubiert ist und das geschlossene Narkosesystem arbeitet. Es ist sehr gefährlich, wenn ein nur leicht anästhesiertes Tier fällt oder umhertorkelt. Durch das Knien auf dem Kopf wird das Tier am Aufstehen gehindert. Auf diese Weise kann man auch bei anderen Gelegenheiten ein Pferd niederhalten, z. B. wenn es sich eine schwere Verletzung zugezogen hat oder in einen Unfall verwickelt ist. Das Gewicht der Person muß auf dem Kopf und nicht auf dem Hals des Pferdes ruhen, denn Pferde sind imstande, auch schwere Lasten von ihrem Hals abzuwerfen, wenn eine Bewegung möglich ist. Häufig werden Pferde für Operationen, z. B. die Kastration niedergelegt, wozu man Seile und Fesseln benutzt. Mit Einführung des medikamentösen Niederlegens wurden die Risiken, die früher bei den gewaltsamen Wurfmethoden bestanden, umgangen.

- **Transport**

Oft geht viel kostbare Zeit verloren, wenn man sich vergeblich bemüht, ein Pferd zu verladen. Das Pferd sollte so früh wie möglich an einen LKW oder einen Anhänger gewöhnt werden. Das muß schon geschehen, ehe eine Reise geplant ist. Ist eine Stute leicht zu verladen, kann man zulassen, daß das Fohlen ihr in das bzw. aus dem Auto folgt. Junge Tiere können im Auto und außerhalb davon gefüttert werden. Ohne Zwangsmaßnahmen sollte ihnen gestattet sein, die neue Umgebung zu erkunden und ihre Sicherheit einzuschätzen. Anfangs darf man sie nicht gleich einschließen, später können sie für kurze Zeit zum Füttern eingesperrt werden. Haben sie Zutrauen gewonnen, klopft man an die Seiten des Hängers und schaukelt etwas, damit die Tiere an die ungewohnten Geräusche gewöhnt werden. Erst dann kann ein Fohlen auf eine kurze Reise mitgenommen werden. Mit dieser Art von Training erspart man sich viel Zeit und Mühe. Niemals sollte ein Pferd allein vom Hänger heruntergehen oder loslaufen, sobald die Rampenklappe unten ist. Man muß darauf bestehen, daß das Pferd erst einige Minuten stehen bleibt. Damit werden Rückwärtstreten und Ausbrechen verhindert, immer wieder Ursache für Unfälle bei Pferd und Mensch. Außerdem wird eine Beschädigung der Ausrüstung vermieden. Hat ein Pferd schon eine solche schlechte Angewohnheit angenommen, kann nur noch ein Frontlader Abhilfe schaffen. Trotz der Annahme, daß Schweifbinden Pferde am Rückwärtstreten hindern, findet man solche Vorrichtungen auf Hängern sehr selten, wohl ein Hinweis auf ihre geringe Wirksamkeit.

Viele Besitzer haben keine Gelegenheit, ihre jungen Pferde rechtzeitig für das Verladen zu trainieren. Mit diesen und erwachsenen Pferden, die aus Furcht vor dem Verladen ständig umkehren, sollte man das beschriebene Training von vorn beginnen. Natürlich gibt es brauchbare Lösungen, um schwierige Pferde zu verladen. Eine verläßliche Hilfsperson ist dafür erforderlich. Zwar reicht man als erste Maßnahme Futter und wirkt beruhigend auf die Tiere ein, jedoch sollte man nicht Stunden damit vergeuden. Das gilt auch für widerspenstige Ponys.

Am zweckmäßigsten ist es, einen Lastwagen oder einen Pferdehänger in einer Sackgasse oder gegenüber einer Wand zu parken, so daß ein Entkommen nach einer oder beiden Seiten nicht möglich ist. Eine Person sollte das aufgezäumte oder ein Chiffney-Steigegebiß tragende Pferd am Kopf führen. Am Zaum sollte eine Longe befestigt sein. Besonders eignet sich ein Newmarket-Verlader, den man um die vier Gliedmaßen, um Unterbrust und Unterbauch des Pferdes spannt. Zwei Helfer halten je einen Griff der Verladevorrichtung (Abb. 8.37.) und ziehen stetig nach vorn in Richtung der Laderampe des Fahrzeuges. Die Person am Kopf muß das Pferd in den Wagen hineinführen, ohne dabei zu intensiv zu ziehen, weil das Pferd sonst seinen Kopf seitlich wegdreht. Druck auf die Lendengegend und in die Kniekehlen hindert das Pferd am Aufbäumen und Schlagen. Ein Versuch zu bocken, sollte daran nicht hindern. Diese Methode ist für alle Pferde anwendbar und nach kurzer Zeit überflüssig. Sobald das Pferd im Waggon bzw. Hänger ist, sollte es belohnt werden. Wenn auch einige dieser Vorsichtsmaßnahmen als unnötig erscheinen, ist es doch gut, wenn man sie von Anfang an durchführt. Dadurch lernen die Pferde von vornherein, daß es keine Alternative gibt, als in den Waggon hineinzugehen. Das improvisierte Halfter (s. Abb. 8.14.) kann ebenfalls sehr zweckmäßig sein.

Es gibt noch andere hilfreiche Kniffe. Die Entscheidung, welcher Methoden man sich am besten bedient, um ein Pferd zu verladen, überläßt man dem Urteilsvermögen des Verantwortlichen, der das Temperament des Pferdes berücksichtigt.

1. Trennwände werden entfernt, um die Ladefläche geräumiger zu machen, die dadurch attraktiver aussieht.
2. Türen und Rampen am anderen Ende des Wagens werden geöffnet, mit dem Pferd wird das Hindruchgehen geübt.
3. Die Vordergliedmaßen des Pferdes werden auf die Rampe gesetzt, damit das Pferd darauftreten und losgehen kann. Mit dieser Technik sollte aber keine Zeit verschwendet werden.
4. Man geht mit einer Leine, einer Peitsche oder einem Besen hinter dem Pferd; dabei ist der Radius, in dem das Pferd schlagen kann, zu beachten.
5. Eine kräftige Longenleine oder ein Seil wird vom Halfter durch einen Ring an der Vorderwand des Hängers und um das Pferd gezogen.
6. Zwei Personen können sich an den Handgelenken fassen oder ein dickes Seil aufnehmen und von hinten das Pferd schieben.
7. Man nimmt einen engen Martingal (Sprungriemen am Pferdegeschirr), um das Tier am Steigen zu hindern; außerdem kann es dann den Kopf nicht so frei bewegen.

Abb. 8.37. Verladen eines Pferdes unter Anwendung des Newmarket-Verladers.

8. Das Pferd erhält eine Blende. Manche Pferde verlieren dadurch die Orientierung und gehen gerade aus in den Waggon hinein. Andere rühren sich nicht von der Stelle.
9. Zuerst wird ein Begleitpferd verladen. Das bringt nicht immer Erfolg, in einigen Fällen stößt es das andere Pferd ab.
10. Es wird eine Bremse verwendet. Diese kann bei einem widerspenstigen Pferd zweckmäßig sein, sollte aber nicht routinemäßig gebraucht werden.

Werden Stuten mit ihren jungen Fohlen gemeinsam transportiert, müssen sich beide sehen können und Kontakt zueinander haben. Jedes Risiko, daß das Fohlen getreten oder gequetscht wird, ist auszuschließen. Sehr zweckmäßig ist es, vor der Stute eine kleine Standfläche abzutrennen. Eine große Vorderfläche und ein Hinterachsenanhänger sind ideal. Die Frontfläche kann mit einer Sperrholztür unterteilt werden und das Fohlen über die Vorderrampe be- und entladen werden, während die Stute über die hintere Rampe geht.

Beim Entladen der Tiere sollten wenigstens zwei Personen anwesend sein; eine sollte sich am Kopf des Pferdes postieren und ein Zeichen geben, wenn die Rampe geöffnet werden kann. Wie schon erwähnt, darf man nicht zulassen, daß das Pferd allein vorwärts oder rückwärts hinausstürzt.

Um ein sorgsames Training nicht hinfällig zu machen, ist unbedingt darauf zu achten, daß der Fahrer des Fahrzeuges eine für die Pferde bequeme Reise garantiert. Wichtig ist, daß er langsam und vorsichtig in die Kurven fährt, gefühlvoll beschleunigt und ebenso gefühlvoll abbremst. Paßt man sich der vorhandenen Verkehrssituation an, wird es nicht notwendig sein, plötzlich zu stoppen; niedrigere Geschwindigkeiten in bergigem Gelände erlauben ein kontinuierliches Fahren ohne Halten und Wiederanfahren. Die Pferde sollten gut mit Transportgamaschen versehen oder bandagiert sein, weil sie sich selbst treten oder von einem anderen Pferd getreten werden können. Es ist auch dafür zu sorgen, daß die Pferde sich nicht am Kopf verletzen. Der Schweif wird gewöhnlich aus kosmetischen Gründen bandagiert, damit die Pferde sich nicht daran scheuern können. Die Pferde sollten an einem Strick hochgebunden werden, der reißt, wenn das Pferd niedergeht. Führt man einen längeren Transport durch, sollte den Tieren alle zwei Stunden Wasser angeboten werden. Wird das Pferd nicht gleich nach der Ankunft bewegt, bietet man ihm Heu an. Das sollte man ihnen aber nicht zwischen die Füße werfen. Pferde, die regelmäßig und bequem reisen, betrachten die Box des Transportwagens als ihr „Zuhause". Nach einer sehr stressreichen Reise verlieren Pferde bis zu 20 kg ihres Körpergewichts.

Die wichtigsten Faktoren für ein erfolgreiches Handling und Training von Pferden sind Vertrauen, Sicherheit und Beständigkeit. Es liegt in der Verantwortung des Besitzers, sich zu versichern, daß seine Tiere das bestmögliche Training erhalten. Im Verantwortungsbereich des Tierarztes liegt es, über die verschiedenen Manipulationen und Zwangsmaßnahmen genaue Auskunft zu erteilen. Werden die beim Handling möglichen Probleme rechtzeitig erkannt, läßt sich ohne größeren Aufwand die Sicherheit aller Beteiligten gewährleisten.

• Literatur

British Horse Society and the Pony Club (1988): The Manual of Horsemanship. 9th ed. Threshold Books, London.

Edwards, E. H. (1963): The Saddlery – Modern Equipment for Horse and Stable. Allen, London.

Galvayne, S. (1988): The Horse. Thomas Murray, Glasgow.

Hickman, J. (Ed.) (1988): Horse Management. 2nd ed. Academic Press, London.

Rees, L. (1984): The Horse's Mind. Stanley Paul, London.

Rossdale, P. (1976): Seeing Equine Practice. Heinemann, London.

Schwabe, A. E. (1986): Manipulation and Restraint of the Horse (Videotape). Cambridge/U.K.

9. Esel, Maultiere und Maulesel

(John Fowler)

• Einführung

Der domestizierte Europäische Esel ist im allgemeinen eine sanfte Kreatur, deren Temperament ein Handling einfach macht. Natur und Verhaltensmuster unterscheiden sich jedoch oft von denen des Pferdes oder des Ponys. Wenn man diese Unterschiede versteht und sie beim praktischen Handling berücksichtigt, wird die Partnerschaft zwischen Mensch und Tier erheblich erleichtert.

Die ältesten archäologischen Funde von Eseln stammen aus Nubien, der Nordwestregion des Sudans. An dieses aride, den Charakter einer Halbwüste tragende Gebiet hat sich der Esel physiologisch adaptiert. Obwohl sich die Esel über Hunderte von Jahren rund um die Mittelmeerküste in mehreren Ländern verbreitet haben, haben sie doch wenig von ihrer speziellen Anpassung an das Wüstenleben verloren. Das soziale Verhalten der Esel, das für das Überleben unter Halbwüstenbedingungen notwendig ist, bleibt auch nach der Domestikation vorherrschender Instinkt.

In der Wildnis basiert die Esel-,,Gesellschaft'' auf einer kleinen Familieneinheit. Diese besteht gewöhnlich aus der Stute, die vom Fohlen und Jährling begleitet wird. Einige Hengste beanspruchen ,,Sexualterritorien'', über die sie allein das Deckrecht in Anspruch nehmen. Ihr Revierrecht verkünden sie mit lautem Geschrei. Andere Hengste und Fohlen bilden rangniedrigere ,,Junggesellengruppen''. Die männlichen Tiere dieser Gruppen decken nur Stuten, die nicht zum Sexualterritorium eines Hengstes gehören. In jeder dieser Familien oder Junggesellengruppen sind Paarbildung und Dreiergruppen ein charakteristisches Merkmal. Diese Bindungen zwischen Individuen werden auch dann gefunden, wenn Esel unter domestizierten Bedingungen in Gruppen gehalten werden.

In ihrer natürlichen Umwelt sind die Esel aus der Situation heraus an ein spärliches Futter adaptiert, wobei sie mit einem Futter, das einen hohen Gehalt an Rohfasern und Trockenmasse und niedrige Nährstoffkonzentrationen besitzt, gut gedeihen. Teil dieser Anpassung ist ein extrem ökonomischer Energieverbrauch, der durch den langsamen Gang im Schritt und Trab zustande kommt. Alle diese charakteristischen Merkmale (z.B. Paarbildung, Adaptation an die Trockenheit, stark faserhaltiges Futter, Bevorzugung einer langsamen Gangart) sollten beim Management mit Eseln beachtet werden.

• Bewegung

Wegen ihres Gemeinschaftssinnes ist jeder Versuch, einen Esel von einer kleinen Gruppe zu trennen, oft zum Scheitern verurteilt. Erfolgreicher verfährt der Eselhirt, wenn er die ganze Gruppe zu dem neuen Ort treibt, er den bestimmten Esel aussondert und die verbliebene Guppe zum alten Ort zurücktreibt. Es ist dabei oft leichter, Esel zu weiden als sie zu führen.

Muß ein Esel für längere Zeit von seiner Gruppe getrennt werden, ist es ratsam, seinen Partner gleich mit auszusondern, weil dadurch dem Paarbildungsinstinkt Genüge getan wird. Dies trifft ebenso für Stuten, Wallache und Hengste zu. Wird z.B. ein kranker Esel zur Behandlung ohne seinen Partner aufgestallt, kann der Behandlungserfolg durch den Trennungsschmerz negativ beeinflußt werden. Umgekehrt kann der gesunde Partner auf Grund der Trennung Stresssymptome entwickeln, z.B. eine

Hyperlipämie. Es ist stets besser, ein Eselpaar einzustallen und damit das Wohlbefinden beider Tiere zu sichern.

Die Paarbindung ist auch bedeutsam, wenn ein Esel stirbt. Dem überlebenden Partner muß wenigstens zehn Minuten lang erlaubt werden, sich bei seinem toten Partner aufzuhalten, um Trauerreaktionen zu mindern bzw. zu beseitigen.

- **Einfangen**

Esel sind sehr neugierige und für viele Eindrücke empfängliche Wesen. Werden sie in kleinen Gruppen gehalten (zwei bis fünf Tiere), und beschäftigt man sich von Geburt an mit ihnen, werden sie sich gewöhnlich jeder Person, die auf sie zukommt, nähern und zu ihr Zutrauen haben. Falls sie früher nicht erschreckt oder beschimpft wurden, werden sie versuchen, sich mit dem Kopf am Besucher zu reiben, wobei sie dann leicht zu fangen sind.

Esel können auf einfache, bequeme Weise durch Umfassen des Kopfes gehalten werden: Ein Arm greift um den Unterkiefer des Esels, während der andere Arm über den Hals hinwegfaßt (Abb. 9.1.). Sollte der Esel versuchen, sich zu bewegen, hebt man den Unterkiefer hoch und beugt den Hals des Esels um den eigenen Körper, so daß sein Kopf gestreckt wird bzw. im rechten Winkel zum Eselkörper gebeugt ist.

Weniger zutrauliche Esel sollten, bevor sie gefangen werden, durch eine oder zwei Personen ruhig in eine Ecke getrieben werden. Fühlt sich der Esel total umzingelt, wird er in einem Zustand der Unterwerfung verharren: den Kopf leicht gebeugt, den Schwanz gesenkt und die Hintergliedmaßen weit unter den Körper gesetzt. In dieser Situation kann man sich ihm leicht von der Seite nähern. Der Untersucher läßt einen Arm über den Nacken des Tieres gleiten, den anderen schiebt er unter dem Kopf durch (Abb. 9.1.). Ist der Esel gefangen, muß er mit einem Halfter oder Halsriemen gesichert werden.

- **Halfter und Kopfhalter**

Das Anlegen des Halfters geschieht in der gleichen Weise wie beim Pferd. Die Ausführung der Halfter sind jedoch etwas unterschiedlich. Da der Kopf eines Esels im Verhältnis zu seinem Körper relativ größer ist als der eines Pferdes, braucht man ein Halfter, das so groß ist wie das für ein Kleinpferd oder ein durchschnittlich großes Pferd. Der Nasenriemen ist dabei in der Regel zu groß, so daß man für Esel immer Kopfhalter kaufen sollte, die einen verstellbaren Nasenriemen besitzen (Abb. 9.2.).

Abb. 9.1. Einfaches Festhalten eines Esels durch einen „Kopffesselgriff".

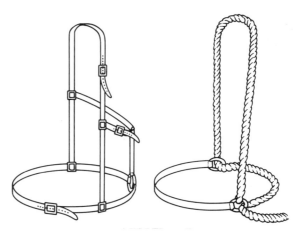

Abb. 9.2. Kopfkragen und Halfter für Esel; der Kopfkragen (links) ist an drei Stellen verstellbar, das Halfter (rechts) universell anpaßbar.

Bei verstellbaren Haltern ist zu beachten, daß viele Esel an ihren Ohren sehr empfindlich sind. Manche Esel zerren das Halfter, wenn es über ihre Ohren gezogen wird, herunter. Um eine Berührung der Ohren zu vermeiden, schnallt man den Kehlriemen aus, führt eine große Schlinge über den Nasenrücken hinweg bis hinter die Ohren, ohne sie zu berühren, schnallt dann den Kehlriemen wieder ein und zieht ihn straff. Ist der Esel gefangen und gehalftert, läßt er sich führen.

• **Führen**

Esel können lernen, geführt zu werden. Sie sind Gewohnheitstiere, daher ist eine freundlich vorgenommene Wiederholung der Prozedur der Schlüssel zum Erfolg. Je früher man damit beginnt – genauso wie mit anderen Handhabungen –, um so besser ist es. Im Fohlenalter ist das Tier für das Erlernen neuer Verhaltensreaktionen sehr empfänglich. Das Fohlen folgt seiner Mutter instinktiv, so daß eine Person das Muttertier führt und eine andere dahinter das Fohlen.

Will man einem einzelnen Esel das Geführtwerden beibringen, ist es besser, ihn zu treiben als ihn zu ziehen (Abb. 9.3.). Der Pfleger muß anfangs hinter der linken Schulter des Esels stehen. Er hält die Führungsleine in der linken Hand, in der rechten einen kleinen Führungsstock. Beim Lockern der Führungsleine und bei Berührung der rechten Flanke mit dem Stöckchen wird der Esel vorwärts gehen. Die Geschwindigkeit wird durch den Druck des Stockes beeinflußt und davon, wie weit der Pfleger hinter der Nachhand des Esels bleibt. Alle körperlichen Befehle, die der Esel erhält, sollten durch akustische Kommandos verstärkt werden, z. B. „steh", „trab"! Das ist besonders für das Treiben des Esels wichtig.

Alle diese Prozeduren sollten wenigstens einmal am Tag für 15 Minuten wiederholt werden. Akzeptiert der Esel die Situation, kann der Pfleger in der Ausbildung einen Schritt weitergehen. Gelegentlich läßt sich ein Esel führen, indem die Schulter des Pflegers an der Kopfseite des Esels liegt. Die rechte Hand kann dann die Führungsleine in der Hand halten.

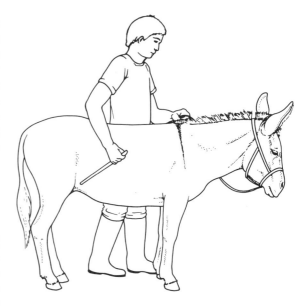

Abb. 9.3. Man bringt dem Esel das Laufen mehr durch Lehren des Geführtwerdens als durch Ziehen bei.

• **Sattelzeug**

In Nordafrika, z. B. im Sudan, werden die Esel mit leichten Klopfschlägen an den Hals geführt. Die meisten europäischen Esel werden durch Zügel am Halfter gelenkt. In den dichtbesiedelten und verkehrsreichen Regionen Großbritanniens ist es jedoch zweckmäßig, daß Esel am Zaumzeug ein Gebiß tragen. Dafür genügen die einfachsten Ausführungen, z. B. eine Hartgummi-Stangen-Trense. Man sollte jedoch große Ringe oder Backenriemen verwenden, um zu verhindern, daß das Gebiß in der Mundhöhle hin- und hergleitet.

Für einen Esel einen Sattel herzustellen, ist eine besondere Kunst. Die Rückenform des Esels unterscheidet sich sehr deutlich von der des Ponys, deshalb müssen Eselsättel speziell angepaßt werden. Den meisten Ponys passen Eselsättel nicht. Viele Esel brauchen einen Schwanzriemen (von der Hinterseite des Sattels zur Schwanzwurzel), um zu verhindern, daß der Sattel nach vorn rutscht. Geschirr und Decken müssen ebenfalls dem Körper des Esels angepaßt sein. Man sollte dazu seinen Sattler konsultieren.

• Am langen Zügel

Der erwachsene Esel (ca. 105 cm hoch) kann einen Reiter oder eine Last bis zu maximal 50 kg tragen. Viele erwachsene Menschen sind zu schwer, um einen Esel zu reiten. Im Gegensatz dazu kann der Esel auf ebenem Gelände dreimal soviel an Gewicht ziehen, als er tragen kann. Deshalb können Erwachsene durchaus Eselfahrten unternehmen. Die Fahrzeuge sollten so leicht wie möglich, jedoch sicher sein. Für Gestell und Deichsel kann Aluminium verwendet werden. Als Räder können solche vom Fahrrad oder von leichten Motorrädern benutzt werden. In bergigen Gegenden können die erforderlichen Zugkräfte durch Eselpaare, Eseltandems oder Eselgruppen erreicht werden. Die Fahrzeuge sollten dann wenigstens vier Räder haben und mit Bremsen ausgestattet sein. Trainingsanleitungen zur Führung des Gespanns sind der Fachliteratur zu entnehmen, oder man wendet sich an die Fahrabteilung der Eselzucht-Gesellschaft.

Für eine Arbeit im Geschirr gehört die lange Leine (Abb. 9.4.) zum Grundlagentraining. Drei Ziele sind damit verbunden:

1. Der Esel muß die Kommandos mit der Stimme und die Leine aus der Distanz annehmen.
2. Der Esel ist an das Zubehör des Geschirrs, besonders an die Leinen und die Stränge um die Hintergliedmaßen, zu gewöhnen, wobei er mit den Anstrengungen des Ziehens vertraut zu machen ist.
3. Der Esel ist an den Straßenverkehr, an Menschen und Gedränge und andere Belastungssituationen zu gewöhnen.

Es sei nochmals daran erinnert, daß Esel im langsamen Schritt sehr gute Arbeit leisten können. Tragen Esel Geschirr, sollte ein mittlerer Trab nicht überschritten werden.

• Handling in besonderen Situationen

Hufpflege. „Ein zufriedener Patient ist höchstwahrscheinlich auch ein kooperativer Patient" (Tom Williams, Hereford School of Farriery). Esel können während der routinemäßigen Hufpflege leicht zu unleidlichen Tieren werden.

Zum einen hat der Esel im Vergleich zum Pferdehuf oder zur menschlichen Hand einen relativ kleinen Huf (Abb. 9.5.). Bei der Hufpflege muß der Aufhalter streng darauf achten, daß er nur die Hornkapsel berührt und keinesfalls die sehr schmerzempfindliche Krone oder die Haut über dem Saumband.

Zum anderen kann es leicht passieren, daß der Schmied den Fuß des Esels höher als das Knie des

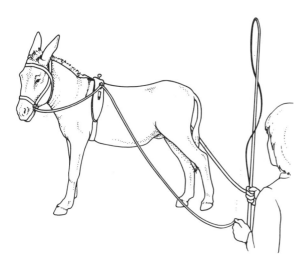

Abb. 9.4. Basistraining im Geschirr an der langen Leine.

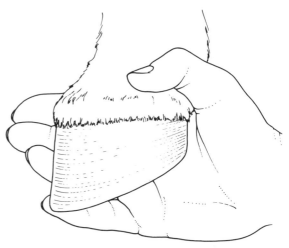

Abb. 9.5. Vergleich zwischen der Größe des Eselhufes und der menschlichen Hand. Ein Druck auf die Krone ist schmerzhaft und sollte vermieden werden.

Aufhalters anhebt, so wie er es beim Pferd gewöhnt ist. Da der Esel nicht so groß ist, bereitet dies dem Tier heftige Schmerzen. Der Aufhalter muß selbst erproben, wie es dem Esel am bequemsten ist. Die Gliedmaße muß im Unterarm- bzw. Mittelfußbereich gegriffen werden (Abb. 9.6.). Erwachsene Esel, die vorher keine regelmäßige Hufpflege erfahren haben, nehmen es sehr übel, wenn man versucht, ihre Hufe hochzuheben, wodurch für den Pfleger das Risiko von Verletzungen steigt.

Schafft es der Pfleger nicht, gegen den Widerstand des Esels die Hintergliedmaße mit der Hand hochzuheben, kann eine modifizierte Seilführung um die Fesselbeuge, den Hals und das Ellenbogengelenk (Abb. 9.7.) hilfreich sein. Man verwendet dafür am besten ein Baumwollseil. Dann bewegt man den Esel einen Schritt vorwärts, so daß der Hauptzug des Seils auf die umschlungene Hintergliedmaße ausgeübt wird. Der Schmied erfaßt aus sicherer Entfernung diese Hauptschlinge, die um die gewünschte Gliedmaße liegt, schwingt diese zweimal um seine eigene Schulter und sein Bein und reicht das Seilende dem Pfleger. Wird das Seil nun langsam gelockert, ist die Hintergliedmaße hochgehoben.

Die meisten Esel schicken sich rasch in das Unver-

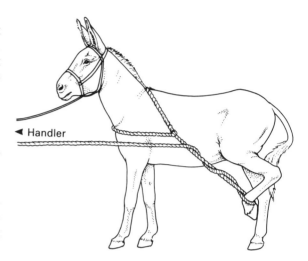

◀ Handler

Abb. 9.7. Seilführung zum Aufheben der Hintergliedmaße eines ängstlichen Esels bei der Hufpflege.

meidliche. Wird diese Prozedur schnell durchgeführt, gibt der Esel beim zweiten oder dritten Versuch von selbst den Fuß ohne diese Zwangsmaßnahme heraus. Löst das Handling jedoch eine Panikreaktion aus, muß der Widerstand durch Verabreichung von Sedativa durch einen Tierarzt gebrochen werden.

Zahnpflege. Schwerwiegende Zwangsmaßnahmen sind für das Zahnberaspeln und zur Zahnsteinentfernung nicht angezeigt. Man bevorzugt die Methode des Kinnhaltens (Abb. 9.8.). Der Rechts-

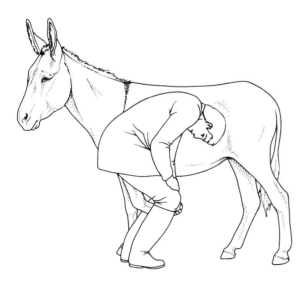

Abb. 9.6. Stellung des Schmiedes bei der Hufpflege des Esels. Man beachte, daß der Huf tiefer gehalten wird als das Knie des Schmiedes.

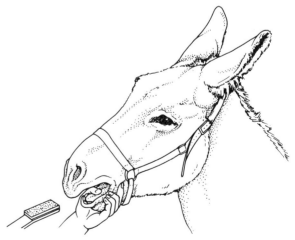

Abb. 9.8. Der „Kinngriff" zur Zahnpflege.

händer nimmt das Kinn des Esels in seine linke Hand. Man umfaßt mit den Fingern den linken Unterkieferast und setzt den Daumen am Zwischenzahnteil hinter den Eckzähnen in die Mundhöhle ein, dort, wo das Gebiß eines Zaumes liegen würde. Für den Esel ist es schwierig, sich gegen diesen Griff zu wehren; damit wird er gezwungen, die Mundhöhle offen zu halten. Dann kann die diese ausgeleuchtet und die Zahnraspel eingeführt werden. Tritt der Esel etwas zurück, sollte man ihn nicht am Kopf nach vorn ziehen. Vorbeugend drückt man den Esel mit der Hinterhand in eine Ecke des Untersuchungsraumes oder des Stalles.

Zwangsmaßnahmen im Notfall. Um einen schlagenden oder sehr erregten Esel, der sich z. B. in Stacheldraht verfangen hat, zu beruhigen, kann unter besonderen Umständen mit der einen Hand der Kinngriff und mit der anderen der Griff an der Ohrbasis angesetzt werden. Diese Zwangsmaßnahmen sollten nur so kurz wie gerade notwendig zum Einsatz kommen und sobald wie möglich mittels einer medikamentösen Ruhigstellung durch den Tierarzt ersetzt werden.

Nach Erfahrungen des Autors ist die Bremse, eine Schlinge aus einem dünnen Seil, die auf die Oberlippe gesetzt und zusammengedreht wird, ineffektiv und kontraindiziert. Der Esel wird dadurch nur noch ängstlicher.

Verladen. Auf Grund ihrer Neugier und der Tatsache, daß man Esel mit Futter überlisten kann, ist es leicht, die Tiere ohne Angst in Waagekisten, Transportfahrzeuge, Einzäunungen usw. hineinzutreiben. Wenn man solche Maßnahmen regelmäßig wiederholt, können die Esel so abgerichtet werden, daß sie ohne Kommando in derartige Räumlichkeiten hineingehen.

Soll ein darin ungeübtes Tier verladen werden, und reicht die Zeit für Überredungskünste oder Training nicht aus, ist eine zwangsweise Verladung notwendig. Dabei wendet man ohne Schaden für das Tier die Methode an, die auf Rennbahnen üblich ist, um sich widersetzende Rennpferde in die Startboxen zu bringen (Abb. 9.9.). Dabei steht auf jeder Seite des Esels eine Person und hält ein Seil (es kann auch eine Führleine sein), das um die Kniekehlen des Esels geführt wird. Dieses Seil wird benutzt, um das Tier nach vorn zu schieben. Die beiden Pfleger können auch etwas Druck auf die Schultern

Abb. 9.9. Führen eines störrischen Esels.

des Esels ausüben, um ihn in die gewünschte Richtung zu lenken. Ein dritter Pfleger geht vor dem Esel, während er gleichzeitig das am Halfter befestigte Führseil hält. Man sollte am Seil nicht stärker ziehen, als notwendig ist, um das Tier in die angestrebte Richtung zu führen.

Läßt man die Tiere durch einen Tierarzt sedieren, werden manche dieser Prozeduren erleichtert. Werden derartige Medikamente allerdings vor Antritt der Reise appliziert, läßt die Balance-Fähigkeit des Esels nach, so daß solche Medikamente auch kontraindiziert sein können.

• Maultiere und Maulesel

Maultiere und Maulesel präsentieren sich dem Menschen als eine interessante Mischung mit den Attributen von Esel und Pferd. Sie sind im allgemeinen weniger phlegmatisch als Esel, leichter zu erschrecken und eindeutig athletischer. Das Training dieser Tiere ist dem des Pferdes sehr ähnlich, dauert jedoch länger als bei Eseln. Hat ein Maultier das Training akzeptiert, sind sein Leistungsvermögen und sein Arbeitsenthusiasmus erstaunlich.

Maulesel zeigen eine große Härte, gute Trittsicherheit und ein beachtliches Maß an Starrsinn. Ihre Eigenheiten machen sie zu schwierigen Schülern, besonders dann, wenn das Training nicht frühzeitig, d. h. im Alter von zwei bis drei Jahren, beginnt. Man muß Maultiere und Maulesel vom Fohlenalter an insbesondere an Hufpflege gewöhnen. Es wird dem Leser empfohlen, sich für weitere spezielle Ratschläge an die British Mule Society zu wenden.

• Literatur

Ellis, R., Ellis, V., and Claxton, J. (1990): Donkey Driving. J. A. Allen, c/o. The British Driving Society, Royal Mews, London.

French, J. M. (1988): Provision of cubicles for housed donkeys. In: Proc. Int. Congr. on Applied Ethology in Farm Animals (Editors: Unshelm, J., van Putten, G., Zeeb, K., and Ekesbo, I.), pp. 287–290.

Moehlman, P. D. R. (1974): Behaviour and Ecology of Feral Asses (*Equus asinus*). Ph. D. Thesis, Univ. Wisconsin, Madison.

Svendsen, E. D. (Ed.) (1989): The Professional Handbook of the Donkey. The Donkey Sanctuary, Sidmouth, Devon EX10 0NU.

Walrond, S. (1988): A Guide to Driving Horses. Pelham Books Ltd., London.

Yousef, M. K. (1985): Stress Physiology in Livestock. Volumes I and II. CRC Press Inc., Florida, USA.

Empfohlene Adressen:

Donkey Breed Society Driving Section
Mrs. C. Pinnegar, Gambles, Lane, Woodmancote, Cheltenham, Glos. GL52 4PU.

British Mule Society
Mrs. L. V. Travis, Hope Mount Farm, Top of Hope, Alstonfield, Ashbourne, Derby DE6 2FR.

The Donkey Sanctuary
Sidmouth, Devon EX10 0NU.

10. Katzen

(Josephine Wills)

- **Einführung**

Katzen können schwierig zu handhaben sein. Sie sind agil und schnell, und es ist nicht zu vermeiden, daß sie wegen ihres Freiheitsdranges ein Handling nur für kurze Zeit tolerieren. Neben ihren scharfen Zähnen haben Katzen an jeder Pfote vier mit spitzen Krallen ausgestattete Zehen, die es zu berücksichtigen gilt. Der Grad des Zwanges, den man Katzen angedeihen läßt, ist von der jeweiligen Katze abhängig. Die meisten Katzen mögen einen lockeren und freundlichen Umgang. Viel kann dadurch erreicht werden, daß man ohne Zwang mit einer behutsamen, aber sicheren Technik vorgeht.

- **Handling**

Einer Katze sollte man sich in ruhiger und vertrauensvoller Weise nähern, indem man mit ihr spricht. Versucht ein Fremder, eine ängstliche Katze aus einem Käfig oder einem Korb herauszunehmen, nimmt sie instinktiv eine Verteidigungsposition ein. Unabhängig davon, ob die Katze die Person durch Fauchen oder Knurren warnt, sollte man immer wieder versuchen, eine Hand auf ihren Kopf zu legen. Wenn man die Stirn streichelt und mit der Hand vertrauensvoll über den Rücken der Katze geht, wird sie zutraulich und kann dann hochgehoben werden.

Katzen können auf verschiedene Art und Weise hochgenommen werden. Das hängt einerseits vom Alter und Körpergewicht ab, andererseits auch davon, ob die Katze passiv oder störrisch ist, ob sie in einem Käfig oder in einem Korb oder auf dem Fußboden sitzt und schließlich vom Auftreten desjenigen, der mit ihr umgeht. Die Katze kann hochgehoben werden, indem man mit der Hand über den Brustkorb streicht und das Brustbein unterstützt. Die andere Hand hält in der Zwischenzeit den Bauch von der anderen Seite (Abb. 10.1.). Wenn die Katze einmal hochgenommen ist, sollte sie fest an den Körper des Untersuchers gedrückt werden (Abb. 10.2.). Diese Methode eignet sich für ruhige Katzen. Ist es nicht möglich, eine Katze wie beschrieben von unten hochzunehmen, z.B. wenn sie in einem Käfig oder einem Korb sitzt, kann sie hochgehoben werden, indem sie an beiden Vordergliedmaßen unter den Ellenbogen gefaßt und vorsichtig aus dem Käfig genommen wird. Anschließend nimmt man sie behutsam unter den Arm, wobei man gleichzeitig die Vordergliedmaßen hält und mit der anderen Hand der Katze über den Kopf streicht (Abb. 10.3.). Man kann die Katze auch vorsichtig im

Abb. 10.1. Hochheben einer Katze; eine Hand befindet sich unter dem Brustbein, die andere Hand unter dem Bauch.

Abb. 10.2. Festhalten einer Katze.

Abb. 10.5. Hochheben einer Katze im Genick.

Abb. 10.3. Die Katze wird unter den Arm genommen und mit der anderen Hand der Kopf gestreichelt.

Abb. 10.4. Die Katze wird vorsichtig am Genick gepackt.

Genick fassen (Abb. 10.4.). Junge Tiere werden in gleicher Weise gegriffen. Katzen, die man auf diese Weise hochhebt oder vorsichtig trägt, zeigen oft ein sehr relaxiertes und unterwürfiges Verhalten. Wenn man nicht weiß, wie sich Katzen verhalten, hebt man sie am besten am Genick hoch, und zwar so, daß die Gliedmaßen vom Hochhebenden weggehalten werden und mit der anderen Hand die Katze am Brustbein unterstützt wird (Abb. 10.5.). Man kann auch die Nachhand damit unterstützen.

• Festhalten zwecks Allgemeinuntersuchung

Die Technik, um eine Katze für die Allgemeinuntersuchung zu fixieren, hängt davon ab, ob es überhaupt zu verantworten ist, sie in einer solchen Art und Weise, wie oben ausgeführt, festzuhalten. Es hängt davon ab, ob der Untersucher allein ist, wie der Ort der Untersuchung beschaffen ist, ferner von der Art und Weise der Behandlung oder der erforderlichen Probenentnahme sowie von der individuellen Veranlagung der Katze. Katzen reagieren am besten auf leichte Zwangsmaßnahmen. Ist der Untersucher jedoch allein, sind schon intensivere Zwangsmaßnahmen erforderlich. Dabei kann z. B. die Katze mit einer Hand am Genick gegriffen werden, die andere Hand ist für die Untersuchung des Körpers frei. Steht eine Assistenz zur Verfügung, kann die Katze dem Untersuchenden auf verschiedene Weise präsentiert werden, die von der zu untersuchenden Region bestimmt wird. Soll der Kopf untersucht werden, hält der Assistent die Vordergliedmaßen, um den Untersucher vor deren Krallen zu schützen. Die Katze sitzt dabei mit Blick zum Untersuchenden. Den Körper der Katze hat der Assistent dann zwischen seinen beiden Armen fixiert (Abb. 10.6.). Dadurch ist es möglich, daß der Untersucher den Kopf der Katze hält bzw. mit einer Hand ins Genick faßt und die andere für die notwendigen Handgriffe frei hat. Für die Untersuchung des übrigen Körpers können passive Katzen durch sanftes Festhalten an Schultern und Vordergliedmaßen mit beiden Händen fixiert werden. Die Katze blickt dabei zum Assistenten (Abb. 10.7.). Ist die Katze unruhig oder weniger umgänglich, hält man mit einer Hand ihren Kopf unter dem Unterkiefer oder im Genick, mit der anderen Hand die Vordergliedmaßen und drückt dabei die Katze gegen den eigenen Körper (Abb. 10.8. und 10.9.). Besonders schwierig zu handhabende Katzen werden in Seitenlage gehalten. Dabei greift eine Hand ins Genick, während die andere Hand die Hintergliedmaßen hält (Abb. 10.10.). Man sollte der Katze nur soviel Zwangsmaßnahmen zumuten, wie unbedingt notwendig sind, dabei aber jederzeit strengere Maßnahmen durchführen können.

Zeitweilige Immobilisation konnte bei einigen Katzen erreicht werden, indem ein elastisches Band um die Basis beider Ohren gelegt wurde (Leedy

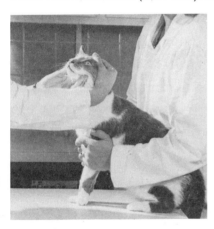

Abb. 10.6. Fixation einer Katze zur Untersuchung des Kopfes.

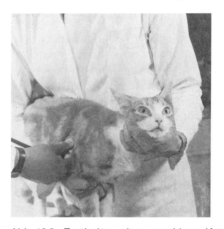

Abb. 10.8. Festhalten einer unruhigen Katze durch Umfassen des Unterkiefers.

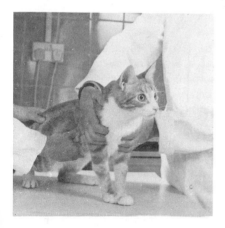

Abb. 10.7. Festhalten der Katze zur Untersuchung des Körpers.

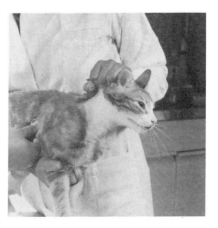

Abb. 10.9. Festhalten einer unruhigen Katze durch Genickgriff.

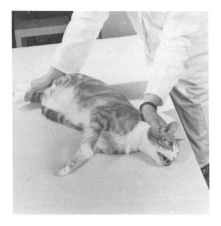

Abb. 10.10. Festhalten einer schwierig zu behandelnden Katze in Seitenlage.

et al., 1983). Die Katze nimmt dann gewöhnlich eine halb geduckte Position ein und verharrt für eine gewisse Zeit relativ bewegungslos in dieser Haltung. Nach den Erfahrungen der Autorin ist diese Methode unzuverlässig und sollte nicht länger als ein paar Minuten angewandt werden.

• Zwangsmaßnahmen bei widersetzlichen Katzen

Bei widersetzlichen Katzen kann es unmöglich sein, sie sicher zu fixieren, weder durch Genickgriff noch durch Erfassen der Hintergliedmaßen. Manche Katzen sind imstande, den Kopf zwischen die Schultern einzuziehen, so daß der Genickgriff unmöglich wird. Erwachsene Kater haben oft einen sehr dicken Nacken, weshalb es schwierig sein kann, sie für längere Zeit festzuhalten. In diesen Fällen ist es ratsam, die Katze in ein dickes Handtuch einzuwickeln. Zwecks Untersuchung des Kopfes kann der gesamte Körper in ein Tuch eingewickelt werden. Dadurch ist man sicher, daß Vorder- und Hintergliedmaßen kein Unheil anrichten können (Abb. 10.11.). Der Assistent kann die eingewickelte Katze sicher halten; der Kopf ist für den Untersucher frei zugänglich. Es ist zweckmäßig, daß die Katze das Tuch oder die Wolldecke vorher nicht sieht. Diese so nützliche Methode des Einwickelns kann auch jeder Katzenbesitzer erlernen. Man schützt sich dadurch vor dem Kratzen und kann die

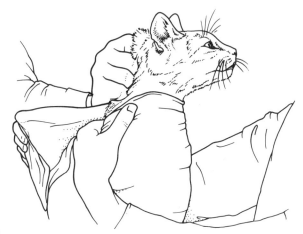

Abb. 10.11. Das sichere Einwickeln einer Katze in ein Handtuch.

Methode auch zu Hause anwenden, wenn die Katze zu behandeln ist, z. B. wenn Medikamente ins Ohr oder Auge verbracht oder flüssige Medikamente oder Tabletten verabreicht werden müssen.
Die Methode, eine Katze in ein Tuch einzuwickeln, ist auch zur Konstruktion einer entsprechenden Tragetasche benutzt worden. Solche Taschen bestehen im allgemeinen aus stabilem, wasserdichtem Nylonmaterial. Die Katze wird in die Tragetasche hineingesetzt und der Reißverschluß zugezogen, so daß nur noch der Kopf der Katze herausschaut. Die Tragetasche hat vier weitere Öffnungen für die Beine, so daß jeweils ein Bein zur Behandlung hindurchgesteckt werden kann

Abb. 10.12. Katze in einer Tragetasche mit hervorgestreckter Vordergliedmaße.

(Abb. 10.12.). Solche Tragetaschen werden auch benutzt, um die Vena cephalica zu punktieren. Man kann weiterhin die Tücher auch so um den Kopf wickeln, daß die Katze beim Versuch zu beißen ins Tuch und nicht den Assistenten oder den Untersucher beißt.

Die Fixation einer widerspenstigen Katze kann zu einem nicht unerheblichen Problem werden. Auch wenn die Katze bereits erfolgreich im Genick gefaßt worden ist, kann sie sich noch von selbst drehen und den Halter nicht unerheblich mit den Hintergliedmaßen treten und kratzen. Eine Katze, die sich derartig benimmt, kann oft dadurch gefangen werden, daß man sie in eine Ecke drängt und mit Hilfe eines Tuchs bzw. einer Decke ergreift. Mit dicken Garten- oder gepolsterten Handschuhen kann der Untersucher seine Hände schützen. Zusätzlich müssen die Arme gut abgedeckt sein. Die Pfoten der Katzen sind immer weit genug vom Gesicht des Menschen fernzuhalten.

• Fangen und Handling verwilderter Katzen

Gelegentlich ist es erforderlich, eine verwilderte Katze für eine Kastration, Identifizierung oder Behandlung einzufangen. Verwilderte Katzen sind meistens sehr schwierig zu behandeln, und die oben beschriebenen Empfehlungen sind oft nicht anwendbar. Die Tiere sind äußerst ängstlich, nicht an den Menschen gewöhnt und reagieren schnell und unerwartet. In solchen Fällen ist die Anwendung einer Katzenfalle mit einer auf Druck verschließbaren Tür (UFAW, 1981) eine zufriedenstellende Methode. Die eingefangene Katze drückt man gegen den Maschendraht der Käfigseitenwand, so daß ein immobilisierendes Medikament gegeben werden kann. Unter seiner Wirkung kann die Katze sicher behandelt werden.

Wird die Katze in einem konventionellen Korb gebracht, kann man eine dicke Wolldecke über einen leicht geöffneten Spalt in den Käfig hineinstecken, wodurch die Katze gegen das Wandgeflecht gedrückt wird, durch das man nun die Injektion verabreicht. Wenn auf Grund der Konstruktion des Käfigs bzw. des Transportkastens Injektionen nicht möglich sind, muß man gasförmige Anästhetika einsetzen, um die Katze zu immobilisieren. Die Tragetasche mit der Katze wird in einen Plastesack gesteckt, in welchen man das gasförmige Anästhetikum einleitet. Sobald die Katze anästhesiert ist, kann sie herausgenommen werden.

Es kann gelegentlich notwendig sein, eine verwilderte Katze ohne eine zur Verfügung stehende Katzenfalle einzufangen, z. B. wenn eine Katze aus ihrem Behältnis entkommen ist und frei in einer Tierklinik umherläuft. Die Katze verkriecht sich dann gern unter einem Schrank. Wenn sie in der Ecke sitzt, kann ein Katzenfänger oder eine Katzenzange zum Fangen und Ruhigstellen benutzt werden. Bei korrektem Einsatz dieser Instrumente wird die Katze nicht verletzt.

• Besondere Zwangsmaßnahmen

Die meisten Verrichtungen, bei denen Medikamente verabreicht werden oder Probenentnahmen notwendig sind, führt man am besten zu zweit aus, wobei eine Person die Katze so hält, daß das Medikament exakt und schnell eingegeben werden kann. Sie muß sich dabei vor Verletzungen schützen. Die andere Person nimmt die Behandlung vor. Wenn man unter bestimmten Umständen alle diese Verrichtungen als Einzelperson ausführen muß, also die Katze halten und injizieren, hat dies möglichst schnell zu geschehen, wobei das Medikament rasch wirken muß. Dabei muß man sich vor den Zähnen und Krallen der Katze schützen.

• Ermittlung der rektalen Körpertemperatur

Bei der klinischen Untersuchung einer Katze muß oft die rektale Körpertemperatur mit einem Thermometer ermittelt werden. Steht eine Assistenz zur Verfügung, wird die Katze dem Tierarzt so präsentiert, daß dieser den Schwanz an der Basis ergreift, wodurch er mit seiner Hand die Bewegungen der Nachhand kontrollieren kann. Mit der anderen Hand wird das Thermometer ins Rektum eingeführt. Ist man allein, so drückt man die Katze mit dem Ellenbogen fest an den eigenen Körper und erfaßt mit der Hand des gleichen Armes die Schwanzbasis. Mit der freien Hand kann die Temperatur gemessen werden (Abb. 10.13.).

sich mit der Katze setzt. Diese befindet sich dazu in Brustlage auf einem Handtuch im Schoß, wobei der Kopf vom Behandelnden weggedreht ist. Mit einer Hand faßt man den Oberkiefer der Katze und beugt dabei den Kopf leicht nach rückwärts ab. Mit der anderen Hand führt man die Spritze in die Backentasche ein und verabreicht die Flüssigkeit oder das Medikament durch Stempeldruck (Abb. 10.14.). Sollte sich die Katze erregen, kann man mit Ellenbogen und Brustkorb weiteren Druck auf die Katze ausüben und, wenn die Katze versuchen sollte, die Spritze zu ergreifen, um die Vorderpfoten ein Handtuch legen. Sollte eine Katze mit diesen minimalen Zwangsmaßnahmen nicht zu behandeln sein, wickelt man sie vollständig in ein Handtuch ein, wie es in Abb. 10.11. dargestellt ist. Auf diese Weise kann das Medikament auch verabreicht werden.

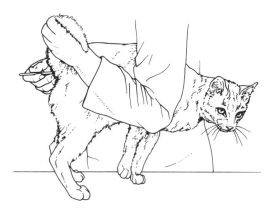

Abb. 10.13. Messung der Rektaltemperatur bei einer Katze.

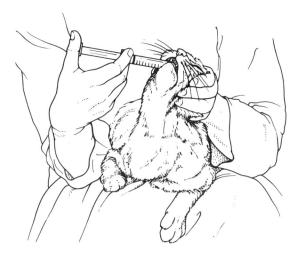

Abb. 10.14. Eingabe einer flüssigen Diät mit einer Spritze ohne Hilfsperson.

• Verabreichung von Flüssigkeiten

Flüssige Medikamente, wie Anthelminthika, Medikamente gegen Durchfallerkrankungen oder auch Antibiotika, werden am besten mit einer Spritze aus Plaste verabreicht. Steht eine Assistenz zur Verfügung, kann diese die Katze wie in Abb. 10.6. dargestellt, fixieren. Dabei hält der Assistent gleichzeitig die Vorderpfoten, damit der Tierarzt nicht gekratzt werden kann. Die Tierarzt selbst hält den Kopf der Katze mit einer Hand und führt das Ende der Spritze über den Mundwinkel in die Backentasche ein. Ist man allein, kann man Medikamente oder Flüssigkeiten am besten verabreichen, indem man

• Verabreichung von Tabletten

Steht eine Assistenz zur Verfügung, kann man die Vorderpfoten der Katze umfassen, wie es oben beschrieben wurde. Dann umfaßt man den Kopf der Katze mit einer Hand, wobei Daumen und Zeigefinger beiderseits am Kiefergelenk liegen. Der Kopf wird nach oben und hinten überstreckt. Gleichzeitig wird Druck auf die Kiefergelenke ausgeübt, damit die Katze den Mund öffnet. Mit der anderen Hand hält man die Tablette zwischen Daumen und Zeigefinger; dritter und vierter Finger werden benutzt, um den Unterkiefer herunterzudrücken (Abb. 10.15.). Die Tablette kann dann soweit wie möglich über den Zungenrücken hinweg in die Mundhöhle eingeführt werden, wodurch meist der Schluckreflex ausgelöst wird. Sollte das jedoch nicht geschehen, hält man den Mund der Katze geschlossen. Wenn der Kopf dabei nach oben gerichtet wird und man sanft auf die Kehlkopfgegend drückt, schluckt die Katze ab.

Eine Tablette kann letztendlich auch ohne Assistenz mit Erfolg eingegeben werden. Die Katze wird dazu auf einen Stuhl gesetzt, so daß sie den Behandelnden ansieht. Mit einer Hand faßt man die Katze hinter den Ohren am Genick (Abb. 10.16.). Der Kopf der Katze wird so gehalten, daß die Nase nach oben gerichtet ist. Die Mundhöhle kann dann, wie beschrieben, geöffnet und die Tablette eingegeben werden. Sollte Gefahr bestehen, daß man gebissen wird, wird ein Tablettenapplikator benutzt, den man sich selbst aus einer Plastespritze herstellen kann. Man schneidet das Ende der Spritze ab und legt die Tablette in die Spritzenkammer ein. Mit dem zurückgezogenen Spritzenstempel wird die Tablette dann weit genug in die Mundhöhle hineingedrückt.

• **Verabreichung von Medikamenten in das Ohr**

Steht eine Assistenz zur Verfügung, kann die Katze so fixiert werden, daß man die Vorderpfoten umfaßt, wobei die Katze, wie bereits beschrieben, den Behandelnden anschaut. Mit Zeigefinger und Daumen der einen Hand wird die Spitze des erkrankten Ohres so gehalten, daß auch der Kopf damit leicht gedreht werden kann und die Katze nach oben sieht (Abb. 10.17.). Zur besseren Kontrolle kann man

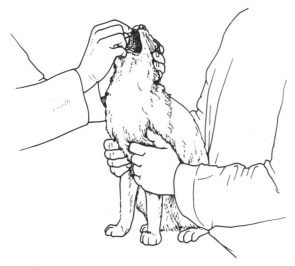

Abb. 10.15. Eingabe einer Tablette.

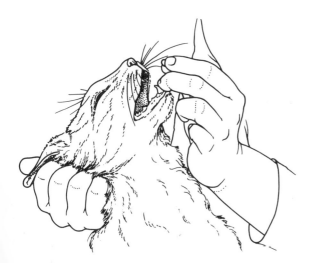

Abb. 10.16. Eingabe einer Tablette ohne Hilfsperson.

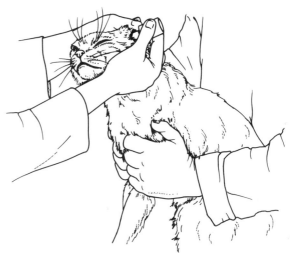

Abb. 10.17. Medikamentöse Versorgung des Ohres.

Abb. 10.18. Behandlung des Ohres ohne Assistenz.

gleichzeitig das Genick miterfassen. Das Medikament kann dann mit der anderen Hand in die Ohrmuschel eingebracht werden.

Auch von einer anderen Person können Medikamente in die Ohrmuschel appliziert werden. Dazu wird die Katze auf das Brustbein gesetzt; sie sieht vom Behandelnden weg. Man faßt die Katze mit einer Hand im Genick, wobei der Kopf so gedreht wird, daß das erkrankte Ohr nach oben gerichtet ist. Mit Unterarm und Ellenbogen wird zusätzlicher Druck ausgeübt (Abb. 10.18.). Das Medikament wird mit der anderen Hand verabreicht.

• **Verabreichung von Medikamenten in das Auge**

Eine Untersuchung des Auges und der Lidbindehäute führt man am besten mit einer Assistenz durch. Die Katze schaut dabei zum Untersuchenden und wird an den Vorderbeinen unter Einschluß ihrer Ellenbogengelenke gehalten. Die Lidbindehäute können untersucht werden, indem man den Kopf der Katze in beide Hände nimmt und mit dem Daumen einer Hand vorsichtig das untere Augenlid nach unten schiebt, so daß es evertiert. In der Zwischenzeit zieht man mit dem Daumen der anderen Hand das obere Augenlid vorsichtig nach oben (Abb. 10.19.). Der gesamte Vorgang führt zum Vorfall des dritten Augenlides.

Die Augen lassen sich auch ohne Assistenz versorgen. Die Katze wird dazu auf einen Stuhl gesetzt; sie schaut vom Behandelnden weg. Der Körper der Katze wird umfaßt und durch beide Unterarme und Ellenbogen fixiert (Abb. 10.20.). Der Kopf der Katze wird mit einer Hand festgehalten, wobei man mit dem Daumen auf den oberen Teil des Auges drückt, um die Augenlider geöffnet zu halten. Mit dem Mittelfinger der anderen Hand öffnet man das untere Augenlid; dabei erfolgt die Medikation mit Daumen und Zeigefinger.

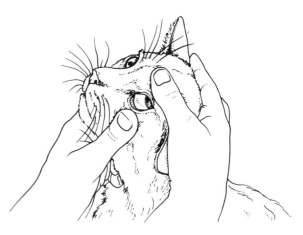

Abb. 10.19. Untersuchung der Bindehaut.

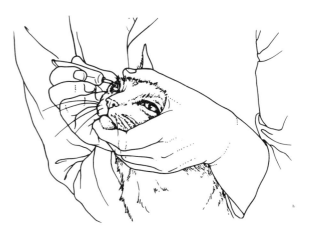

Abb. 10.20. Behandlung des Auges ohne Assistenz.

• Subkutane Injektion

Dieser Eingriff läßt sich ohne Assistenz ausführen. Die Katze wird mit der Brust auf einen Tisch gesetzt, so daß sie vom Tierarzt wegsieht. Mit einer Hand faßt man die Katze im Genick und injiziert mit der anderen Hand unter die zur gleichen Zeit angehobenen Hautfalte (Abb. 10.21.). Die meisten Katzen tolerieren dieses Vorgehen. Man kann aber weiteren Zwang ausüben, indem man mit Unterarmen und Ellenbogen die Katze niederdrückt.

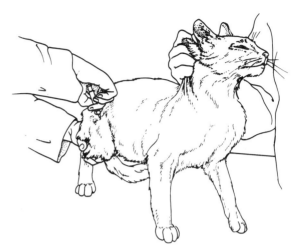

Abb. 10.21. Subkutane Injektion in die Unterhaut des Genicks.

Abb. 10.22. Intramuskuläre Injektion.

• Intramuskuläre Injektion

Man injiziert am besten in die Quadrizepsmuskulatur, die vor dem Oberschenkelknochen liegt. Ein Assistent fixiert die Katze an der Hinterhand in Richtung auf den Tierarzt und faßt gleichzeitig mit einer Hand die Katze im Genick. Der Tierarzt ergreift eine Hinterglied maße mit einer Hand und führt die Injektion mit der anderen durch (Abb. 10.22.). An verwilderte und sehr ängstliche Katzen können intramuskuläre Injektionen durch die Maschen eines Einengungskäfigs gegeben werden (s. Abschnitt über Einfangen und Handling verwilderter Katzen).

• Intravenöse Injektion

Bei Katzen wird am besten in die Vena cephalica intravenös injiziert. Das Tier wird dazu auf einen Tisch gesetzt und sieht den Tierarzt an. Der Assistent hält mit einer Hand den Kopf der Katze unter ihrem Kinn. Mit beiden Unterarmen und der Brust fixiert er das Tier. Eine Vordergliedmaße der Katze wird nach vorn gezogen und am Ellenbogengelenk gehalten. Mit Daumen und Zeigefinger wird in der Ellenbogenbeuge gestaut, wodurch sich die V. cephalica hervorhebt (Abb. 10.23.). Die Katze kann

Abb. 10.23. Fixation der Katze zur intravenösen Injektion in die Vena cephalica.

146 Josephine Wills

Abb. 10.24. Sichere Fixation zur Stauung der Vena cephalica für die intravenöse Injektion.

auch dadurch bezwungen werden, daß man mit dem Griff vom Kinn zum Genick wechselt und den Kopf des Tieres vom Gesicht des Tierarztes etwas wegdreht (Abb. 10.24.).

Nachdem die Nadel in die Vene eingedrungen ist, nimmt der Assistent den Daumendruck von der Vene weg, so daß die intravenöse Injektion ausgeführt werden kann. Dabei streckt man nach wie vor das Ellenbogengelenk der Katze und hält es gut fest (Abb. 10.25.).

• **Blutprobenentnahme**

Blutproben können bei vollem Bewußtsein des Tiere ohne Schwierigkeit entweder aus der

Abb. 10.25. Nachlassen des Daumendruckes während der intravenösen Injektion.

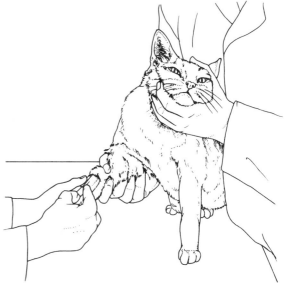

Abb. 10.26. Gewinnen einer Blutprobe aus der Vena cephalica.

10. Katzen   147

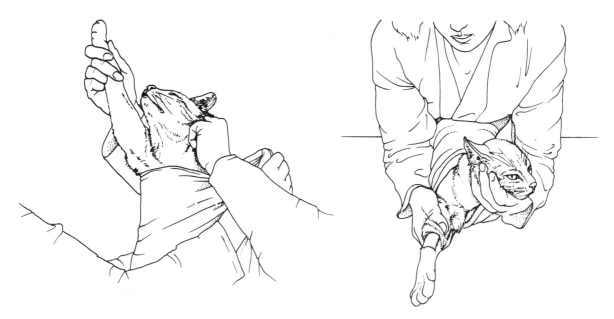

Abb. 10.27. Einwickeln einer Katze in ein Handtuch zur intravenösen Injektion oder zur Blutentnahme aus der Vena cephalica.

V. cephalica oder der Jugularvene gewonnen werden. Im allgemeinen wird die V. cephalica benutzt (Abb. 10.26.). Die Jugularvene wird vornehmlich dann genommen, wenn größere Blutvolumina schnell benötigt werden, z. B. von einer Katze, die als Blutspender eingesetzt wird. Die Jugularvene eignet sich auch besser bei Kätzchen unter sechs Wochen.

Die Methode der Fixation für eine Blutprobenentnahme aus der V. cephalica ist dieselbe wie für die intravenöse Injektion (Abb. 10.24. und 10.25.). Jedoch wird der Daumendruck während der gesamten Blutentnahme zwecks Stauung der Vene aufrechterhalten (Abb. 10.26.). Widerspenstige Katzen kann man in ein Tuch einwickeln und dabei für die Blutentnahme eine Vordergliedmaße freilassen (Abb. 10.27.).

Die Punktion der Jugularvene wird von den meisten Katzen ohne weiteres toleriert. Die Katze wird dazu in Rückenlage verbracht und im Schoß eines Assistenten plaziert, der auf einem Stuhl sitzt (Abb. 10.28.). Will man die rechte Jugularvene benutzen, hält der Assistent alle vier Gliedmaßen der Katze in der rechten Hand. Der Daumen seiner linken Hand drückt in die linke Drosselrinne, um die Jugularvene zu stauen. Der Tierarzt fixiert mit der einen Hand den Kopf der Katze am Kinn und benutzt die andere zur Blutprobenentnahme. Für Linkshänder gelten die umgekehrten Positionen.

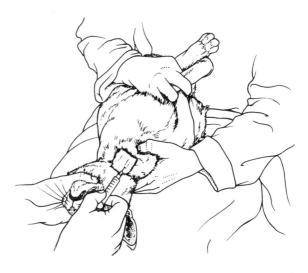

Abb. 10.28. Punktion der Jugularvene.

• Tragen und Transportieren von Katzen

Man transportiert Katzen gewöhnlich vom Besitzer zum Züchter oder zur Tierklinik. Dazu werden Taschen, Käfige oder Kisten benutzt. Vom Handel und von Tierärzten werden verschiedene Transportbehälter für Katzen angeboten. Die Materialien für das Flechtwerk sind entweder Glasfiber, Holz, Kunststoff oder plastebeschichteter Maschendraht. Tierärzte haben oft Pappschachteln für Katzen zur Verfügung, die für den gedachten Zweck preisgünstig sind, obgleich sie nur eine bedingte Lebensdauer haben (10.29.).

Ehe eine Katze aus einem Korb in einen Käfig oder umgekehrt umgesetzt wird, muß man sich vergewissern, daß alle Türen und Fenster geschlossen sind. Auch alle Katzenklappen, Kamine, Schornsteine und andere Ausgänge, aus denen Katzen entkommen können, müssen gesichert sein. Katzen können innerhalb geschlossener Räume, wie in den Abb. 10.2., 10.3. und 10.4. dargestellt, getragen werden. Von einem Raum in den anderen oder von der Tierklinik zum Auto sollte die Katze in einer dafür bestimmten Tasche transportiert werden. Sie sollte niemals frei getragen werden. Wird eine Katze aus einer Tasche herausgenommen, soll man vorsichtig ihre Augen schließen. Ist die Katze friedlich, steckt man seine Hand in die Tasche hinein, bevor die Lider vollständig geöffnet werden. Ähnlich ist es, wenn eine Katze in eine Tasche hineingesetzt wird. Dies geschieht zuerst mit der Hinterhand. Eine Hand läßt man auf dem Rücken der Katze, während mit der anderen Hand die Lider geschlossen werden. Soll ein Kratzen oder Belecken behandelter Körperstellen verhindert werden, wird dem Patienten ein Halskragen umgelegt (Abb. 10.30.).

Empfehlungen über den Transport einer großen Anzahl von Katzen über weite Entfernungen, z.B. innerhalb des kontinentalen Europas, können im UFAW-Handbuch (UFAW, 1987) nachgelesen werden. Ein Transport auf Straßen ist einem Eisenbahn- oder Lufttransport vorzuziehen. In Glasfiber-Containern, z.B. mit einer Länge von 61–68 cm, einer Breite von 36–44 cm und einer Höhe von 40 cm, können eine oder zwei Katzen bequem untergebracht werden. Alle Seiten des Behälters müssen eine gute Ventilation haben und die Löcher

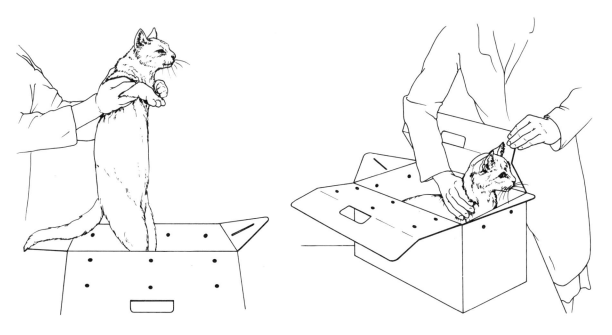

Abb. 10.29. Eine Katze wird in einen Tragekasten gesetzt.

10 – 15 % der Oberfläche ausmachen. Saugfähiges Material sollte den Boden bedecken. Außerdem sollten bei langen Reisen Wasser und Nahrung zur Verfügung stehen.

• Literatur

Hurni, H., and Rossback, W. (1987): The laboratory cat. In: The UFAW Handbook on the Care and Management of Laboratory Animals. (Editor: Poole, T.). 6th Edition, pp. 476 – 492.

Leedy, M. G., Fishelson, B. A., and Cooper, L. L. (1983): A simple method of restraint for use with cats. Feline Practice **13**, 32 – 33.

Schmidt, V., und Horzinek, M. Ch. (Hrsg.) (1992/1993): Krankheiten der Katze. Gustav Fischer Verlag, Jena-Stuttgart. Band 1: 1992, Band 2: 1993.

Universities Federation for Animal Welfare (UFAW) (1981): Feral cats: notes for veterinary surgeons. Vet. Rec. **108**, 301 – 303.

Abb. 10.30. Katze mit „elisabethanischem Halskragen". Kratzen im Gesicht und Belecken behandelter Körperstellen werden dadurch vermieden.

11. Hunde

(Trevor Turner)

• Verhaltensmuster des Hundes

Hunde sind soziale Tiere. Sie fühlen sich am wohlsten, wenn sie in eine Familie oder ein Rudel integriert sind. Hunde besitzen die angeborene Fähigkeit, eine ganze Reihe sozialer Interaktionen anzuerkennen und auf sie zu reagieren. Die einzelnen Mitglieder des Rudels oder der Familie sind immer dem Leittier unterworfen. Dieses ist für Führung und Verteidigung zuständig und trifft die Entscheidungen. Dies ist ein für Hunde charakteristisches Verhaltensmuster. Durch Training sind diese Tiere zum Umlernen fähig, doch kann das arttypische Verhalten nicht ausgelöscht werden. Die grundlegenden sozialen Verhaltensweisen können im späteren Leben nicht erlernt werden, lassen sich aber durch Training verstärken. Die Spezies, auf die der Hund seine sozialen Reaktionen ausrichtet, kann jedoch für den Hund antrainiert bzw. anerzogen werden. Es ist deshalb ganz wesentlich, daß Welpen während der ersten 12 Wochen ihres Lebens mit dem Menschen sehr engen Kontakt haben, auch wenn es nur kurzzeitig der Fall ist. Auf diese Weise wird gewährleistet, daß der Welpe ein gut auf den Menschen eingestellter Hund wird, zwischen ihm und dem Menschen sich enge Beziehungen entwickeln und er letztendlich die führende Rolle des Menschen akzeptiert, unabhängig davon, ob er ein Gebrauchshund oder ein Familienliebling wird. Mit Welpen muß man sich wenigstens ein paar Minuten am Tag beschäftigen. Ungefähr vom 18. Lebenstag ab entstehen dadurch soziale Interaktionen zwischen Hund und Mensch (Prägung). Der Mensch wird dadurch als Teil des Rudels angenommen.

Alle Hunde sind mit dem genetischen Potential eines beherrschenden dominanten und eines unterwürfigen submissiven Verhaltens ausgestattet. Bei einigen Herden- und Wachhunderassen ist das genetische Potential der Dominanz sehr stark ausgebildet. In der Herde bzw. im Rudel müssen einzelne Individuen dieser dominant veranlagten Rassen eine unterwürfige Rolle annehmen. Das ist das Resultat des Lernprozesses, der mit dem Absetzen vom Muttertier beginnt und sich mit der Eingewöhnung in die menschliche Gesellschaft fortsetzt.

Innerhalb eines Wurfes besteht eine große Konkurrenz bei der Fütterung. Von der 5. Lebenswoche an werden spielend Kämpfe ausgetragen, und es etablieren sich Dominanzhierarchien. Von der 5. bis zur 12. Lebenswoche hat sich der Mensch als Bezugsperson (als ,,Rudelführer'') zu erweisen. Dies ist wichtig für die Beziehung zwischen Welpen und Hundebesitzer. Welpen, die beim Spiel zu einer aggressiven Rolle innerhalb der Wurfgeschwister oder der ,,Familie'' neigen, werden in der Regel auch als erwachsene Tiere eine dominierende Rolle übernehmen. Wenn sich Welpen im späteren Erwachsenenalter dem Menschen sehr stark unterordnen müssen, sollten sie so früh wie möglich an die sozialen Beziehungen gewöhnt werden. Das ist besonders notwendig bei Tieren der kräftigen Wachhunderassen. Unglücklicherweise steht diese Forderung oft in direktem Gegensatz zur Notwendigkeit, Welpen bis zur Ausbildung einer Immunität gegenüber den wichtigsten infektiösen Hundekrankheiten durch entsprechende Vakzinationen zu isolieren. Eine vollständige Immunität entwickelt sich erst zwischen der 16. und 20. Lebenswoche. Soziale Hierarchien innerhalb eines Hunderudels sind gewöhnlich nicht linear. Der Führer des Rudels be-

11. Hunde

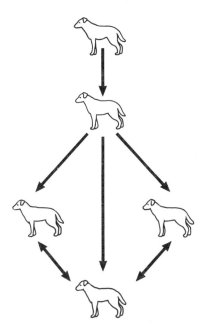

Abb. 11.1. Dominanz-Hierarchie. Der Rudelführer dominiert die anderen Hunde.

• Körpersprache

Körpersprache ist beim Hund ein komplexes Geschehen. Sie kann mehr zum Ausdruck bringen als nur Dominanz und Unterwerfung, welche allerdings die wichtigsten Verhaltensweisen sind. Dominanz kann sich neben der Körpersprache aber auch in körperlicher Aggression und ernsthaften Kämpfen innerhalb des Rudels äußern. Der dominierende Hund möchte den starren Blick des Gegners sehen. Das kann der Besitzer, ein anderer Hund, eine Katze oder ein anderes Tier sein. Der Hund richtet dabei die Ohren nach vorn, die Haare am Hals und im Bereich der Rückenlinie richten sich zur „Bürste" auf, die Lippen werden in charakteristischer Weise gefletscht, oder der Hund knurrt und versucht zu beißen (Abb. 11.2.).

Abb. 11.2. Der dominierende Hund steht mit aufgestellten Ohren und aufgerichteten Rückenhaaren.

herrscht die Hunde (Abb. 11.1.), die einen unsicheren Status haben. Deren Rolle verändert sich entsprechend den Umständen und der Umwelt. Mal wird das eine, mal das andere Tier je nach Situation die Führung übernehmen. Dieses Verhalten kann vom Tierarzt, der einen für den Besitzer schwierigen Hund behandeln muß, ausgenutzt werden. Dieser Hund wird aus seiner gewohnten Umgebung herausgenommen und in der Tierklinik, weit weg vom Besitzer, untersucht. Die Besitzer sind oft erstaunt, ja sogar enttäuscht, wenn sie feststellen, daß ihr stets widerspenstiger Hund an einem anderen Ort und ohne hierarchischen Zwang überhaupt keine Schwierigkeiten bereitet.

Es sollte keinem Hund erlaubt werden, Menschen, mit denen er zusammenlebt oder die zur Familie gehören, zu beherrschen. Andernfalls werden sich diese Hunde tatsächlich jeder veterinärmedizinischen Behandlung widersetzen.

Für junge Hunde ist „Spielen" eine wichtige und komplexe soziale Interaktion. Es kann benutzt werden, um Dominanz zu erlangen, Aggressionen abzubauen oder potentielle Gegner herauszufinden.

• Dominanz und Unterwerfung

Dominanz wird zum Ausdruck gebracht, indem der Hund über einem anderen Hund steht, oft im rechten Winkel dazu. Unterwerfung (Submissivität) ist beim Hund durch fehlenden Augenkontakt charakterisiert. Das unterwürfige Tier duckt sich mit angelegten Ohren und eingezogenem Schwanz. Es kann sich auch auf die Seite legen, wobei ein Bein hochgehoben wird (Abb. 11.3.). Unterwürfige Tiere nähern sich niemals direkt, sondern immer nur von

Abb. 11.3. Ein unterwürfiger Hund legt sich oft auf die Seite.

der Seite her. Ein solcher Hund wird versuchen, das Gesicht oder die Hand des dominanten Tieres bzw. der dominanten Person zu lecken.

Es ist ganz wichtig, daß das veterinärmedizinische Personal imstande ist, diese grundlegenden Verhaltensmuster zu erkennen und zu interpretieren, damit es mit allen Tieren, die vorgestellt werden, umgehen kann. In den Augen des Besitzers ist jeder, der auf veterinärmedizinischem Gebiet tätig ist, ein Experte. Von ihm erwartet man, daß er in der Lage ist, mit jedem Tier entsprechend umzugehen, auch wenn es der Tierbesitzer selbst nicht vermag. Im tierärztlichen Umfeld ist das normalerweise dominante Tier oft in einer Konfliktsituation. Es wird deshalb „Konfliktsignale" von sich geben, z. B. mit zurückgelegten Ohren knurren oder sich unterwürfig ducken. Die Tatsache, daß der Hund Unterwürfigkeitssignale zeigt, bedeutet nicht, daß er nicht beißt. Hunde, die widersprüchlich reagieren, sind die gefährlichsten, da sie unberechenbar sind.

Für jede veterinärmedizinische Untersuchung und Maßnahme ist Unterwürfigkeit des Patienten Voraussetzung. Ehe man versucht, eine Dominanz für diese Zwecke zu erlangen, ist es wichtig, einiges über die normalen Verhaltenscharakteristika des betreffenden Tieres zu erfahren. Der Besitzer sollte taktvoll gefragt werden, ob der Hund in irgendeiner Situation zu Hause aggressiv ist und ob seine gewöhnlichen Verhaltensweisen berechenbar sind oder nicht. Es ist immer besser zu fragen, ob der Hund freundlich ist als ob der Hund „beißt".

Im Gegensatz zum Menschen ist die Dominanz ein Teil des instinktiven Verhaltensrepertoires. Dominantes Verhalten gegenüber einem Hund ist deshalb eine erlernte Kunstfertigkeit. Menschen, die in der Umgebung von Hunden aufwachsen, erwerben diese Fertigkeit zu einem frühen Zeitpunkt. Im Hause ist es die effektivste Methode, Dominanz zu erlangen, indem man nur dann auf den Hund achtet, wenn er ein Kommando befolgt. Wird er zu allen anderen Zeiten ignoriert, besonders wenn vom Hund gerade einige soziale Aktivitäten in Gang gesetzt werden, kann dies zum Erlangen der Überlegenheit genutzt werden. Für den Tierarzt ist diese Methode allerdings von geringem praktischem Wert, da sie zu zeitaufwendig ist. Für jemanden, der nicht im vertrauten Verhältnis mit einem Hund lebt, ist es oft leichter, diesen zu beherrschen. Dem starren Blick des Tieres begegnen und groß aufgerichtet vor ihm stehen, das sind zwei Möglichkeiten, um Dominanz auszudrücken. Dabei ist es wichtig, daß man das Verhalten des Hundes genau beobachtet. Man muß einschätzen, ob er Demutszeichen gibt oder es vorzieht anzugreifen. Ist das letztere der Fall, sollte der Tierarzt dem Hund Einhalt gebieten und mit ihm weggehen, um ihm dadurch Dominanz vorzuführen. Wenn dies dagegen der Besitzer tut, kann er erheblich gebissen werden. Der Hund beißt nämlich, um Dominanz zu erlangen. Manchmal kann das auch durch einen kleinen Klaps verhindert werden. Voraussetzungen sind jedoch eine genaue Deutung der Äußerungen des Hundes und die Erfahrungen des Untersuchers. Jedoch gehört Schlagen eines Hundes nicht zum professionellen Umgang, da es sehr leicht zu einer Konfrontation mit dem Tierbesitzer führen kann. Es ist also viel besser, den Hund in eine unterwürfige Verhaltensweise zu versetzen (Abb. 11.4.).

Ist der Umgang mit dem Hund sehr kompliziert, sollte ihm der Besitzer vorher einen Maulkorb anlegen. Deshalb sollten in den tierärztlichen Praxen Maulkörbe in verschiedenen Größen vorhanden sein. Das Aufsetzen der verschiedenen Typen von Maulkörben muß man beherrschen. Moderne Maulkörbe aus Plaste oder Nylon sind sehr wirksam, leicht an Gewicht sowie einfach zu reinigen und zu sterilisieren. Sie sind für die meisten Zwecke ideal (Abb. 11.5.). Zeigt sich der Hund unterwürfig, sollte er mit Worten ermutigt werden. Wenn möglich, sollte man ihn mit einem Happen Futter belohnen; es kann auch ein Stück Schokolade oder ein anderer Lieblingshappen sein. Die dominante Position, indem man über und vor dem Hund steht, läßt sich

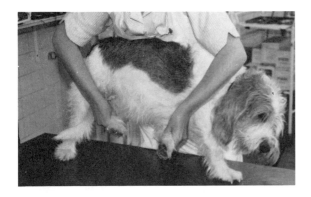

Abb. 11.4. Ein Hund kann in eine unterwürfige Position verbracht werden, indem er vorsichtig auf die Seite gelegt wird.

durch Berühren des Tieres verstärken. Es sei daran erinnert, daß Besitzer sehr oft von ihren eigenen aggressiven Hunden beim Umgang mit diesen gebissen werden. Deshalb sollte man sich versichern, daß der Hund unterwürfig ist, bevor man ihn streichelt oder auf andere Art und Weise behandelt.

Tiere begreifen oft sehr schnell, daß sie zum Tierarzt gebracht werden, da sie dies mit Unbequemlichkeit, Schmerz oder zumindest mit nichts Gutem verbinden. Auslösen von Unbehagen oder gar Zufügen von Schmerz ist der höchste Ausdruck von Dominanz gegenüber dem Hund. Für den Tierarzt besteht ein erhöhtes Risiko, durch von Natur aus dominanten Tieren gebissen zu werden, wenn diese sich in der Nähe des Tierarztes befinden.

Hunde sind auf ihrem eigenen Territorium viel mutiger, woraus sich ergibt, daß man dominante Tiere besser außerhalb ihrer gewohnten Umgebung behandelt. Manchmal wird vergessen, daß sogar Zwergrassenhunde oder andere sehr kleine Hunde, wenn sie sich zu Hause aufhalten, dominant sind. Deshalb tut man gut daran und geht sicherer, solche Hunde zu hospitalisieren und sie besser in niedrigen als in hohen Käfigen zu halten. Sie können dann dem Personal nicht so leicht in die Augen blicken, womit ein Problem im Hinblick auf die notwendige „Unterwerfung" vermieden wird.

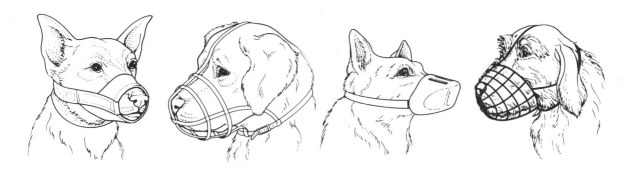

Abb. 11.5. Moderne Kunststoff-Maulkörbe sind leicht aufzusetzen und hygienisch.

• Methoden der Annäherung und Kontrolle

Allgemeine Betrachtungen. Die meisten Tiere, mit denen man in der Kleintierpraxis zusammenkommt, sind erzogen und abgerichtet, und man kann einigermaßen gut mit ihnen umgehen. Eine Ausnahme bilden echte Streuner und halbverwilderte Hunde, die manchmal zugelaufen sind oder sich in bebauten Gebieten aufhalten. Diese Tiere stellen beim Einfangen und bei der Kontrolle ein besonderes Problem dar. Man muß bei ihnen besondere Maßnahmen ergreifen, wie den Einsatz von immobilisierenden Medikamenten, das Aufstellen von Fallen oder das Einfangen mit Schlingen bzw. mit Hilfe von Hundefängern, sog. Greifern.

Streunende Tiere, von denen bekannt ist, daß sie beißen oder angreifen, kann man auch fangen, nachdem sie mittels Medikamentengewehr sediert wurden. Bei solchen Gelegenheiten sind die örtlichen Behörden, der Tierschutzverein oder auch die Polizei am Einsatz beteiligt.

Mit der Mehrzahl der Hunde kann man jedoch normal umgehen, auch wenn sie vielleicht in der Umgebung der tierärztlichen Praxis etwas ängstlich sind. Mit der Körpersprache zum Ausdruck gebrachte Furcht ist eine Manifestation des Unterwürfigkeitsstatus. Der Hund wird dabei knurren, den Schwanz einziehen und den Augenkontakt vermeiden. Furcht wird auch durch Schütteln, Zittern und ängstlichen Blick zum Ausdruck gebracht (Abb. 11.6.). Der Hund versucht, wenn es möglich ist, sich hinter oder unter Gegenständen zu verstecken. In diesen Fällen muß man sehr vorsichtig vorgehen, wenn man solchen Hunden näherkommen will. Sie beißen aus Angst und setzen zur gleichen Zeit Harn und Kot ab. Nähert man sich einem fremden Hund, sollte dies betont langsam und freundlich geschehen. Das macht es dem Hund möglich, den Menschen zu prüfen. Der Behandelnde sollte außerdem vermeiden, mit den Händen von oben auf den Kopf des Hundes zuzugehen. Es ist immer sicherer und wirksamer, mit den Händen von der Seite her unter das Brustbein zu fassen, wobei man sein Gesicht niemals so nahe halten darf, daß man gebissen werden kann.

Anlegen des Maulkorbes. Duckt man sich bis zur Körperhöhe des Tieres, trägt man viel dazu bei, eine durch Furcht ausgelöste Aggression zu verhindern (Abb. 11.7.). Man sollte sich „Angstbeißern" und solchen Hunden, die in der Familie eine dominante Position einnehmen, nur mit besonderer Vorsicht nähern. Immer ist darauf zu achten, daß ein Entkommen verhindert wird und Verletzungen anwesender Personen vermieden werden. Letzteres schließt auch den Tierbesitzer ein. In vielen Fällen wird dieser imstande sein, seinem Hund, auch ungeübt, einen Maulkorb aufzusetzen. Das gelingt dann besonders gut, wenn der Hund aus einer potentiell streßreichen Umgebung, wie es ein tierärztlicher Konsultationsraum darstellt, in eine ruhige Umgebung verbracht wird.

Abb. 11.6. Furcht wird durch Vermeiden des Augenkontaktes und durch Einziehen des Schwanzes ausgedrückt.

Abb. 11.7. Kauern in Höhe des Tieres verhindert oft furchtbedingte Aggressionen.

Ein Maulkorb lenkt die Aufmerksamkeit des Hundes ab, er schützt jeden davor, plötzlich gebissen zu werden. Das tun Hunde, wenn sie gestresst, verletzt oder unwillig sind. Es ist keine Alternative, mit einem Tier zu kämpfen! Wenn der Besitzer dem Hund den Maulkorb nicht aufsetzen kann, er aber imstande ist, das Tier festzuhalten, sind nur einfache Hinweise notwendig, wie der Hund zum Maulkorbaufsetzen zu halten ist. Der Hund muß beiderseits hinter den Ohren am Kopf festgehalten werden. Dabei wird die Haut oder das Fell straff hinter dem Kopf gefaßt und mit den Handflächen fest gegen die Wirbelsäule gepreßt. Der Kopf des Hundes wird in die Richtung gehalten, aus der der Maulkorb bzw. das Band zum Zubinden des Fanges aufgesetzt wird. Es ist in jedem Falle gut, diese Prozedur auf dem Fußboden vorzunehmen mit Ausnahme von sehr kleinen Hunden. Man nähere sich dabei dem Hund ruhig, langsam und überlegt, benutze ihm bekannte Worte und nenne ihn wiederholt beim Namen. Der Maulkorb ist korrekt aufzusetzen und anzupassen. Wird zum Zubinden des Fanges ein Band benutzt, ist es wichtig, daß die Schlinge um den Fang fest angezogen wird. Der Knoten muß direkt unter oder über den Kiefern liegen. Es können dann weitere Schlingen darunter und darüber gelegt werden. Der letzte Knoten sollte immer unter dem Unterkiefer liegen (Abb. 11.8.). Die Enden des Bandes werden hinter den Ohren in der Art geknüpft, daß jederzeit durch einfachen Zug das Band gelöst werden kann. Ein Abstreifen des Maulbandes kann dadurch verhindert werden, daß die Hilfsperson den Hund auf den Boden drückt und den Kopf des Tieres immer dahin richtet, von wo der Maulkorb bzw. das Band zum Zubinden des Fanges aufgesetzt wird. Dadurch ist es dem Hund nicht möglich, seine Vorderpfoten anzuheben und Maulkorb bzw. Maulband zu entfernen.

Für Hunde brachyzephaler Rassen eignet sich weder das Zubinden des Fanges noch ein Maulkorb. Zu diesen Rassen gehören Pekinesen, Pugs und Boston-Terrier. Bei diesen Tieren kann dadurch Zwang ausgeübt werden, daß man ihnen ein dickes Handtuch hinter den Ohren um den Hals legt (Abb. 11.9.). Bei Boxern und Bulldoggen können Maulbänder zum Einsatz kommen, wobei durch Druck auf den Nasenrücken die Atemtätigkeit eingeschränkt wird (Abb. 11.10.). Man zieht ein Band unter der Schlinge, die den Fang umgibt, durch und knüpft es hinter dem Kopf. Beim Zusammenziehen der Enden des Bandes werden die eingebundenen verkürzten Nasenknochen nach oben gezogen. Läßt man mit dem Zug nach, kann das Tier wieder besser atmen. Es ist nicht einfach, ein solches Band anzulegen. Deshalb ist es doch besser, wenn man eines der modernen Stoff- oder Plastebänder benutzt. Viele von diesen eignen sich auch für Hunde kurznasiger Rassen.

Bei störrischen oder inkooperativen Hunden muß das Maulband bzw. der Maulkorb sehr sicher aufgesetzt werden. Bänder sollte man dann anwenden, wenn der Hund an einer infektiösen Krankheit

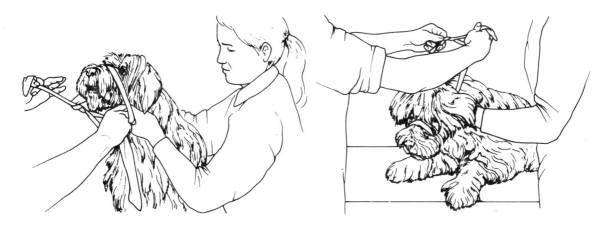

Abb. 11.8. Zubinden des Fanges mit einem Band.

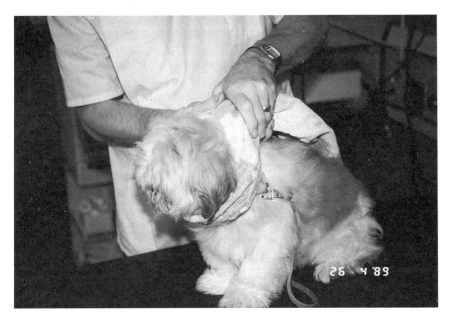

Abb. 11.9. Tiere kleiner brachyzephaler Rassen können mit einem Handtuch um den Hals wirksam ruhiggestellt werden.

Abb. 11.10. Bei einer Reihe brachyzephaler Rassen darf die Nasenregion nicht gedrückt werden, wenn man den Fang mit einem Band zubindet.

leidet. Maulbänder können aus einer Binde hergestellt werden. Synthetische Materialien sind stabiler. Ist ein Besitzer nicht imstande, seinen Hund zum Anlegen einer Binde oder eines Bandes um den Fang festzuhalten, legt man sich die beabsichtigte Schlingenführung zurecht. Man setzt den Hund mit dem Rücken in eine Ecke und nähert sich ihm von vorn. In diesen Fällen sollte man ein weiches Material als Band für den Fang benutzen, das im Gegensatz zu einer derben Binde die Schlingentour so beibehält, wie man sie vorbereitet hat (Abb. 11.11.). Das Band wird zunächst auf dem Nasenrücken zusammengezogen, dann wird es unter dem Kinn herumgeführt und von dort aus hinter den Ohren zur Schleife gebunden, die im Notfall schnell zu lösen ist. Wenn der Fang des Tieres einmal richtig zugebunden ist, können alle weiteren Maßnahmen mit großer Sicherheit durchgeführt werden.

Widerspenstige Tiere, die frei umherlaufen, bieten manchmal sogar in kleinen abgeschlossenen Räumen Probleme beim Anfassen und Fixieren, was Geduld erfordert. Dazu nähert man sich ihnen ruhig

11. Hunde 157

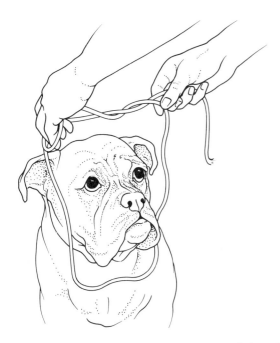

Abb. 11.11. Mit einer Schlinge aus weicher Schnur kann man die Gestalt des Nasenbandes vorformen.

als für Menschen. Wenn Menschen Angst haben, nimmt dies der Hund aus ihrem Körpergeruch wahr. Merkt man, daß der Hund zum Angriff übergeht, bricht man besser ab und versucht es später noch einmal.

Dominante Hunde äußern ihre Angriffslust dadurch, daß die Ohren nach vorn gestellt werden, die Rute nach oben zeigt und die Rückenhaare eine „Bürste" bilden. Die Tiere stehen „im Rechteck" und knurren oft. Hunde, die sich aktiv unterwerfen, ducken sich etwas, setzen dabei Harn ab und können dann aber aus der Angst heraus, besonders wenn sie eine „Bürste" zeigen, angreifen.

Hundegreifer. Das Einfangen eines Hundes mit Hilfe einer Schlinge, wie sie am Hundefänger oder -greifer ist, kann beim Hund und beim Einfangenden zu Verletzungen führen. Man sollte es deshalb immer nur als letzte Möglichkeit in Erwägung ziehen. Hundegreifer sind sehr unterschiedlich gebaut. Im wesentlichen bestehen sie aus einem langen Griff, einer Seilschlinge oder einer Schlinge aus anderem Material (Abb. 11.12.). Das eine Ende der Schlinge ist am Ende des Griffes befestigt, das andere Ende läuft durch den Griff, wodurch der Umfang bzw. die Größe der Schlinge kontrolliert werden kann. Der Griff wird dazu benutzt, um das Seil aus einer gewissen Entfernung über den Kopf des Hundes zu legen. Dann wird die Schlinge zusammengezogen. Ist der Hund unter Kontrolle, kann eine zusätzliche Fangleine über den Kopf des Hundes gelegt werden, die dann in der entgegengesetzten Richtung gezogen wird. Auf diese Weise stellt man den Hund solange ruhig, bis mit einem Band der Fang zugebunden ist (Abb. 11.13.). Ande-

und überlegt. In diesem Fall ist es sinnlos, mit der Leine an den Hund heranzutreten, wie auch Hundegreifer oder über den Kopf zu ziehende Schlingenführer zwecklos sind. Der Hund beißt, wenn er sich befreien kann. Es ist viel besser, wenn man den Hund beim Namen ruft und auch einfache Kommandos gibt, die der Hund kennt, wie „sitz" oder „steh". Man nähert sich langsam und geht mit dem Handrücken an den Hund heran, so daß sich der Hund mit dem Körpergeruch vertraut machen kann. Der Geruch ist für Hunde von größerer Bedeutung

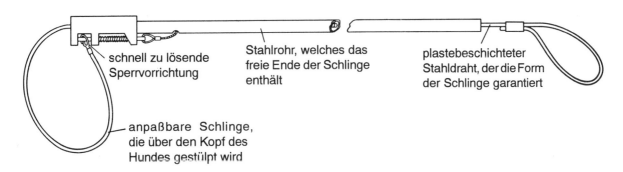

Abb. 11.12. Ein Hundegreifgerät.

Abb. 11.13. Ein „Hundegreifer" in Gebrauch.

rerseits kann man sich widerspenstigen Hunden nähern, wenn man Handschuhe mit langen Stulpen trägt, die auch die Arme bedecken. Mit Geduld und freundlichen, überlegten Bewegungen kann es gelingen, eine Fangleine oder die Schlinge eines Hundefängers über den Kopf zu stülpen. Man muß dabei immer achtgeben, daß der Hund nicht entkommen kann und Personen nicht verletzt werden. Während der ganzen Prozedur redet man ruhig auf den Hund ein.

Stachelhalsbänder und „Würger" (Fangleinen). Tiere, die nicht einfach unter Kontrolle zu bringen sind, können manchmal durch Fang-, Würge- oder Stachelhalsbänder, die an einer Leine befestigt sind, gebändigt werden. Solche Halsbänder müssen korrekt zur Anwendung kommen. Dabei muß gewährleistet sein, daß die am Hals schnürende Wirkung im rechten Augenblick aufgehoben werden kann (Abb. 11.14 und 11.15.). Bei Benutzung einer lose hängenden Führleine, die während der Ausbildung am Halsband des Hundes befestigt wird, braucht man sich nicht direkt dem Hund zu nähern. Nimmt man zuerst die Leine auf, erzielt man damit oft schon die Unterwürfigkeit des Hun-

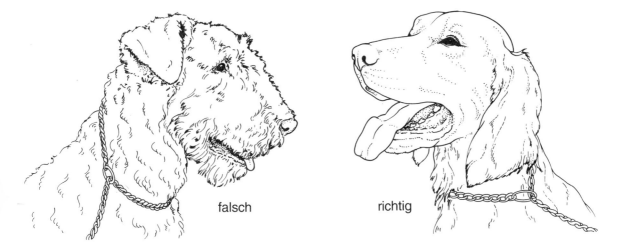

Abb. 11.14. Richtige (rechts) und falsche (links) Anwendung einer Würgekette.

Abb. 11.15. Richtige (rechts) und falsche (links) Anwendung eines Schnürhalsbandes (Führleine).

des. Generell gilt, daß eine lockere Führleine niemals an einem zusammenziehbaren Kettenhalsband befestigt werden darf, da, falls es sich verdreht, ein nicht unter Kontrolle stehender Hund ersticken kann. Lockert sich das Halsband, kann es sich über den Kopf des Hundes ziehen. Es ist deshalb wichtig, daß jede Art von Leine korrekt am Halsband befestigt wird. Es stehen unterschiedlich große, sauberzuhaltende und sterilisierbare Halsbänder mit der zur Anpassung notwendigen Zahl von Löchern zur Verfügung. Dadurch kann manches Problem bei späterer Hospitalisierung eines Hundes vermieden werden. Ein Locher für Leder ist ein notwendiges Instrument, das in keiner Praxis fehlen sollte. Die Hundebesitzer glauben oft, daß das Halsband zu eng eingestellt ist. Es kostet Zeit, um sie mit dieser Problematik vertraut zu machen. Zusammengerollte Lederhalsbänder sind nicht besonders geeignet, sie können sich beim Tragen dehnen. Es ist deshalb nicht ganz einfach, sie genau anzupassen.

Halfterähnliche Halsbänder. Wie ein Halfter konstruierte Halsbänder sind für Hunde manchmal gut geeignet. Zieht man an der befestigten Leine, wird der Kopf des Hundes nach unten und zur Seite gezogen (Abb. 11.16.).

Halten des Hundes im Zwinger. Wenn der Hund an einem fremden Platz in einem Zwinger aufgestellt wird, z. B. in einer Tierklinik, sollte ein Halsband korrekt angepaßt werden, an das man eine Leine befestigen kann, damit der Hund auch wirklich nicht entkommt. Das ist besonders wichtig für nicht kooperative Hunde. Eine Leine aus Leder kann durchgekaut werden; Leder kann jedoch besser gesäubert werden als synthetische Gewebe. In Leinen aus synthetischem Gewebe verfangen sich die Hunde auch leichter. Neuerdings gibt es Leinenbänder, die aus plastebeschichtetem Draht bestehen und sich als sehr brauchbar erweisen; sie sind leicht zu reinigen, und der Patient kann gefahrlos damit angebunden werden.

• Handling und Zwangsmaßnahmen für besondere Zwecke

Hochheben und Bewegen von Hunden. Wenn man den Hund erst einmal, falls erforderlich, mit einem Maulkorb oder einem Maulband versehen hat, kann er hochgehoben werden. Bei Hunden bis zu einem Gewicht von 20 kg kann das von einer Person allein bewältigt werden. Man faßt das Tier um die Vorder- und Hintergliedmaßen und drückt sich dabei den Hund fest an die Brust, damit er nicht strampeln kann (Abb. 11.17.). Sollte eine Querschnittslähmung vorliegen, ist es besser, wenn man den Hund nur um den Brustkorb faßt (hier ist die Wirbelsäule am wenigsten beweglich). Zur gleichen Zeit hebt ein Assistent die Hinterhand vorsichtig auf den Tisch (Abb. 11.18.).

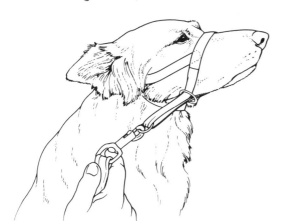

Abb. 11.16. Hundehalfter. Bei Zug am freien Ende wird der Kopf des Hundes herunter und zur Seite gezogen.

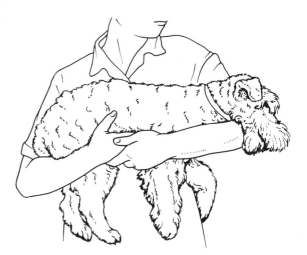

Abb. 11.17. Strampeln wird verhindert, indem man den hochgehobenen Hund fest an der eigenen Brust hält.

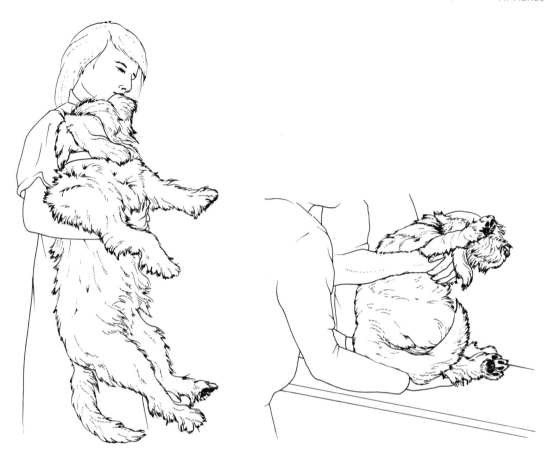

Abb. 11.18. Liegt ein Wirbensäulenschaden vor, muß man den Hund beim Hochheben um die Brust fassen.

Größere Hunde können von einer Person dadurch hochgehoben werden, daß man mit einer Hand hinter den Vordergliedmaßen den Brustkorb umfaßt, die andere Hand hebt die Hinterhand ab, indem sie von der anderen Seite vor den Kniegelenken durchgreift. Schwere Hunde kann man auf eine Decke legen und faßt diese an allen vier Ecken an. Für alle diese Prozeduren werden wenig Hilfskräfte benötigt (Abb. 11.19.).

Halten des Hundes zur Untersuchung. Es gibt zwei bekannte Methoden, um den Hund zum Stillhalten zu veranlassen. Für die meisten Untersuchungen und Prozeduren, wie z. B. das Erheben der Körpertemperatur, ist wichtig, daß der Hund den Kopf stillhält. In diesem Fall sollte der Untersucher hinter dem Hund oder seitlich von ihm stehen, der sich je nach Körpergröße auf dem Fußboden oder auf dem Tisch befinden kann. Man erfaßt das Halsband oder das Fell hinter den Ohren mit der hohlen Hand und drückt diese auf die oberen Partien des Halses, wodurch das Tier zum Strecken des Halses veranlaßt wird (Abb. 11.20.). Der Untersuchende hat in dieser Stellung eine gute Position, er kann so je nach Erfordernis leichten bis festen Druck ausüben.

Zur Untersuchung der Vordergliedmaßen und zur intravenösen Injektion sollte der Hund auf einen Tisch gesetzt werden. Der Gehilfe umfaßt den Hals des Hundes mit einer Hand, während die andere Hand über den Rücken gelegt wird, um das Tier in sitzender oder liegender Position zu halten. Dabei kann gleichzeitig die in Frage kommende Vordergliedmaße gestreckt werden (Abb. 11.21.).

Fixation in Seitenlage. Soll der Hund zur Untersuchung auf die Seite gelegt werden, greift der Assistent über den Rücken des Hundes hinweg und erfaßt, unter Bauch und Brustkorb gehend, die Gliedmaßen der ihm zugewandten Seite. Dies geschieht in Höhe von Radius und Ulna bzw. Tibia. Werden die Gliedmaßen dann plötzlich weggezogen, liegt der Hund auf der Seite, und der Brustkorb des Assistenten ist über ihm (Abb. 11.22.). Ist diese Handlung vollzogen (sog. Rippenkäfig), wird ein Arm zusätzlich über den Hals des Hundes gelegt, damit der Kopf auf den Tisch gedrückt wird. Das Tier be-

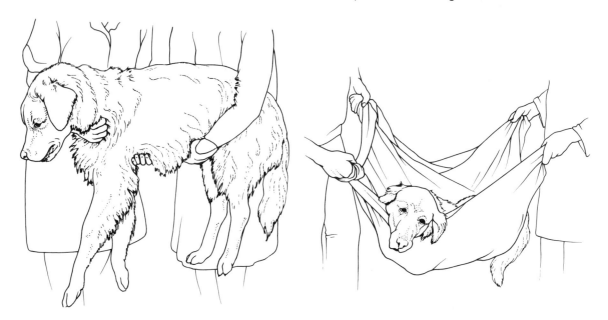

Abb. 11.19. Links: Ein großer Hund wird von zwei Personen hochgehoben. Rechts: Zwei oder mehrere Personen können einen schweren Hund in einer Decke tragen.

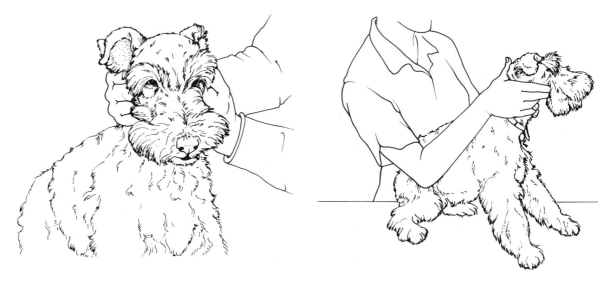

Abb. 11.20. Festhalten des Kopfes zur Untersuchung oder zum Zubinden des Fanges.

11. Hunde

Abb. 11.21. Festhalten eines Hundes zur intravenösen Injektion oder zur Untersuchung der Vordergliedmaße.

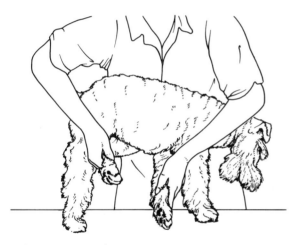

findet sich dann im Zustand der Unterwerfung. Das kann für einige Hunde Stress bedeuten. In diesem Fall sollte auch der Fang zugebunden werden. Ruhiges Herangehen ist notwendig. Wenn der Arm sicher über den Hals gegen die Mandibula gepreßt wird, besteht kaum eine Gefahr, daß man gebissen wird.

Fixation in Rückenlage. Liegt der Hund einmal in Seitenlage, kann er bei gestreckten Vorder- und Hintergliedmaßen auch von einer ungeübten Person auf den Rücken gerollt werden. Aber für größere Hunde ist es besser, wenn zwei Personen zur Verfügung stehen. Dabei nimmt eine Person beide Vorder-, die andere beide Hintergliedmaßen. Der die Vordergliedmaßen Haltende fixiert den Hund gleichzeitig im Genick. Zweckmäßigerweise bindet man den Fang zu, um Verletzungen zu vermeiden. Außerdem wird dadurch die Aufmerksamkeit des Hundes von den eigentlichen Manipulationen abgelenkt.

Zwangsmaßnahmen bei Injektionen. Hunde können für intramuskuläre und subkutane Injektionen mit den weiter vorn beschriebenen Methoden gehalten werden. Die zweitgenannte Methode ist jedoch nicht ganz unproblematisch, wenn keine Hilfsperson zur Verfügung steht und der Hund groß ist. Inkooperative Hunde können mit Hilfe folgender Maßnahmen für Injektionen vorbereitet werden:

Abb. 11.22. Festhalten des auf der Seite liegenden Hundes.

Abb. 11.23. Injektion in die Hinterhand. Diese Methode ist für mittelgroße und große Hunde geeignet.

Man stellt sich mit gespreizten Beinen über den Hund, und die Injektion erfolgt von der Seite her in den Oberschenkel in Richtung Kniekehle (Abb. 11.23.). Sollte es nicht möglich sein, den Fang zuzubinden, dann klemmt man den Hund in eine teilweise geschlossene Tür ein (Abb. 11.24.). Als letzte Alternative besteht die Möglichkeit, daß eine Hilfsperson den Kopf des Hundes mit der Schlinge einer Fangleine oder eines Hundegreifers hält, während die Person, welche die Injektion durchführt, die Rute bzw. die Hinterhand in die entgegengesetzte Richtung zieht und die Injektion in die Hintergliedmaßenmuskulatur vornimmt. Man darf dabei den Nervus ischiadicus nicht verletzen (Abb. 11.25.).

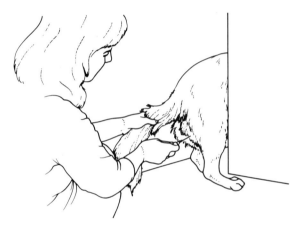

Abb. 11.24. Eine teilweise verschlossene Tür kann benutzt werden, um sich vor einem Hund ohne zugebundenen Fang zu schützen.

Abb. 11.25. Eine alternative Methode beim Umgang mit einem bissigen Hund, dem der Fang nicht zugebunden wurde.

• Handling und Zwang bei Welpen

Neugeborene können ihre Körpertemperatur bis zur zweiten Lebenswoche nicht selbst regulieren und sind auch immunologisch inkompetent. Deshalb sollte man beim Handling vorsichtig sein. Wichtig ist, daß die Tiere absolut saubergehalten werden. Die Umgebungstemperatur sollte bei wenigstens 25 °C liegen. Sehr junge Welpen nimmt man mit einer oder beiden Händen hoch, indem man den Bauch umfaßt. Ältere Welpen sollten an der Brust getragen werden; dabei muß man daran denken, daß sie sich gern plötzlich bewegen. Wenn Welpen drei Wochen alt sind, sollte man sie immer mehr an den Menschen gewöhnen. Spielen und Handling sollten von Tag zu Tag gesteigert werden; dies hängt von der jeweiligen Kondition ab.

• Handling und Zwangsmaßnahmen bei alten Hunden

Alte Tiere sind logischerweise mit einigen Defiziten behaftet, können vor allem schlechter sehen und hören, sind im allgemeinen weniger aktiv, weniger anpassungsfähig und streßanfälliger als in jüngeren Lebensabschnitten. Das muß beim Handling weitestgehend berücksichtigt werden. Dem Tierbesitzer sind Fragen über die normalen Verhaltensweisen des Tieres zu stellen. Ist der Hund leicht erregbar oder ruhig? Was bekommt er zu fressen, welche körperlichen Aktivitäten hat er aufzuweisen? Man sollte sich dem Hund immer freundlich und ruhig nähern. Wenn der alte Hund klein und schwierig zu handhaben ist, kann er meist mittels mehrerer Lagen von Handtüchern oder mit einer Decke aufgenommen und behandelt werden. Man kann auch entsprechende Schutzhandschuhe tragen, jedoch wird dadurch die Fähigkeit zum Befühlen reduziert, und das Tier kann unbeabsichtigt verletzt werden. Wenn gealterte Hunde hospitalisiert werden müssen, ist daran zu denken, daß sie oft kachektisch sind. Sie sind dann nicht mehr voll imstande, die Körpertemperatur zu regulieren und müssen deshalb ein sorgfältig hergerichtetes Lager mit geregelter Raumtemperatur haben. Ein weiches Lager ist erforderlich, damit sich die Hunde nicht durchliegen. Letzteres trifft insbesondere für Tiere der großen und sehr großen Rassen zu. Wenn man ältere Tiere behandelt, sollte man deren Routinegewohnheiten so wenig wie möglich unterbrechen. Müssen sie wiederholt hospitalisiert werden, verbringt man sie immer wieder in denselben Käfig oder Zwinger. Das tägliche routinemäßige Ausführen ist beizubehalten. Damit werden stressbedingte Probleme stark reduziert.

- **Handling und Zwangsmaßnahmen bei verletzten Hunden**

Der Besitzer ist dahingehend aufzuklären, daß ein verletzter Hund imstande ist, Mitglieder der eigenen Familie genauso wie Fremde zu beißen. Dem verletzten Hund nähert man sich freundlich. Wenn immer möglich, sollte der Fang zugebunden werden. Ist der Hund fähig zu laufen, kann er mit Halsband und Leine oder Fangleine angelegt werden. Anderenfalls trägt man ihn, wobei Art und Lokalisation der Verletzung zu berücksichtigen sind. Wenn die Hinterhand verletzt ist, sollte man den Hund am besten um den Brustkorb fassen, um ihn zu halten. Man läßt dabei die Hinterhand ganz natürlich herunterhängen (s. Abb. 11.18.). Hunde mit einer Wirbelsäulenverletzung sollten besonders sorgfältig behandelt werden. Es können bei jeglicher Bewegung erhebliche Schmerzen entstehen; deshalb bindet man erst einmal den Fang zu. Man muß sich bemühen, die Wirbelsäule nicht zu drücken, sonst kann das Rückenmark noch schwerer verletzt werden. Wie auch immer der Hund transportiert wird, insbesondere bei Tieren mit Hinterhandverletzungen, ist größte Sorgfalt notwendig, damit man keine weiteren Schmerzen oder Verletzungen verursacht. Das ist leicht der Fall, wenn das Tier niedergelegt wird, z. B. auf den Rücksitz eines Autos oder auf einen Tisch. Oft werden von den Besitzern Tragen konstruiert, die aus Holz- oder Eisenteilen bestehen und den Versuch darstellen, Methoden der Ersten Hilfe wie beim Menschen anzuwenden. Obwohl dies eine praktische Methode ist, kann es beim nicht bewußtlosen Tier zu Furchtzuständen kommen, wobei der Hund während des Tragens herunterfällt und sich weiterhin verletzt. Deshalb sollte der Hund mit elastischen Bändern festgebunden werden (Abb. 11.26.).

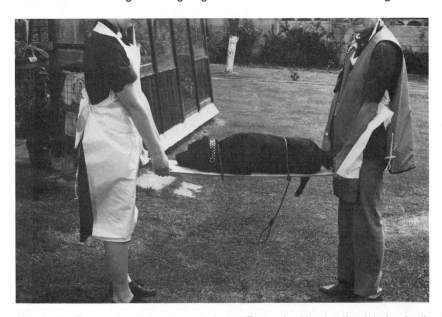

Abb. 11.26. Transport auf einer improvisierten Trage; der Hund sollte dabei unbedingt angebunden werden.

• Gliedmaßenverletzungen

Das Schienen verletzter Gliedmaßen ist beim Menschen eine bekannte Maßnahme, die man als Erste-Hilfe-Methode in die Veterinärmedizin übernommen hat. Beim Hund beschränkt sich das Schienen auf die Region unterhalb des Ellenbogen- und Kniegelenks. Diese Gliedmaßenabschnitte sind bei Stürzen und Verkehrsunfällen am häufigsten betroffen. Sind die Tiere bei Bewußtsein, kann das Anbringen des Verbandes zu Verletzungen bei Mensch und Tier führen. Der Wert solcher Verbände muß vorher richtig eingeschätzt werden, da manche mehr schaden als nützen. Auch können Muskelverspannungen nach dem Trauma durch den Verband in einer schmerzhaften Position fixiert werden. Das Handling sollte in dieser Situation auf ein Minimum beschränkt werden. Unnötige Zwangsmaßnahmen sollten dem Hund soweit wie möglich erspart bleiben, bis eine Schmerzausschaltung bzw. Narkose eingeleitet ist.

• Handling und Zwangsmaßnahmen bei kranken Hunden

Kranke und depressive Hunde beißen, ohne daß man sie provoziert. Man behandle sie freundlich; alle Prozeduren sollten so schnell und effektiv wie möglich erfolgen. Der Fang ist zuzubinden. Besondere Sorgfalt ist notwendig, wenn die Tiere erhöhte Körpertemperatur oder Probleme mit dem Herz-Kreislauf-System oder dem Respirationsapparat haben. Die Behandlung ist so rasch wie möglich durchzuführen, damit sie für das Tier nicht zur Quälerei wird.

• Transport

Soll jemand einen ihm nicht vertrauten Hund mit auf Reise nehmen, erkundigt man sich, wenn möglich, ob dieser auf einfache Kommandos gehorcht. Transportiert man einen fremden Hund in einem Auto, sollte man ihn mit einer Leine an einem Gegenstand befestigen bzw. sie in die Tür des Autos einklemmen. Hunde sollten nicht auf den Hintersitzen des Autos mitfahren, da sie bei plötzlicher Veränderung der Geschwindigkeit herunterfallen. Man sollte sie prinzipiell auf den Boden des Fahrzeuges legen. Dabei muß die Leine so kurz angebunden werden, daß der Hund nicht auf den Sitz klettern kann (Abb. 11.27.). Wird das Tier in einem Nutzfahrzeug transportiert, sollte es entweder mit der Leine an einer Seitenklappe oder an einer anderen sicheren Stelle befestigt werden. Die Leine muß so kurz

Abb. 11.27. Im Auto sollte die Leine kurz fixiert sein, damit die Bewegungsmöglichkeiten des Hundes eingeschränkt sind.

Abb. 11.28. Ein „Hundewächter" (Gitter zur Begrenzung des Fahrgastraumes im Auto) in Gebrauch.

sein, daß das Tier nicht über die Begrenzung klettern kann. Es gibt für Personenkraftwagen fabrikmäßig hergestellte, gitterförmige Trennwände, so daß der Hund im Auto nicht „umsteigen" kann (Abb. 11.28.). Kranke oder verletzte Hunde fühlen sich unbequem, wenn das Fahrzeug plötzlich stoppt oder sie versuchen, im Auto umherzulaufen. Solche Hunde müssen in einem passenden Container oder in einer Reisebox transportiert werden. Manchmal genügt ein einfacher Pappkarton.

Vorsicht ist geboten, wenn der Hund aus dem Auto aussteigt. Ist der Hund gesund und aufgeregt, neigt er dazu, aus dem Auto heraus auf die Straße zu springen. Hat man die Leine in die Tür eingeklemmt, so ist dies jetzt von Vorteil. Hunde, die mit der Leine an einem festen Punkt in einem Nutzfahrzeug angebunden sind, versuchen vom Fahrzeug zu springen, wenn die Klappe geöffnet wird und können sich dabei erhängen. Die Leine muß auch deshalb kurz gehalten werden. Beim Öffnen der Klappe ist stets Vorsicht geboten. Wenn möglich, sollte außer dem Fahrer noch eine andere Person den Hund begleiten, damit wirklich eine sichere Kontrolle ausgeübt werden kann.

Hunde sollten auf keinen Fall im Kofferraum transportiert werden; sie sind dort unbeobachtet, und die Luftzufuhr reicht nicht aus.

• **Literatur**

Evans, J. M., and White, K. (1986): The Doglopaedia, pp. 27–37, 63–70, Henston, Guildford.

Freudiger, U., Grünbaum, E.-G., und Schimke, E. (Hrsg.) (1993): Klinik der Hundekrankheiten. 2. Aufl. Gustav Fischer Verlag, Jena–Stuttgart.

Lane, D. R. (1989, Ed.): Jones's Animal Nursing. 5th edition, pp. 145–152, Pergamon Press, Oxford.

Lines, S., and Voith, V. (1986): Dominance aggression of dogs towards people, behavior profile and response to treatment. Applied Animal Behaviour Science **16**(1), 77–83.

Miller, W. C., and Robertson, E. D. S. (1962): Practical Animal Husbandry, pp. 15–19, Oliver and Boyd, Edinburgh.

O'Farrell, V. (1986): Manual of Canine Behaviour. BSAVA Publications, Cheltenham.

Animal behavior. Veterinary Clinics of North America (1982) **12** (4) 517–533.

The human companion animal bond. Veterinary Clinics of North America (1985) **15**(2).

12. Zier-, Zoo- und Wildvögel

(John E. Cooper)

• Einführung

Es gibt ca. 9000 Vogelspezies, die in ihrer Größe vom Kolibri bis zum Strauß reichen und sich in ihrer Gestalt sowie im Gebrauch ihres Schnabels, ihrer Flügel oder ihrer Beine zum Zwecke der Verteidigung unterscheiden. Ihr Temperament ist grundverschieden. Eine Anzahl von Regeln ist auf alle Vogelarten anwendbar, es sind aber auch spezifische Zwangsmaßnahmen und Techniken des Handlings erarbeitet worden. In diesem Kapitel wird der Ausdruck ,,Handling'' im Sinne von ,,Berühren, Fühlen oder in die Hand nehmen'' angewendet. Zwangsmaßnahme bedeutet ,,Haltung unter Aufsicht oder unter Kontrolle''. Die letztgenannte Bezeichnung wird deshalb benutzt, um besondere Techniken, wie das Einwickeln von Vögeln in Tücher oder speziell dafür hergestellte ,,Jacken'', zur klinischen Untersuchung, Probenentnahme oder Medikamentenapplikation einzubeziehen.

Tabelle 12.1. Beispiele zur Vogelsystematik

Ordnung	Zugehörige Gruppe	Beispiele
Passeriformes	,,Sperlingsvögel'', wie Drosseln, Stare, Finken	Beo (*Gracula religiosa*), Kanarienvogel (*Serinus canaria*)
Psittaciformes	Papageien und Verwandte	Afrikanischer Graupapagei (*Psittacus erithacus*), Wellensittich (*Melopsittacus undulatus*), Nymphensittich (*Nymphicus hollandicus*)
Falconiformes	Taggreifvögel, wie Habichte, Adler, Falken	Turmfalke (*Falco tinnunculus*), Sperber (*Accipiter nisus*), Steinadler (*Aquila chrysaetos*)
Strigiformes	Nachtgreifvögel – Eulen	Waldkauz (*Strix aluco*), Schleiereule (*Tyto alba*)
Columbiformes	Tauben und Taubenartige	Haustaube (*Columba livia*), Ringeltaube (*Columba palumbus*)
Anseriformes	Enten, Gänse, Schwäne	Stockente (*Anas platyrhynchos*), Höckerschwan (*Cygnus olor*)
Galliformes	Hühnervögel	Japanische Wachtel (*Coturnis coturnix japonica*), Pfau (*Pavo cristatus*)

Einige wichtige Vogelspezies, auf die in diesem Kapitel besonders eingegangen wird, sind in Tabelle 12.1. aufgelistet.

• Allgemeine Gesichtspunkte

Die Mehrzahl aller Vögel, auch wenn sie wild in Gemeinschaft leben, versucht, einem Handling auszuweichen. Es gibt jedoch manche Vogelarten, die in gewissem Umfang körperlichen Kontakt, z. B. Streicheln, tolerieren. Von Hand aufgezogene, vor allem „geprägte" Vögel lassen sich am ehesten berühren und behandeln.

Tagaktive Vögel sind bei gedämpftem Licht leichter zu fangen und zu fixieren, im Gegensatz dazu sind Nachtvögel bei hellem Licht einfacher zu handhaben.

Geschicklichkeit ist Voraussetzung, um Vögel ohne Handschuhe zu behandeln. Unter bestimmten Um-

Tabelle 12.2. Hilfsmittel für Handling und Zwangsmaßnahmen bei Vögeln

Ausrüstung	Zweck	Bemerkung
Handschuhe	Schutz des Arbeitenden	Vermeiden, wenn nicht unbedingt erforderlich! Nach Möglichkeit dünne Handschuhe benutzen. Selbst Gummihandschuhe können die Verletzungsgefahr mindern. Für aggressive Vögel sind ellenbogenlange Handschuhe zweckmäßig.
Handtuch/andere Tücher	Damit wird der Vogel eingewickelt, um das Handling zu erleichtern. Untersuchung, Probenentnahme und Behandlung werden ermöglicht.	Eine unverzichtbare Hilfe! Zusammenfalten ergibt eine unterschiedliche Dicke für vielfältige Anwendungszwecke.
Stoffsack/Beutel/Strumpf/ Kopfkissenbezug	Der Vogel wird hineingesteckt, um das Flattern zu verhindern; Wiegen und andere Prozeduren werden erleichtert.	Der Vogel darf weder ersticken noch anderweitig Schaden erleiden.
Kartonröhre	wie oben	Wird von Feldbiologen in Nordamerika angewandt. Der Vogel wirkt ruhiger und bei weitem weniger gestreßt.
Haube/Kapuze	Zur Bedeckung des Kopfes bei tagaktiven Vögeln, um Stress und Verletzungsgefahren zu vermeiden.	Standardmethode zur Beruhigung und zum Zwang bei Beizvögeln. Anwendung auch bei anderen Spezies. Eine gut angepaßte Kopfhaube ist besser als ein weiter Stoffbeutel.
Geschirre und andere Vorrichtungen	Als Zwangsmaßnahme zur Verhinderung des Strampelns und Erleichterung des Handlings.	Viele Ausführungen stehen zur Verfügung, einschließlich des Geschühs, wie es für Beizvögel gebraucht wird.
Elastische Bänder und Klebestreifen	Zum Verschließen des Schnabels und Schutz des Arbeitenden.	Man denke daran, daß der Vogel trotzdem stoßen kann; er kann sich auch das Band entfernen.

ständen sind jedoch Handschuhe und andere Hilfsmittel erforderlich (Tabelle 12.2.); sie müssen sorgfältig ausgewählt und eingesetzt werden. Während des Handlings sollten die Finger frei sein, damit auf den Vogelkörper nur minimaler Druck ausgeübt wird.

Als Grundregel gilt, daß beim Handling von Vögeln die Flügel eng an den Körper zu legen sind. Ausnahmen sind erlaubt. So ist es in Großbritannien nach der „Welfare of Poultry (Transport, Amendment) Order" (1989) gestattet, daß bei Hausgänsen beide Flügel an der Basis erfaßt werden und die Tiere auf diese Weise getragen werden dürfen. Enten kann man am Hals fassen. Wichtig ist das Gefieder der Vögel; es wird als Isolationsschicht, zum optimalen Flug, aber auch dazu benötigt, um das eigene Erscheinungsbild zu vergrößern. Man darf keinesfalls die Federn beschädigen. Dies trifft besonders für Vogelarten zu, die für sportliche Zwecke (Tauben, Falken) benutzt oder auf Ausstellungen (Wellensittiche, Kanarienvögel) gezeigt werden. Mit Rücksicht darauf ist auch die Anwendung geeigneter Netze zweckmäßig (korrekte Größe, entsprechende Länge, gepolsterter Rand). Obwohl viele Vogelspezies mit Geräten problemlos einzufangen sind, werden oft Medikamente eingesetzt. Das ist bei großen Vogelarten für eine klinische Untersuchung oft unumgänglich. Vögel können

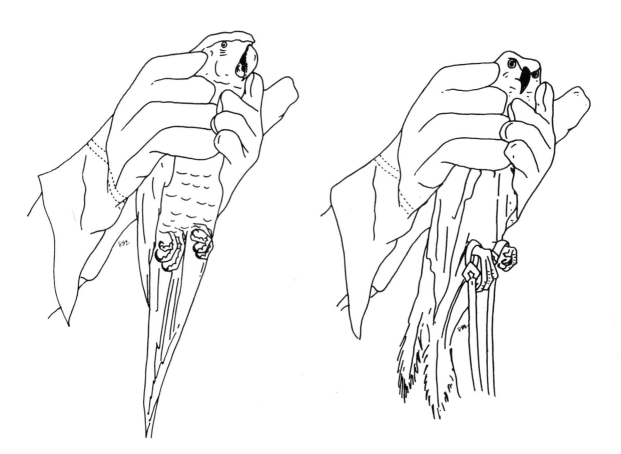

Abb. 12.1. Links: Ein kleiner Ara wird mit Handschuhen gehalten. Bei solchen Spezies ist der Schnabel gefährlicher als die Füße; der Kopf sollte entweder mit den Fingern gehalten (wie dargestellt) oder von einer zweiten Person von hinten gegriffen werden. Rechts: Handschuhe sind auch notwendig, um einen Greifvogel zu halten. Man beachte das Geschüh an den Füßen. Damit kann man eine bessere Kontrolle über den Vogel bekommen und gleichzeitig das Risiko, daß man durch die Krallen verletzt wird, vermindern.

leicht entkommen oder sich selbst verletzen. Dieses Risiko kann bei sorgfältigem Umgang auf ein Minimum reduziert werden (s. u.). Das Wohlbefinden der Vögel sollte beim Handling stets bedacht werden. Es ist nicht immer einfach, das Wohlbefinden zu beurteilen. Bei Untersuchungen an Enten wurde der Einfluß verschiedener Zwangsmaßnahmen auf die Blutenzyme ermittelt (Bollinger et al., 1989). Solche Untersuchungen können künftig für die Einschätzung von Handhabungen sehr zweckmäßig sein.

• Vorbereitung zum Handling

Ehe man einen Vogel für eine klinische Untersuchung einfängt, sollte man ihn in seinem Käfig oder der Voliere beobachten. Dabei kann man schon manche klinische Symptome feststellen, die zur Diagnose führen. Eine solche Beobachtung kann auch dahingehend Informationen liefern, ob Vorsichtsmaßnahmen beim Handling bzw. bei der Fixation des Tieres eingeleitet werden müssen. Mit einem Vogel, der eine erhöhte Atmungsfrequenz aufweist, muß man z. B. besonders sorgfältig umgehen. Man darf ihm nur kurz Zwang antun, um eine Dyspnoe zu vermeiden. Hat ein Vogel eine sichtbare Wunde, sind Handlingmethoden anzuwenden, die für den Vogel nur ein minimales Trauma darstellen und eine weitere Blutung vermeiden. Durch Beobachtung des Tieres und Befragung des Besitzers läßt sich klären, ob der Vogel imstande ist zu fliegen und damit ein Risiko besteht zu entkommen und ob er etwa beschnitten werden muß oder die Federn gestutzt werden sollen. Die Techniken des Handlings (Abb. 12.1–12.3.) sind unterschiedlich und hängen davon ab, ob sich der Vogel im Käfig oder in der Voliere befindet. Ehe man einen Vogel aus einem Käfig oder aus einem anderen Behälter herausnimmt, ist zu prüfen, ob alle Fenster und Türen verschlossen sind. Ventilatoren sind abzuschalten, mögliche Ausgänge, wie Schornsteine und Kamine, zuzusperren. Glasscheiben bzw. Spiegel werden verhängt; andere Tiere, wie Hunde und Katzen, sind aus dem Raum zu entfernen. Vögel, die in einer Voliere eingefangen werden, sollten in einem Karton, Käfig, Netz oder Beutel in den Untersuchungsraum verbracht werden. Man trägt sie

Abb. 12.2. Halten einer Gans. Man beachte, wie der Körper des Vogels mit einem Arm unterstützt wird.

Abb. 12.3. Halten einer Wachtel für die Untersuchung des Gefieders und der Flügel. Man beachte, wie eine Hand den Körper hält, während die andere das Karpalgelenk greift und vorsichtig den Flügel streckt.

nicht mit der bloßen Hand. Die einzige Ausnahme machen Vögel, deren Flügel gestutzt sind und die deshalb nicht fliegen können, oder Tiere, die übermäßig springen oder flattern und sich in einem Karton oder Käfig selbst verletzen könnten.

Die Reihenfolge beim Handling von Käfigvögeln ist in Abb. 12.4. dargestellt. Die Ausrüstung, die ein Handling und Zwangsmaßnahmen ermöglicht, ist in Tabelle 12.2. aufgelistet. Langdauerndes Einfangen kann sich als schädlich erweisen; die Zeit des Einfangens sollte vor allem bei kranken Vögeln so kurz wie möglich gehalten werden. Ein Netz ist dafür besonders geeignet.

• Körperlicher Zwang

Handling. Eine Hauptmaßnahme während des Handlings von Vögeln ist die Immobilisierung der Flügel (Abb. 12.5.). Dadurch wird Flattern verhindert und die Gefahr eines Traumas und eines Stresses für Tier und Mensch verringert. Kleine Vögel greift man und hält sie in einer Hand oder mit beiden Händen, bei großen Vögeln benutzt man ein Handtuch.

Fängt man einen Vogel in einer Voliere oder einem Käfig, der mehr als eine Vogelspezies enthält, muß man besonders vorsichtig an den einzufangenden

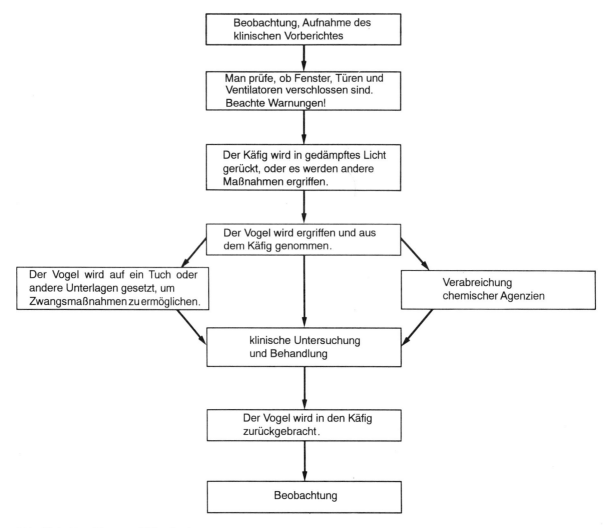

Abb. 12.4. Handling von Käfigvögeln.

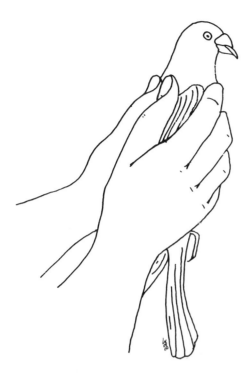

Abb. 12.5. Eine Taube wird in der Hand gehalten. Man beachte, wie die beiden Hände die Flügel umfassen und verhindern, daß der Vogel flattert.

Vogel herangehen. Ein kranker Vogel, der gejagt wird, kann zeitweise gesund und munter erscheinen und ist dann schwer zu identifizieren.
Wie schon erwähnt, sollte man gedämpftes Licht verwenden. Kleine Vögel lassen sich oft ohne Störung von ihren Sitzstangen abnehmen, wenn in einem abgedunkelten Raum mit kleiner Lichtquelle hantiert wird. Am leichtesten erfolgt ein Handling in einer Voliere bei Nacht, nicht aber bei Vollmond. Auch darf von benachbarten Gebäuden kein Licht kommen, damit die Vögel nicht in Panik verfallen und sich nicht selbst verletzen. Es ist auch darauf zu achten, daß man nicht andere Vögel in derselben oder einer benachbarten Voliere stört, da auch diese sich dabei selbst verletzen können. Eulen, Ziegenmelker und andere Nachtvögel erscheinen bei grellem Licht häufig verwirrt; sie werden am besten tagsüber oder im Licht einer starken Lampe behandelt.
Fixierung. Für Untersuchungen oder Probenentnahmen werden verschiedene Techniken und Ausrüstungsgegenstände angewendet, um die Vögel zu fixieren (s. Tabelle 12.2.).

- ### Handling und Zwangsmaßnahmen bei verschiedenen Vogelgruppen

Die empfehlenswerten Techniken sind in Tabelle 12.3. wiedergegeben. Man sollte diese Methoden und auch das in den Abb. 12.6.–12.13. skizzierte Procedere beachten.

- ### Medikamentöser Zwang

Obwohl nicht zur Materie gehörig, sind medikamentöse Zwangsmaßnahmen für Vögel von Bedeutung und deshalb erwähnenswert. Es können injizierbare Mittel, wie das Ketaminhydrochlorid, oder auch inhalierbare Agentien, wie z. B. Methoxyfluran, das man mittels einer Narkosekammer zuführt (Cooper, 1989; Applebee und Cooper, 1989), eingesetzt werden. Die Narkosekammer ist zur Beobachtung und Untersuchung verwendbar.

- ### Ereignisse und Notfälle bei Vögeln, die mit Handling und Zwangsmaßnahmen verbunden sind

Unfälle werden auf ein Minimum reduziert, wenn die zu Beginn dieses Kapitels angeführten Maßnahmen beachtet werden. Ein Vogel stirbt selten in der Hand ohne ersichtlichen Grund. Manchmal ist die Ursache eindeutig, z. B. ein zu starker Druck auf den Körper (oft, weil der Vogel sich wehrt); mitunter wird auch ein Bein – weniger häufig ein Flügel – gebrochen. Nimmt man an größeren Vögeln längere Zeit Zwangsmaßnahmen vor, kann es zur Lähmung oder Funktionsbeeinträchtigung einer Gliedmaße kommen. Bei großen Wildvögeln, z. B. Flamingos, ist nach längerem Jagen, schlechtem Handling oder Transport über eine dadurch ausgelöste Myopathie berichtet worden.
Unfälle, die beim Personal entstehen, gehören eigentlich nicht zu diesem Kapitel, sollen aber erwähnt werden. Es besteht die Gefahr, daß man ge-

Tabelle 12.3. Methoden des Handlings und Zwangsmaßnahmen

Gruppe	Hauptsächliche Handlingsart	Zusätzliche Bemerkungen
Kleine Sperlingsvögel	Fangen mit Hand oder Netz. Halten des Vogels mit einer Hand, 2. und 3. Finger um den Kopf, 4. und 5. Finger um den Körper (Abb. 12.6.). Man lockere die Finger, um die Flügel zu untersuchen und Proben zu entnehmen (Abb. 12.3. und Abb. 12.12.).	Man kann gehackt oder gebissen werden: Dünne Handschuhe schützen davor. Schnabel mit Elastikbändern oder Klebestreifen zubinden.
Große Sperlingsvögel	Vogel mit zwei Händen halten, Hände um die Flügel (Abb. 12.5.). Auf ein Handtuch auf den Boden setzen, um die Flügel zu untersuchen oder Proben zu entnehmen.	Wie oben. Leichte (Garten-)Handschuhe erleichtern die Arbeit.
Kleine Psittaziden	Wie bei kleinen Sperlingsvögeln.	Wie bei kleinen Sperlingsvögeln, doch hacken Sittiche weniger. Der Schnabel wird gewöhnlich nicht zugebunden. Am besten hält man den Kopf mit der anderen Hand oder bedeckt ihn mit einem Tuch oder einer Tüte.
Große Papageienvögel	Wie bei kleinen Psittaziden. Zur Untersuchung und Probenentnahme ist Betäubung erforderlich.	Wie für kleine Psittaziden. Der Kopf muß von einer zweiten Person bedeckt und gehalten werden.
Kleine und mittelgroße Greifvögel (Falconiformes und Strigiformes)	Wie bei großen Sperlingsvögeln.	Krallen können gefährlicher sein als der Schnabel. Leichte Handschuhe sind zweckmäßig. Beizvögel können mit der Kopfhaube leichter untersucht und behandelt werden. Es sollten Beinschellen und Leinen benutzt werden. Damit werden Untersuchungen und Probenentnahme erleichtert (Abb. 12.1.). Man beschädige nicht das Gefieder!
Große Greifvögel	Wie bei kleinen und mittelgroßen Greifvögeln. Man benutze ein Tuch, um die Flügel zu fassen. Andererseits kann der Vogel gefangen werden, wenn er sich niederläßt. Man ergreift die Ständer und drückt den Vogel rasch nieder; die Flügel werden in der Regel gestreckt, können aber schnell an den Körper herangezogen werden (Abb. 12.1.).	Die Krallen können gefährlich werden. Man darf den Vogel nicht loslassen; die Krallen wirken wie ein Hebelarm. Man braucht dicke Handschuhe oder die Ausrüstung eines Falkners.

12. Zier-, Zoo- und Wildvögel

Tabelle 12.3. (Fortsetzung)

Gruppe	Hauptsächliche Handlingsart	Zusätzliche Bemerkungen
Tauben und Taubenartige	Wie bei großen und kleinen Sperlingsvögeln. Taubenzüchter halten die Vögel mit einer Hand an der Schwanzbasis.	Tauben hacken und kratzen selten. Setzen gern Kot während des Handlings ab. Tauben verlieren leicht Federn. Bei Reisetauben darf das Gefieder nicht beschädigt werden.
Wassergeflügel	Wie bei großen Sperlingsvögeln.	Diese Vögel können beißen. Einige Gänse haben spitze Krallen. Schwäne und Gänse schlagen mit den Flügeln und sind schwierig ruhigzustellen (Abb. 12.2.).
Jagdbare Vögel (Federwild)	Wie bei großen Sperlingsvögeln.	Sie können beißen, mit dem Schnabel hacken und mit den Krallen kratzen. Manche Spezies, wie die Wachtel, springen in die Höhe und scheinen sich selbst zu drohen (Abb. 12.3.).
Watvögel, Reiher, Störche, Kraniche	Wie oben, abhängig von der Größe. Reiher, Störche und Kraniche faßt man zuerst am Hals, um den Kopf (Schnabel) zu fixieren (Abb. 12.7.).	Sie können mit dem Schnabel hacken. Augen und exponierte Hautflächen schützen. Mit den Tieren vorsichtig umgehen, da die langen Beine leicht beschädigt werden können oder Frakturen entstehen. Störche und Kraniche haben kräftige Beine, mit denen sie treten können.
Möwen, Seeschwalben, Sumpfvögel, Sturmvögel	Wie oben, abhängig von der Größe.	Möwen hacken gern mit dem Schnabel, deshalb immer ein elastisches Band benutzen. Alle diese Tiere neigen während des Handlings zum Erbrechen; Eissturmvögel können Öl regurgitieren.

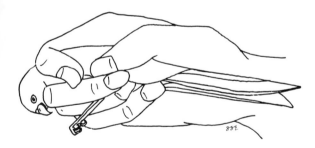

Abb. 12.6. In der Hand gehaltener Wellensittich. Man beachte, wie die Finger eine Art Netz um den Vogel bilden; unnötiger Druck muß vermieden werden.

Abb. 12.7. Ein Kronenkranich wird unter dem Arm gehalten. Eine Hand umfaßt die obere Halspartie. Dadurch verhindert man ein Hacken und unkontrollierte Kopfbewegungen. Die andere Hand fixiert beide Beine. ▶

176   John E. Cooper

Abb. 12.8. Herausnehmen eines Vogels aus dem Bauer. Dies kann für den Vogel und die handelnde Person stressvoll sein. Die Situation hängt auch von der Art des Käfigs ab. Hilfreich kann ein Abdunkeln des Käfigs sein. ▶

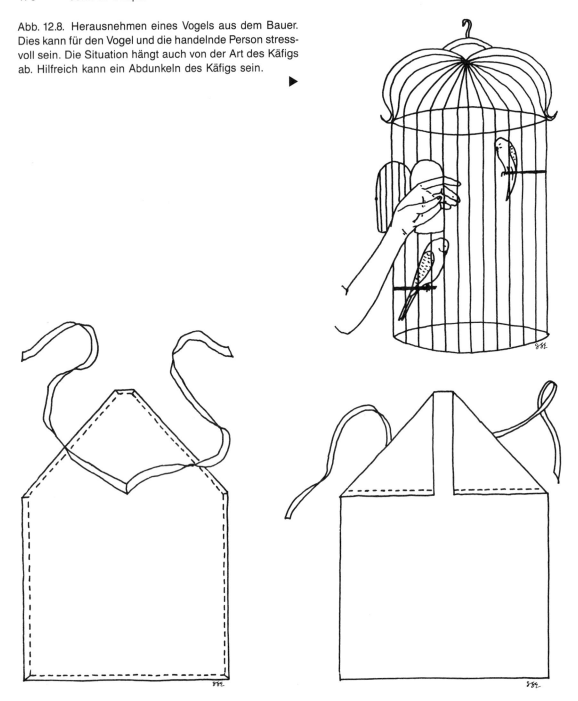

Abb. 12.9. Es gibt verschiedene Vorrichtungen, um bei einem Vogel Zwangsmaßnahmen durchzuführen und um Probenentnahmen zu erleichtern. Dargestellt ist die „Guba", ein einfaches Geschirr, wie es von den Arabern benutzt wird. Die Flügel der Vögel werden in die zwei gefalteten Ecken plaziert, wie es auf dem Bild rechts gezeigt wird (Cooper und Al-Timini, 1986).

12. Zier-, Zoo- und Wildvögel

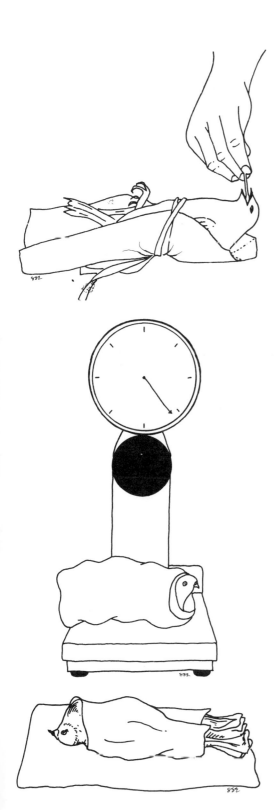

Abb. 12.10. Die „Guba" in Anwendung. Man beachte, wie der Vogel von einer Person untersucht und Proben entnommen werden können.

Abb. 12.11. Wiegen eines Vogels. Wenn er völlig in ein Tuch eingewickelt ist, hört der Vogel auf zu flattern (oben). Zur größeren Sicherheit kann der Vogel auch in einen eng anliegenden Strumpf gesteckt werden (unten).

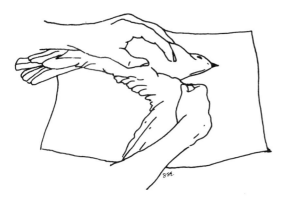

Abb. 12.12. Der Vogel wird auf den Rücken gelegt, um die Vena brachialis sichtbar zu machen. Man findet sie dicht distal des Ellenbogengelenks.

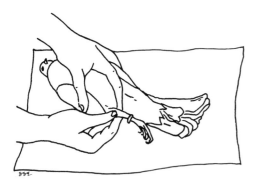

Abb. 12.13. Die Beringung an der Gliedmaße eines Vogels wird geprüft. Man beachte, wie eine Person den Vogel so lange und gut fixieren kann, wie die gespreizten Finger die Flügel und den Körper umfassen.

bissen und gekratzt oder am Auge verletzt wird. Deshalb müssen geeignete Vorsichtsmaßnahmen getroffen werden. Sollten dennoch Unfälle passieren, müssen sie sofort entsprechend versorgt werden. Man denke daran, daß große Vögel mit ihren Flügeln Verletzungen verursachen können, z. B. Schwäne, oder auch dadurch, daß sie mit ihren kräftigen Beinen treten, z. B. Strauße und Emus. Notwendige Vorsichtsmaßnahmen sind von Meij und Lumerij (1989) beschrieben worden.

• Literatur

Applebee, K., and Cooper, J. E. (1989): An anaesthetic or euthanasia chamber for small animals. Animal Technology **40**, 39–43.

Bloom, P. H. (1987): Capturing and handling raptors. In: Raptor Management Techniques Manual, edited by B. A. Giron Pendleton, B. A. Millsap, K. W. Cline and D. M. Bird, National Wildlife Federation Scientific and Technical Series No. 10. Washington DC.

Bollinger, T., Wobeser, G., Clark, R. G., Nieman, D. J., and Smith, J. R. (1989): Concentration of creatine kinase and aspartate aminotransferase in the blood of wild mallards following capture by three methods for banding. Journal of Wildlife Diseases **25**, 225–231.

Coles, B. H. (1985): Avian Medicine and Surgery. Blackwell, Oxford.

Cooper, J. E. (1978): Veterinary Aspects of Captive Birds of prey. Standfast Press, Gloucester.

Cooper, J. E. (1983): A practical approach to cagebirds. In Practice **5**, 29–33.

Cooper, J. E. (1984): A veterinary approach to pigeons. Journal of Small Animal Practice **25**, 505–516.

Cooper, J. E. (1989): Anaesthesia of exotic species. In: Manual of Anaesthesia (Editor: Hilbery, A. D. R.), BSAVA, Cheltenham.

Cooper, J. E., and Eley, J. T. (1979): First Aid and Care of Wild Birds. David and Charles, Newton Abbot.

Cooper, J. E., and Al-Timimi, F. (1986): A simple restraining device for birds. Avian/Exotic Practice **3**, 5–7.

Ensley, P. (1979): Caged bird medicine and husbandry. Veterinary Clinics of North America: Small Animal Practice **9**, 499–525.

Evans, M., and Kear, J. (1972): A jacket for holding large birds for banding. Journal of Wildlife Management **36**, 1265–1267.

Fuller, M. R. (1975): A technique for holding and handling raptors. Journal of Wildlife Management **39**, 824–825.

Meij, B. P., and Lumeij, J. T. (1989): Basic avian handling techniques. In: Proceedings of 2nd European Symposium on Avian Medicine and Surgery, Utrecht, March 8–11, 1989.

Schöne, R., und Arnold, P. (1989): Australische Sittiche. 2. Aufl. Gustav Fischer Verlag, Jena.

13. Reptilien

(Martin Lawton)

• Einführung

Reptilien gehören zu den ältesten Klassen des Tierreiches und können weitaus früher als Säugetiere und Vögel nachgewiesen werden. Es gibt nahezu 6500 Reptilienspezies, die in 4 Ordnungen eingeteilt werden. Die Ordnung Rhinocephalia ist bis auf die Brückenechse, die auf Inseln östlich Neuseelands lebt, ausgerottet. Für sie besteht eine strenge Exportsperre. Die aus 22 Spezies bestehende Ordnung Crocodilia schließt Krokodile und Alligatoren ein. Alle diese Tiere werden in Großbritannien durch den ,,Dangerous Wild Animals Act'' (1967) geschützt.
Die meisten Reptilien, die als Heimtiere gehalten werden, gehören zur Ordnung Chelonia, von der 244 Arten existieren. Dazu zählen die Wasserschildkröten, die Dosenschildkröten und die Landschildkröten. Diese Tiere unterscheiden sich von anderen Reptilien durch ihren Panzer. Sie können im Wasser, auf dem Lande oder sowohl im Wasser als auch auf dem Lande leben. Die größte Ordnung sind die Squamata mit 6280 Spezies, die Eidechsen, Echsen und Schlangen umfassen. Alle Reptilien sind wechselwarme Tiere und deshalb zur Aufrechterhaltung ihres Metabolismus von den Außentemperaturen abhängig. Ihre optimale Körpertemperatur (preferred body temperature, PBT) schwankt je nach Jahreszeit und sogar im Tagesverlauf.
Wird ein Reptil in diesem Temperaturbereich gehalten, sind Metabolismus und Enzymaktivitäten ausgeglichen, ist das Tier besonders aktiv, kann es sich am besten fortpflanzen und ist aufgrund seiner Immunglobulinproduktion gegenüber Krankheiten am widerstandsfähigsten. Am häufigsten erkranken Reptilien, wenn die optimale Körpertemperatur unterschritten ist. Wenn man mit Reptilien umgeht oder sie untersucht, kann man ihre Reaktionen auf die Außentemperatur nutzen. Die übliche klinische Untersuchung sollte zweckmäßigerweise bei optimaler Körpertemperatur des Tieres vorgenommen werden. Nur dann zeigt es seine physiologische Aktivität. Man kann leichter erkennen, ob es gedämpft oder krank ist. Manchmal ist es aber von Vorteil, Reptilien zu behandeln, wenn ihre Körpertemperatur unter dem Optimum liegt, da sie in diesem Zustand etwas inaktiver sind. Für das Handling kann deshalb eine vorsichtig vorgenommene Abkühlung, die keinen Schaden hervorruft, günstig sein.
Alle Reptilien sind imstande, sich zu häuten. Dies ist beim Umgang mit ihnen zu beachten, die sich erneuernde Haut darf nicht verletzt werden.
Im folgenden wird das Handling nach den vier Hauptgruppen Schildkröten, Schlangen, Eidechsen und Krokodile gegliedert. Wichtig ist zu beachten, daß bei Reptilien alles langsam abläuft und daher für einen sicheren und korrekten Umgang viel Geduld angebracht ist.

• Schildkröten

Alle Schildkröten besitzen ein äußeres Skelett, das als Panzer bezeichnet wird, der sich in den Rückenpanzer und den Bauchpanzer unterteilt. Es gibt artbedingte Größenunterschiede zwischen beiden Panzerteilen, die bei manchen Spezies auch stark zurückgebildet sein können. Einige Schildkröten, wie die amerikanischen Dosenschildkröten (*Terrapene* spp.) und die afrikanischen Gelenkschildkröten (*Kinixys* spp.), können sich ganz in ihren Panzer zurückziehen, wobei der Bauch- oder der Rückenpanzer scharnierähnlich ausgebildet ist. Im Umgang mit diesen Arten muß man auf seine Finger achten, die leicht eingeklemmt werden können. Einige Schildkrötenarten haben von Natur aus weiche Panzer, z.B. die *Trionyx*-Arten (Weichschildkröten). Mit ihnen muß man vorsichtig umgehen, denn sie sind einerseits gefährlich, andererseits darf ihr Panzer nicht beschädigt werden.

Der Panzer dient zum Schutz. Im Umgang mit Schildkröten kann er sich als Vorteil, aber auch als Nachteil erweisen. Schildkröten haben keine Zähne, aber einen harten Hornschnabel, mit dem sie dem Untersucher schmerzhafte Bisse zufügen können, besonders wenn die Schnauze gezackt ist. Einige Spezies, vor allem die Dosen- und Schmuckschildkröten, haben lange, krallenähnliche Zehen, mit denen sie kräftig kratzen können. Alle Schildkröten besitzen starke Nackenmuskeln. Die Schlangenhalsschildkröten (*Chelidae*) und die Schnappschildkröten (*Chelydra*) können ihren Hals so weit ausstrecken (Abb. 13.1.), daß man beim Ergreifen gezwickt werden kann.

Annäherung und Handling. Als Hobbytiere kommen vornehmlich Landschildkröten in Betracht, seltener Wasser- und Dosenschildkröten. Man muß wissen, daß Landschildkröten sehr ängstlich sind, sich gern in ihren Panzer zurückziehen und nicht angreifen. Dosen- und Schmuckschildkröten sind aggressiver, deshalb ist bei ihnen größere Vorsicht geboten.

Landschildkröten faßt man in der Mitte des Panzers und hält auf diese Weise den ganzen Körper. Bei Dosenschildkröten empfiehlt es sich, sie am Ende des Rückenpanzers zu ergreifen, wobei man die Finger in die Inguinalgegend legt (Abb. 13.1. und 13.2.). Das gilt besonders für Tiere mit langem Hals, damit man nicht mit Schnauze und Krallen in Berührung kommt.

Für das Handling mit Wasserschildkröten, die sich im Bassin befinden, kann man für kleine Exemplare ein Netz benutzen. Mit einem Geschirrtuch, das man ins Wasser taucht, kann ein größeres Tier in die Ecke des Bassins dirigiert werden, bevor man es um den Rückenpanzer ergreift.

Muß man sich mit den aggressiven Weichschildkröten (*Trionyx* spp.), den Schnapp- (*Chelydra*) oder Schlangenhalsschildkröten (*Chelidae*) befassen, ist es zweckmäßig, ein Tuch oder eine Decke vor den Kopf des Tieres zu halten, um mögliche Bisse abzu-

Abb. 13.1. Eine Weichschildkröte (*Trionyx*) mit drohend vorgestrecktem Hals.

Abb. 13.2. Halten einer Rotwangenschmuckschildkröte am hinteren bzw. mittleren Abschnitt des Carapax.

wehren. Haben diese Tiere einmal zugefaßt, lassen sie nicht wieder los, eher fassen sie noch fester zu. Deshalb ist es sinnvoll, den Tieren etwas Lebloses vorzuhalten und nicht den eigenen Finger zu riskieren.

Übliche Manipulationen bei Schildkröten. Vorsicht und Geduld sind Voraussetzungen für den Umgang mit Schildkröten. Landschildkröten, die sich ganz in das Panzergehäuse zurückziehen können, kann man dadurch zum Hervorstrecken von Kopf und Hals veranlassen, daß man sie vorsichtig drückt und damit die Muskeln des Tieres ermüdet. Durch Stoßen oder Ziehen können die Muskeln verletzt werden.

Für die Untersuchung des Kopfes einer Landschildkröte, die diesen zurückgezogen hat, sind zwei Personen erforderlich. Man muß zunächst einen Fuß der Schildkröte von der Seite nach der Mittellinie richten, so daß er vor dem Panzer liegt (Abb. 13.3.). Die Finger legt man um die herausgestreckte Gliedmaße, zieht vorsichtig daran und hält sie dann seitlich des Panzers. Man wiederholt denselben Vorgang auf der anderen Seite. Sind beide Gliedmaßen erfaßt und hervorgezogen, versucht man, den Kopf nachzuholen, indem man ihn beiderseits mit Daumen und übrigen Fingern fixiert und so dreht, daß er nach unten gerichtet ist. Mit etwas Geduld gelingt es, ihn hinter dem Hinterhaupt zu fassen und mit leichtem Zug aus dem Panzergehäuse hervorzuholen. Sollte dies zu schwierig sein, kann man Hundegeburtszangen benutzen. Dabei muß jedoch vorsichtig vorgegangen werden, sonst entstehen durch Quetschung Schäden. Die Backen der Zange müssen unter- und oberhalb des Kopfes angesetzt werden. Wenn der Kopf erfaßt ist, zieht man vorsichtig, bis er außerhalb des Panzers fixiert werden kann. Um die Mundhöhle zu untersuchen, legt man die Finger beiderseits auf den Unterkiefer und drückt vorsichtig.

Bei Landschildkröten injiziert man nach Desinfektion stets in die Quadrizepsmuskulatur.

Amerikanische Dosenschildkröten müssen bei der Untersuchung etwas härter angefaßt werden. Ziehen sie sich ins Gehäuse zurück, drückt man mit den Fingern gegen den hinteren Teil des Carapax und des Bauchpanzers. Dadurch hebt sich der Vorderteil des Bauchpanzers etwas vom Carapax ab. Die Hand wird vorsichtig in die Öffnung eingeführt und übt leichten Druck aus, um das Gelenk weiter zu öffnen (Abb. 13.4.). Die Vordergliedmaße wird

Abb. 13.3. Vorbereitung einer Landschildkröte zur Untersuchung des Kopfes. (1) Eine Schildkröte mit den Vorderbeinen vor dem Kopf. (2) Ein Bein wird vorsichtig durch leichten Druck unter die Zehen hervorgeholt und der Fuß gegen die Mittellinie gedrückt. (3) Das Bein wird herausgezogen und gegen den Carapax gedrückt. Dadurch kann man den Kopf sehen. (4) Der Kopf ist sichtbar, die Beine werden gegen den Panzer gepreßt. (5) Es wird vorsichtig am Kopf gezogen, wobei mit Daumen und Zeigefinger auf beiden Seiten die Trommelfellregion berührt wird.

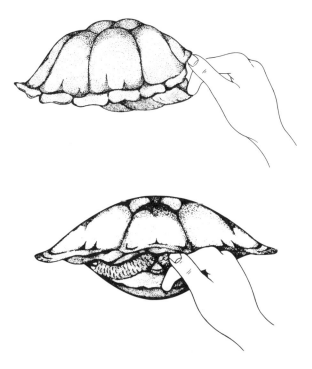

Abb. 13.4. Mit gekreuzten Fingern wird versucht, den Panzer einer amerikanischen Dosenschildkröte zu öffnen.

dann in der gleichen Weise nach vorn geholt, wie dies für Landschildkröten beschrieben worden ist. Beide Vordergliedmaßen werden benutzt, um das Gelenk offen zu halten. Sind die Vordergliedmaßen außerhalb des Panzers, strecken die amerikanischen Dosenschildkröten den Kopf meist von selbst hervor (Abb. 13.5.). Muß man den Kopf von Zierschildkröten (*Chrysemys* spp.) untersuchen, arbeitet man sich mit den Fingern unter dem Bauchpanzer in Richtung auf den Kopf vor, bis sie sich hinter den Vordergliedmaßen befinden. Dann drückt man die Vorderfüße auf den Kopf zu, so daß der Kopf nicht gedreht werden und das Tier nicht beißen kann. Es ist jedoch nicht empfehlenswert, das Kopfende der Schnapp- (*Chelydra* spp.) und der Weichschildkröten (*Trionyx* spp.) ohne medikamentöse Ruhigstellung zu untersuchen.

Besonderheiten. Der Umgang mit jungen Schildkröten, unter anderem auch mit den Schnappschildkröten ist leichter als derselbe mit älteren Tieren. Jüngere Tiere beißen selten. Man muß bei allen jungen Schildkröten darauf achten, daß man sie nicht zu stark auf das Plastron oder den Carapax drückt, da den darunterliegenden sich entwickelnden Knochen Schaden zugefügt werden

Abb. 13.5. Eine amerikanische Dosenschildkröte wird mit ihren Vorderbeinen gegen die Seiten des Carapax gedrückt, so daß der Kopf hervorkommt.

kann. Genauso sorgfältig geht man vor, wenn man versucht, den Kopf oder die Gliedmaßen aus dem Panzer zu ziehen. Im allgemeinen sind kranke Land- und Wasserschildkröten leichter zu handhaben. Sie leisten der Untersuchung des Kopfes und dem Hervorziehen der Gliedmaßen kaum Widerstand.

Transport. Landschildkröten können in einem mit Reißverschluß versehenen Beutel transportiert werden, der zweckmäßigerweise mit Zeitungspapier ausgelegt ist. Auch ein Pappkarton kann benutzt werden. Dieser sollte jedoch so groß sein, daß die Schildkröte sich darin bewegen kann. Jedoch dürfen die Kartons wiederum nicht zu groß sein, damit die Tiere während des Transportes nicht von der einen auf die andere Seite geschleudert werden.

Wasserschildkröten sind in feuchter Umgebung zu halten, wobei es nicht immer leicht ist, sie mit einer ausreichenden Menge Wasser zu transportieren. In einem Gefäß mit großer Wassermenge können sich Wasser- und Schmuckschildkröten leichter verletzen, als wenn sie sich in einem Karton mit einem nassen Handtuch befinden, das über oder unter ihnen liegt.

• Schlangen

Schlangen und Eidechsen sind Vertreter der Ordnung Squamata. Weit verbreitet ist die Meinung, daß Schlangen im Gegensatz zu Eidechsen keine Gliedmaßen haben. Dies trifft nicht generell zu, da man auch gliedmaßenlose Eidechsen (Blindschleichen) kennt. Es gibt aber auch Schlangen, besonders die *Boidae*, z.B. die Boa- und Python-Arten, die rudimentäre Hintergliedmaßen in Form eines Sporns beiderseits der Kloake besitzen. Schlangen und Eidechsen lassen sich durch folgende Merkmale gut unterscheiden:

1. Schlangen haben im Gegensatz zu Eidechsen keine äußere Ohröffnung.
2. Eidechsen haben voll funktionsfähige Augenlider, wohingegen bei Schlangen die Augenlider zusammengewachsen sind und eine durchscheinende Membran bilden, die ,,Brille'' genannt wird.

Schlangen sind sehr artenreich, einige von ihnen sind in Großbritannien besonders geschützt (Dangerous Wild Animal Act, 1967). Es

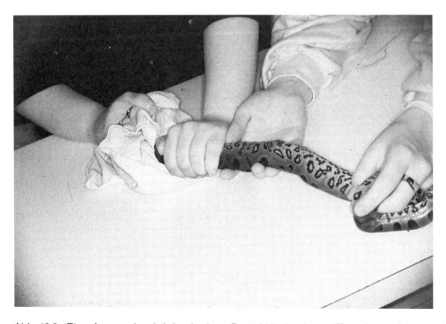

Abb. 13.6. Eine Anaconda wird durch einen Beutel hindurch ergriffen, da es sich um eine Schlange mit unberechenbarem Verhalten handelt.

gibt etwa 2400 Schlangenarten, die in 11 Familien unterteilt werden; die bekanntesten sind die *Boidae* (Python, Boa) und die *Colubridae* (z. B. Rattenschlangen und Thamnophis-Arten). *Elaphidae* und *Viperidae* sind Giftschlangen und fallen in Großbritannien unter den ,,Dangerous Wild Animals Act'' (1967).

Annäherung und Handling. Das Schlangenmaul ist eine furchteinflößende Waffe. Durch die vielen nach hinten gerichteten Zähne reißt die Haut nach dem Biß ein, wenn man sich abrupt zu befreien sucht, so daß eine schlimme Wunde entsteht. Schlangen muß man sich grundsätzlich mit Vorsicht nähern. Sie können sich sehr schnell bewegen, blitzartig reagieren und beißen. Deshalb sollten größere Schlangen, wie z. B. die Indische Python (*Python molurus*), *Python reticulatus* und *Boa constrictor*, nur in Gegenwart einer assistierenden Person behandelt werden. Eine den Arm umschlingende große Python kann die Hand funktionsunfähig machen.

Befindet sich die zu untersuchende Schlange in einem Beutel, öffnet man diesen zunächst und betrachtet das Tier. Wenn man sieht, wo der Kopf der Schlange ist, ergreift man ihn zunächst von außen durch den Beutel hindurch, der als Schutz für den Tierarzt dient (Abb. 13.6.). Dann geht man mit der anderen Hand in den Beutel und greift die Schlange kurz hinter dem Kopf im Genick. So kann die Schlange entnommen werden, wobei eine Hand den Kopf und die andere die Körpermitte hält. Man darf bei einer Schlange nicht zu fest zufassen, aber sie muß dennoch sicher gehalten werden. Handelt es sich um eine zahme Schlange, erübrigt sich eine Fixation des Kopfes. Die Schlange kann sich dann sogar frei von Hand zu Hand bewegen. Wurde beim Ergreifen einer Schlange zu viel Gewalt angewendet, geht das Tier nach 5–10 Tagen durch Toxämie infolge von Autolyse der gequetschten Muskeln zugrunde. Man geht stets ruhig auf Schlangen zu, heftige Bewegungen lösen eher einen Angriff aus.

Umgang mit Riesen- und Giftschlangen. Für eine ungeübte Person ist es nicht ratsam, sich mit Giftschlangen zu befassen. Dennoch gibt es Möglichkeiten für den Umgang sowohl mit gefährlichen Riesenschlangen (z. B. *Python reticulatus* und *Python molurus*) als auch mit Giftschlangen.

Schlangen neigen dazu, sich in einer dunklen Höhle zu verkriechen. Diese Eigenschaft nutzt man, um sie zu fangen. Man legt ein Rohr, das auf der einen Seite verschlossen ist, in die Nähe des Käfigs. Wenn die Schlange in das Rohr hineinkriecht, kann man den Körper an der Rohröffnung ergreifen. Die Schlange darf sich im Rohr nicht wenden können (Abb. 13.7.).

Eine andere brauchbare Technik ist der Einsatz einer Schlangenkrücke. Dabei handelt es sich um einen gabelförmigen (Y-förmigen), mit Gummi belegten Stock, dessen beide Enden verdickt sind. Eine gefährliche Schlange wird damit an Kopf und Hals fixiert und auf den Boden gedrückt. Dann faßt man mit einer Hand die Schlange am Genick und legt einen Finger oben auf den Kopf (Abb. 13.8.), ehe man sie hochnimmt. Die Schwierigkeit besteht nicht darin, eine Giftschlange hochzunehmen, sondern sie hinterher wieder niederzulegen. Dazu drückt man den Kopf gegen die innere Behälterwand, führt ihn nach unten und zieht die Hand zurück. Riesen- und Giftschlangen kann man auch vor der Behandlung durch Unterkühlung zu langsameren Bewegungen veranlassen. Sollten spezifische Untersuchungen erforderlich sein, stellt man sie medikamentös ruhig.

Besonderheiten. Der Umgang mit sehr jungen Schlangen darf nur durch Nichtraucher erfolgen, da die Haut dieser Tiere für das an den Fingern haftende Nikotin äußerst permeabel ist, wodurch es zur Vergiftung der Schlange und zu ihrem Tod kommen kann. Kranke und exsikkotische Schlangen

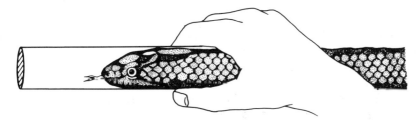

Abb. 13.7. Eine Schlange kriecht in ein einseitig verschlossenes Rohr, an dessen Öffnung sie ergriffen werden kann.

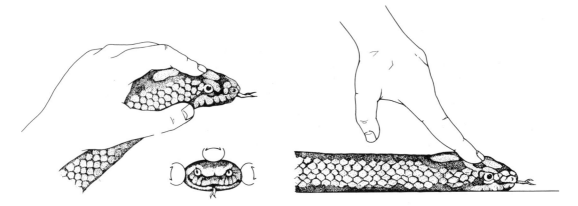

Abb. 13.8. Links: Festhalten einer Giftschlange. Daumen und Mittelfinger befinden sich dabei in Höhe des Hinterkopfes, der Zeigefinger drückt auf den Vorderteil des Kopfes (s. Bildausschnitt). Rechts: Loslassen einer Giftschlange; man setzt sie auf den Boden, drückt dabei mit dem Zeigefinger auf den Kopf und zieht dann schnell die Hand weg.

müssen besonders sorgfältig behandelt werden. Handling und Stress kann bei exsikkotischen Schlangen zum Schock oder zum Tod führen.

Transport. Schlangen transportiert man zweckmäßigerweise in einem Beutel, auch ein Kopfkissen- und für die großen Arten ein Bettdeckenbezug sind geeignet. Nachdem der Beutel mit der Schlange zugebunden wurde, legt man ihn in ein entsprechend großes Behältnis, um ein Entkommen oder eine Verletzung während des Transportes zu vermeiden.

• Eidechsen

Eidechsen gehören zur Unterordnung Sauria und umfassen etwa 3750 Spezies, die in 16 Familien unterteilt werden. Man hat am häufigsten mit den *Gekkonidae* (Geckos), den *Iguanidae* (Leguanen), den *Skinkidae* (Skinks) und den *Lacertidae* (Eidechsen im engeren Sinne) zu tun.

Alle Eidechsen müssen mit Vorsicht behandelt werden. Sie haben scharfe, schwere Bißverletzungen verursachende Zähne, einige von ihnen, besonders die Leguane, auch Krallen, womit sie kräftig kratzen können. Eidechsen darf man niemals am Schwanz anfassen, da sie imstande sind, durch Autotomie den Schwanz abzustoßen. Es kann passieren, daß man dann die Eidechse in der einen und den Schwanz in der anderen Hand hält. Ein abgetrennter Schwanz wächst nur unvollständig nach.

Annäherung und Einfangen. Die meisten Eidechsen, besonders junge Tiere, sind Behandlungen ohne weiteres zugänglich; deshalb sollte man sie im frühen Alter an ein Handling gewöhnen (Abb. 13.9.). Eine Ausnahme macht der aggressive Tokee (*Gekko gekko*). Beim Umgang mit ihm muß man wissen, daß er mittels Haftscheiben an den Zehen auch an Zimmer- und Glaswänden hoch- und an der Decke entlanglaufen kann. Entkommene Tiere sind schwer wieder einzufangen. Größere Eidechsen ergreift man am besten mit zwei Händen. Eine Hand greift um den Brust-, die andere Hand um den Beckengürtel; die Gliedmaßen werden nach hinten an den Körper angelegt. Dadurch können die Tiere nicht strampeln. Bei größeren Leguanen ist es zweckmäßig, Handschuhe zu tragen, um nicht gekratzt zu werden (Abb. 13.10.).

Ein kleiner Trick für das Stillhalten einer Eidechse besteht darin, ihr eine Decke oder ein Tuch über den Kopf zu stülpen. Meist bewegt sich die Eidechse dann nicht mehr, und die körperliche Untersuchung kann beginnen. Manche Eidechsen, z. B. der Gattung *Physignathus*, bleiben in immobilisiertem Zustand, wenn sie auf den Rücken gedreht werden und man gleichzeitig mit dem Finger auf das dritte Augenlid drückt. Zum Öffnen des Mundes kann bei Eidechsen ein kleiner Holzspatel verwendet werden (Abb. 13.11.).

13. Reptilien   187

Abb. 13.9. Festhalten eines kleinen Leguans mit einer Hand, die Brustgürtel und Beine umfaßt.

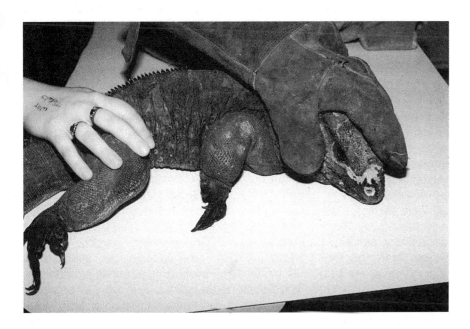

Abb. 13.10. Handling eines Nashornleguans mit Hilfe eines Handschuhs.

Abb. 13.11. Um den Mund einer Eidechse für die Untersuchung zu öffnen, wird ein kleiner Holzspatel benutzt.

Transport. Eidechsen werden in einem verschlossenen Behälter, der einem Plastekäfig für Katzen ähnlich sein kann, transportiert. Es eignen sich auch Polystyrolbehälter, die verschließbar sein müssen.

• Krokodile

Alle Krokodile stehen in Großbritannien unter dem Schutz des „Dangerous Wild Animals Act" (1967). Im Umgang mit ihnen ist wegen ihrer großen Gefährlichkeit besondere Umsicht vonnöten. Sie haben sehr scharfe Zähne; ein erwachsenes Krokodil ist in der Lage, dem Menschen eine Gliedmaße abzubeißen. Darüber hinaus können sie mit ihren Krallen heftig kratzen. Weiterhin können sie ihren Schwanz wie eine Peitsche gebrauchen und einen Menschen damit niederschlagen. Man soll sich auch nicht täuschen, einige Krokodile können sich sehr schnell bewegen.

Handling. Kleine Krokodile können hochgenommen werden, indem man eine Hand sehr rasch auf die Nackengegend legt und gleichzeitig die Vordergliedmaßen ergreift. Die andere Hand drückt die Hintergliedmaßen, ähnlich wie es bei den Eidechsen beschrieben wurde, gegen den Schwanz. Es ist zweckmäßig, dickgepolsterte Handschuhe zu tragen. Zur weiteren Sicherheit bindet man die Schnauze zu. Bei größeren Arten sollte dazu ein Handtuch benutzt werden.

Bei größeren Arten ist etwas Übung im Handling erforderlich. Am besten legt man eine Hand um den Nacken, stützt sich auf die Vorhand der Tiere und drückt die Hintergliedmaßen an den Schwanz. Die größeren Arten sollten vorsichtshalber nur von einem erfahrenen Pfleger behandelt werden. Weit besser ist eine medikamentöse Ruhigstellung. Bei jüngeren Krokodilen darf niemals vergessen werden, daß auch sie einen schmerzhaften Biß verursachen können.

Transport. Krokodile müssen in eine hölzerne Kiste entsprechender Größe gesetzt werden. Dadurch werden sie in ihrer Bewegung eingeschränkt. Wasser ist für den Transport nicht unbedingt erforderlich, jedoch ist es wichtig, daß das Tier entweder regelmäßig besprüht oder in feuchter Umgebung gehalten wird. Dazu reicht beispielsweise ein feuchtes Handtuch.

• **Literatur**

Cooper, J. E., and Jackson, O. F. (1981): Diseases of Reptils. Volume 1 and 2. Academic Press, New York.

Cooper, J. E., and Beynon, P. M. (Eds.) (1991): Manual of Exotic Pets. 2nd. Ed. BSAVA Publications, Cheltenham.

Fowler, M. E. (1986): Zoo und Wild Animal Medicine. 2nd Ed. W. B. Saunders, Philadelphia.

Frye, F. L. (1979): Reptile Medicine and Husbandry in the Veterinary Clinics of North America. Symposium on Non-Domestic Pet Medicine (Editor: Rover, W. J.). W. B. Saunders, Philadelphia.

Frye, F. L. (1981): Biochemical and Surgical Aspects of Captive Reptile Husbandry. Krieger, Melbourne.

Jackson, O. F. (1976): in: The Care and Treatment of Children's Exotic Pets (Editor: Cowie, A. F.). BSAVA Publications, Cheltenham, pp. 19–37.

Jacobson, E. R., and Kollias, G. V. (1988): Exotic Animals. Churchill Livingstone, London.

Lawton, M. P. C. (1989): Handling and Examination of Reptiles. Video Produced by Unit For Continuing Veterinary Education. Royal Veterinary College, University of London.

Obst, F. J., Richter, K., and Jacob, U. (1988): The Completely Illustrated Atlas of Reptiles and Amphibians for the Terrarium. T.F.H. Publications Inc. Neptune City, New Jersey.

14. Nutzfische

(Lydia Brown)

• **Einführung**

Die aquatische Umwelt der Nutzfische schwankt in weiten Bereichen: von im Süßwasser lebenden Kaltwasserspezies (z. B. Regenbogenforelle) bis hin zu den Meeresfischarten, die wärmere Temperaturen bevorzugen (z. B. Aale). Einige Fische benötigen im Laufe ihres Lebens in Korrelation zu ihren Reifephasen auch unterschiedliche Wasserqualitäten (z. B. Atlantik-Lachs). Alle wirtschaftlich genutzten Fische sind poikilotherme Tiere, ihre Stoffwechselrate hängt von der Wassertemperatur ab. Bei höherer Wassertemperatur steigt der Metabolismus an, wohingegen der umgekehrte Zustand bei niedriger Wassertemperatur eintritt. In den Fischwirtschaftsbetrieben werden die Fische entweder in Tankbehältern, Netzkäfigen, Betonrinnen oder in Teichen gezüchtet. Meistens werden sie unter sehr intensiven Bedingungen gehalten (die Besatzdichte beträgt oft mehr als 36 kg/m^3). Eine der häufigsten in Fischproduktionsanlagen anfallenden Arbeiten sind das Keschern und das Sortieren der Tiere, damit gleichgroße Tiere in denselben Behälter gelangen. (Salmoniden sind Karnivoren und fressen kleinere Fische, falls nicht häufiges Sortieren erfolgt.)

Zuchtfische sind sehr stressanfällig. Jede kleine Störung kann ein Stressor für die Fische sein. Dazu gehören z. B. zu hohe Besatzdichte, erhöhte Wassertemperaturen, Reduktion des Sauerstoffgehaltes, auch Überfütterung. Die Plasmacortisolkonzentrationen bei Salmoniden bleiben noch lange Zeit erhöht, nachdem ein Stressor auf ihre Umwelt eingewirkt hat. Die Notwendigkeit zum Handling der Nutzfische während des gesamten Produktionszyklus einerseits und die extreme physiologischen Reaktionen auf Stressoren andererseits erfordern äußerst behutsame Handling- und Zwangsmaßnahmen.

• **Methoden des Einfangens**

Die Methoden des Einfangens hängen vom Haltungssystem der Fische ab. Es gibt jedoch einige grundsätzliche Prozeduren, die für alle Arten von Fischhaltung gelten. Im Umfeld aller Fischzuchten sollte man sich ruhig und nur mit einem Minimum an Geräusch bewegen. Bei den Vorbereitungen zum Einfangen der Fische müssen alle physiologischen Erkenntnisse berücksichtigt werden: Die Wassertemperaturen müssen den Fischen zuträglich sein, und das Wasser soll vor Einleitung der Handling-Prozeduren eine hohe Sauerstoffkonzentration haben. Vor dem Handling sollten die Fische 12–24 Stunden hungern, Geräusche (Vibrationen) sind auf ein notwendiges Minimum zu beschränken. Die Beleuchtung, wenn man z. B. in einem Raum bei Dämmerlicht arbeitet, sollte möglichst regulierbar sein. Die Handnetze (Kescher) aus Nylon oder imprägnierter Schnur müssen ohne Knoten hergestellt sein, damit jegliche Verletzung der Fischhaut vermieden wird. Das Handnetz sollte flach sein, so daß beim Eintauchen nur wenige Fische eingefangen werden können, aber es muß eine weitlumige Öffnung haben. Rechtwinkelige Netze werden gegenüber runden bevorzugt (Abb. 14.1.). Der Kescher wird vorsichtig in das Wasser eingetaucht, damit das Einfangen für den Fisch nicht zum Stress wird.

Tankbehälter und Betonrinnen. Der Wasserspiegel sollte vor dem Einfangen der Fische abgesenkt

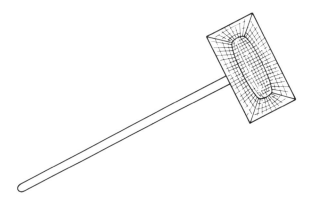

Abb. 14.1. Ein ideales Handnetz (Kescher) zum Einfangen eines Fisches.

werden. Es verursacht weniger Stress, wenn man die Fische in einer kleineren Wassermenge zusammendrängt, bevor man zum Einfangen ein Handnetz einbringt. Der Wasserspiegel muß allmählich reduziert werden. Alle im Becken hängenden Fütterungsautomaten werden vorher entfernt, denn sie könnten bei der Arbeit hinderlich sein.

Naturteiche. Wenn möglich, sollte der Wasserspiegel vor dem Abfischen abgesenkt werden. Das Einfangen der Fische geschieht in der Weise, daß ein von unten beschwertes Schleppnetz von einem zum anderen Ende des Teiches gezogen wird (Abb. 14.2.). Zwei Personen laufen im allgemeinen entweder im Teich oder am Ufer und ziehen das Netz an der kürzesten Seite des Teiches entlang.

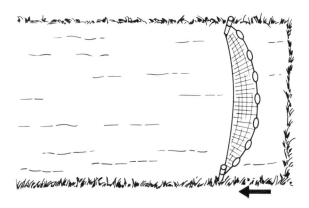

Abb. 14.2. Schema, wie mit einem Schleppnetz ein Naturteich abgefischt werden kann.

Die Fische dürfen nicht zu schnell zusammengedrängt werden. Wenn sie in Panik verfallen, springen sie aus dem Wasser oder über das Netz oder schwimmen unter der Führungsleine des Netzes am Boden hindurch. Die Schwimmelemente am oberen Rand des Fangnetzes dürfen nicht unter die Wasseroberfläche eintauchen, weil die Fische sonst das Netz überschwimmen und entkommen. Wenn die Maschen des Netzes so eingestellt werden, daß kleinere Fische hindurchschlüpfen können, kann man die Fische gleichzeitig in Gewichtsklassen einteilen. Größere Fische werden gefangen oder in einen anderen Abwachsteich umgesetzt. In sehr großen, extensiv befischten Seen verankert man einen Teil des Netzes am Ufer und nimmt ein Boot, um das Netz in weitem Bogen um den See herumzuziehen.

Meerkäfige/Netzkäfige. Im Meer gehaltene Fische befinden sich in schwimmenden Käfigen oder in Netzkäfigen. Zum Einfangen der Fische werden die Käfige nach oben gezogen, so daß die Fische an die Oberfläche kommen. Das Netz kann dann so gehandhabt werden, daß sich alle Fische in einer Ecke zusammendrängen. Das Vorgehen beim Einfangen mit dem Handnetz ist für Naturteiche, Netzkäfige und Betonrinnen gleich.

• Übliche Manipulationen

Alle im folgenden aufgeführten Maßnahmen bedeuten für die Fische Stress. Es gibt medikamentöse Methoden, um Fische ruhigzustellen; auch Narkose ist möglich. Diese Methoden sollten nur für längerdauernde Prozeduren zum Einsatz kommen. Folgende Voraussetzungen für das Handling müssen gegeben sein.

Ausrüstung. Zum Umsetzen von Fischen von einem Behälter in einen anderen benutzt man Handnetze. Diese sind jedoch völlig ungeeignet, um Fische längere Zeit frei in der Luft zu halten. Mit Reflexbewegungen, um zu entkommen, fügt sich der Fisch Epidermisverletzungen und Schuppenverluste zu, aus denen Ulzerationen und bakterielle Infektionen entstehen können. Ein Fisch kann außerhalb des Wassers auch in einem nassen Tuch oder einem nassen Jutesack aufbewahrt werden.

Fische haben keine Augenlider und sind deshalb extrem lichtempfindlich. Wenn der Fischkörper einschließlich der Augen mit relativ schweren feuchten Textilien bedeckt wird, sind die Tiere bewegungsloser als in unbedecktem Zustand. Durch leichten Druck auf den Kopf und Schwanz des Fisches wird dieser so ruhiggestellt, daß viele kleine Prozeduren vorgenommen werden können.

Manueller Zwang. Fische können mit nassen Händen oder nassen Handschuhen für kurze Zeit gehalten werden, indem man die Schwanzmuskeln (das „Gelenk" des Schwanzes) mit der einen Hand, den Kopf des Fisches mit der anderen Hand erfaßt. Manche Salmonidenzüchter tragen die Fische an den Schwanzmuskeln über mehrere Meter, obwohl dies nicht empfehlenswert ist.

Erfahrene Cyprinidenzüchter gehen mit Zuchtfischen mehrere hundert Meter weit, indem sie die linke Hand unter den Bauch schieben und die Finger um die Brustflossen legen. Die rechte Hand umfaßt dann den Schwanz (Abb. 14.3.). Wie der Fisch sich auch windet und dreht, er kommt nicht frei. Diese komplizierte Technik kann aber nur von erfahrenen Fischern richtig angewendet werden.

Niedrige Umgebungstemperaturen. In einigen skandinavischen Ländern legen die Fischzüchter die Zuchtfische in den Schnee, decken sie zu und lassen sie mehrere Minuten liegen. Dann werden Handling-Prozeduren wie das Ausmelken der Gonaden vorgenommen. Durch die niedrige Umgebungstemperatur wird der Metabolismus der Fische derart reduziert, daß das Tier auf äußere Reize nur noch träge reagiert.

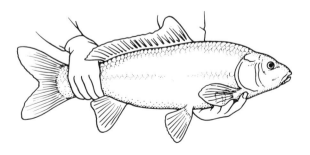

Abb. 14.3. Halten eines Fisches mit der Hand.

• Besonderheiten

Bei allen Nutzfischen ist zu berücksichtigen, daß sich Fische niemals vollständig an den Stress des Handlings, des Crowdings und des Sortierens in Alters- bzw. Gewichtsklassen anpassen. Einige Fischarten sind jedoch gegenüber diesen Prozeduren in bestimmten Lebensabschnitten besonders empfindlich.

Wenn flußabwärts wandernde atlantische Lachse von Süßwasser in Meerwasser gelangen, sind sie besonders stressanfällig. Sie müssen in diesem empfindlichen Abschnitt ihres Lebenszyklus sehr behutsam behandelt werden.

Fische sollten vor jedem Transport hungern. Die Wassertemperatur im Transportgefäß ist niedrig zu halten. Wird er auf diese Weise transportiert, hat der Fisch für etwa eine Woche wenig Hunger. Nahrung sollte aber angeboten werden, allerdings in reduzierten Rationen, z. B. 0,25% des Körpergewichtes pro Tag anstelle von 3% des Körpergewichtes pro Tag in Abhängigkeit von der Spezies und der Jahreszeit.

Es ist möglichst zu vermeiden, kranke Fische zu manipulieren, umzusetzen oder zu transportieren. Die Milieubedingungen sind konstant zu halten. Die Besatzdichte sollte niedrig gehalten werden, ein erhöhter Wasserdurchlauf wirkt dabei unterstützend.

• Transport

Fische können auf der Straße (in Lastautos), auf dem Luftweg (mit Hubschraubern) oder auf dem Seeweg (Boote mit tiefen Fischkästen) transportiert werden. Nutzfische sollen vor dem Transport 12–24 Stunden gehungert haben. Wenn sie während des Transportes regurgitieren, können die ins Wasser gelangenden Stickstoffverbindungen in Verbindung mit dem Transportstress den Tod aller Fische verursachen. Sie sollten, wie beschrieben, mit dem Kescher in kleinen Mengen gefangen und in das Transportgefäß gesetzt werden. Der Behälter muß während der gesamten Fahrt eine konstante Luftzufuhr haben. Sauerstoffgehalt und Temperatur müssen gemessen werden können.

Das Wasser im Transportgefäß kann mit Hilfe von

Eisstücken gekühlt werden, um den Stoffwechsel abzusenken. Am Bestimmungsort sollte das Handling der Fische auf ein notwendiges Minimum beschränkt werden. Es ist besser, bei der Entleerung des Transporttanks die Fische über eine Kippvorrichtung in das neue Behältnis zu verbringen, als sie mit dem Netz umzusetzen.

Ein Transport von Nutzfischen sollte überhaupt nur dann erfolgen, wenn die Umgebungsbedingungen (Wassertemperatur, Sauerstoffkonzentration und Gesamt-Ammoniakstickstoff) für die Fische günstig sind. Können diese grundlegenden Faktoren nicht optimal gestaltet werden, kann hohe Sterblichkeit die Folge sein. Versuche, während des Hochsommers Lachse im Meer von Käfig zu Käfig zu transportieren, können zu einer Mortalität von 75–80% führen.

• Literatur

Amlacher, E. (1992): Taschenbuch der Fischkrankheiten. 6. Aufl. Gustav Fischer Verlag, Jena–Stuttgart.

Huet, M. (1979): Textbook of Fish Culture. Fishing News Books Ltd., Surrey, England.

Roberts, R. J. (1989): Fish Pathology. Baillière & Tindall, London.

Sedgewick, S. D. (1973): Trout Farming Handbook. Seeley, Service and Co., London.

15. Zierfische

(David M. Ford)

• **Einführung**

Die erste Regel zum Handling von Zierfischen könnte lauten: „Tue es nicht". Fische sind Kaltblüter, die warme menschliche Hand zerstört die Schleimschicht auf der Fischhaut. Der Fisch besitzt dadurch keinerlei Schutz mehr gegenüber dem Pilz *Saprolegnia*, der in abgestandenem Wasser überall vorhanden ist. Der Autor konnte diesen Pilz auf kurz zuvor behandelten Fischen genau an den Stellen wachsen sehen, wo der Fisch berührt worden war. Mit einem chirurgischen Handschuh kann man einen großen Fisch unter Wasser behandeln, kleinere Fische durch einen feinmaschigen Kescher hindurch. Anästhesierte Fische legt man auf ein Tuch, das mit dem Wasser des Aquariums getränkt ist.

Die Untersuchung kranker Fische kann in unterschiedlicher Umgebung vorgenommen werden: im häuslichen Aquarium, in einem kleinen Teich, in einem Einweckglas, mit dem der Fisch zum Tierarzt gebracht wird, oder in einem Untersuchungsbecken, das bevorzugt werden sollte. Ein guter Praktiker hat ein Untersuchungsbecken zur Verfügung; damit wird die Diagnose erleichtert und professionelle Erfahrung bewiesen.

• **Das Untersuchungsbecken**

Es gibt drei Gruppen von Aquariumfischen: Kaltwasserfische (z. B. kleine Goldfische), tropische Süßwasserfische (z. B. Schwarmfische wie Skalare und Neonfische) und Meeresfische (z. B. Korallenfische). Jede Art stellt spezifische Anforderungen an die Wasserqualität. Der Goldfisch akzeptiert aber auch ein Warmwasserbecken, so daß zwei Typen von Untersuchungsbassins ausreichen: Süßwasser- und Salzwasserbecken. Das am häufigsten benutzte Becken besteht ganz aus Glas, das mit Silikon verklebt ist und die Maße 60×30×30 cm aufweist. Dies ist das einfachste und billigste verfügbare Modell (Abb. 15.1.). Einige Beckentypen haben eine Kunststoffhülle, welche Spannungen aufnimmt. Auch Polystyrol (Fliesen sind auch ideal) ist als Untergrund geeignet. Eine Abdeckung ist notwendig, da Fische in ungewohnter Umgebung oft versuchen herauszuspringen. Es genügt eine Glas- (3 mm mit Auflagestreifen) oder Kunststoffscheibe (dabei ist Acryl das beste, Polyäthylen biegt sich). An einer Ecke des Beckens sollte eine bewegliche Lichtquelle sein, die von oben hineinscheint und je nach Bedarf gewechselt werden kann.

Weder Kies noch andere Gegenstände sind erforderlich; sie sind sogar unerwünscht. Wird ein Fisch für längere Zeit im Becken belassen, setzt man eine künstliche Pflanze ein, damit er sich an ihr orientieren kann. Dadurch wird ein Stressgeschehen vermindert. Mit einer Glas- oder stabilen Kunststoffscheibe, die man ins Becken einführt, kann der Fisch zum Betrachten in eine Ecke manövriert werden. Diese Methode ist weit besser als die gewöhnlich empfohlene: den Fisch quasi in eine Falle zwischen Frontscheibe und einem Netz zur Untersuchung zu locken. Netze stressen Fische und können bei empfindlichen Arten zum Herztod führen.

Süßwasseraquarien sollten mit einem Thermostaten auf 24 °C aufgeheizt werden. Der billigste und zuverlässigste Heizthermostat ist eine in einem Glasrohr kombinierte Einheit, die gleichzeitig eine Regelung der Temperatur durchführt; aber auch eine separate Steuerungseinheit ist zweckmäßig. Ein digitales Einsteckthermometer ist nicht teuer und zeigt die Temperatur sicher an. Das See-

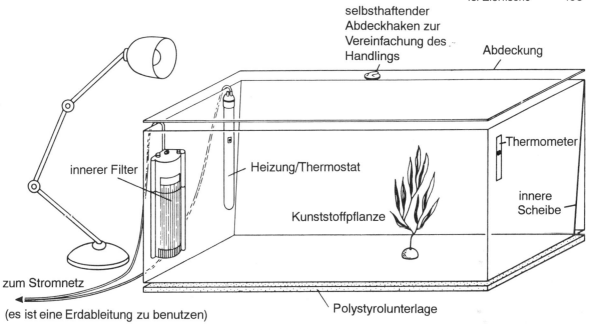

Abb. 15.1. Das Untersuchungsbassin: ein Aquarium mit einem Minimum an lebensunterhaltendem Zubehör.

wasseraquarium sollte eine Temperatur von ca. 26 °C haben, eine Temperatur, die in der Umgebung von Korallenriffen herrscht. Viele Seewasser-Aquarianer halten Korallenfische bei einer Temperatur bis zu 30 °C, wodurch die Farbe der Fische intensiviert und deren Aktivität erhöht wird. Höhere Temperaturen erniedrigen jedoch den Sauerstoffgehalt; dann ist eine gute Belüftung unbedingt erforderlich. Werden Tiere aus derartigen Becken zum Tierarzt gebracht, muß ihre Umgebungstemperatur erst um einige Grade abgesenkt werden. Der Transportbeutel wird zu diesem Zweck in einen Behälter mit geringerer Temperatur gelegt. Der partielle Wasseraustausch zwischen Becken und Behälter sollte über 5 bis 10 Minuten erfolgen, damit die Temperatur allmählich angeglichen wird. Plötzliche Temperaturwechsel wirken bei Fischen als Stress.

- **Das Süßwasserbecken**

Das Untersuchungsbecken kann nicht einfach mit Leitungswasser gefüllt werden. Die Unterschiede zwischen dem abgestandenen Aquariumwasser und dem frisch zugeführten Leitungswasser führen zum chemischen Schock, der zum Tode eines kranken Fisches führen kann. Das Wasser im Untersuchungsbecken muß abgestanden sein und nitratbildende Bakterien enthalten (*Nitrobacter* und *Nitrosomonas* spp.). Um dies zu gewährleisten, sollte eine Filteranlage installiert sein. Dabei passiert das Aquariumwasser ein Filtermedium, in dem die *Nitrobacter*-Bakterien das Ammoniak und die Nitrite, die von den Fischen ausgeschieden werden, in Nitrat umwandeln.

Das einfachste Filtersystem für das 60 cm breite Untersuchungsbecken ist ein im Becken angebrachter Motorfilter. Dieser arbeitet wie viele andere im Handel befindliche Modelle mit einem Schaumfiltermedium. Dabei wird mittels elektrischen Motors, der zur Sicherheit mit einem wärmebeständigen Harz abgedichtet ist, Wasser durch den Schaum hindurchgepumpt. Der Durchfluß geschieht über einen magnetisch gekoppelten Antriebspropeller. Eine echte Verbesserung für derartige Untersuchungsbecken wurde dadurch erzielt, daß bei niedriger Besatzdichte der Schaum durch Keramikstücke als Filtermedium ersetzt wurde. Diese verbessern die biologische Filtrationsaktivität, die wichtiger als die zusätzliche, für ein dichtbesetztes Aquarium erforderliche mechanische Filtration ist.

Befinden sich längere Zeit keine Fische im Untersuchungsbecken, müssen für die nitratbildenden Bakterien Nährstoffe zugeführt werden. Das geschieht, indem täglich – an 6 von 7 Tagen – krümeliges, flockiges Fischfutter in das Becken eingebracht wird. Wird flockiges Fischfutter benutzt, genügen drei zerkrümelte, angefeuchtete Flocken. Der Reifungsprozeß des Wassers muß über den Nitritgehalt kontrolliert werden (photometrische Testsätze sind preiswert und exakt), der nach einigen Tagen einen kritischen Wert erreicht. Wenn der Nitritspiegel nach Erreichen eines Spitzenwertes, der um 10 mg/l NO_2 liegt, auf Null abgesunken ist, ist das Wasser „eingefahren", und der Filter arbeitet biologisch. Werden dann Fische zur Untersuchung ins Becken verbracht, kommt es weder zum Transportstress noch zum chemischen Schock. Das Wasser ist klar und sauber, so daß der Fisch exakt betrachtet werden kann.

Weitere Apparaturen, die immer wieder von Aquarianern gelobt werden, sind Luftpumpen, Bodenfilter und spezielle Lichtquellen. Sie sind allesamt nicht erforderlich. Der Innenfilter reichert das Wasser durch die Umwälzung des Oberflächenwassers ausreichend mit O_2 an.

• Das Seewasserbecken

Ob ein Seewasserbecken erforderlich ist, hängt davon ab, wer die Klientel einer tierärztlichen Praxis ist. Der weltweit populärste Zierfisch ist der Goldfisch (*Carassius auratus*). Er ist wahrscheinlich auch der Fisch, der am häufigsten zum Tierarzt gebracht wird. Nach ihm folgen in der Beliebtheit die größeren tropischen bzw. Warmwasser-Fische, z. B. Piranhas, die auch zum Familienliebling avanciert sind. Die Seewasseraquaristik hat nur einen relativ geringen Anteil erreicht, was auf den hohen Aufwand zurückzuführen ist. Der hohe Preis eines einzelnen Fisches veranlaßt jedoch viele Besitzer zu häufigen Tierarztkonsultationen.

Als Untersuchungsbecken kann man dieselben Systeme benutzen, die für Süßwasserfische beschrieben worden sind. Die Installation eines Seewasserbeckens bietet sich in einer Gegend an, wo sich viele Seewasseraquarianer und auch deren Händler befinden. Zwecks geregelter Versorgung kranker Fische ist insbesondere ein größeres Filtersystem erforderlich, damit der Nitritspiegel auf Null gehalten werden kann. Das ist für Meeresfische wesentlich. Man kann Außenmotorfilter benutzen (Atlantis X500 wälzt ca. 500 l pro Stunde um). Es ist aber darauf zu achten, daß die Turbulenz im Aquarium nicht zu groß ist. Das Filtermedium kann aus Keramik- oder Kohlestücken bestehen. Werden Kohlestücke benutzt, steckt man diese in einen Beutel (ideal ist ein Nylonstrumpf), da die feinen Partikel den Antrieb verstopfen können. Filterwatte aus Polyesterfasern, die gewöhnlich für das Heimaquarium empfohlen wird, ist nicht erforderlich.

Dem Wasser muß Salz zugesetzt werden, bis die spezifische Dichte ca. 1,020 bei ca. 26 °C beträgt. Das ist ein relativ niedriger Wert, der günstig ist, um den Sauerstoffgehalt zu maximieren. Der pH-Wert liegt anfangs bei 8,5, wenn echtes Seesalz benutzt wird. Will man diese Parameter kontrollieren, benutzt man ein Aräometer zur Ermittlung der Dichte. Zur Ermittlung des pH-Wertes ist pH-Papier ausreichend genau. Die biologische Aktivität, die erforderlich ist, um Nitrit in Nitrat zu verwandeln, setzt Wasserstoff-Ionen frei. Dadurch fällt der pH-Wert, wenn das angesetzte Wasser zu alt wird. Ein pH-Wert unter 8,2 wirkt auf Korallenfische als Stress, deshalb sollte das Wasser mit Natriumhydrogencarbonat abgepuffert werden, so daß es wenigstens auf einen pH-Wert von 8,2 eingestellt wird. Ein partieller Wasserwechsel sorgt ebenfalls für die Erhaltung basischer pH-Werte.

Es kann ähnlich gefüttert werden wie im Süßwasseraquarium, z. B. mit Trockenfutter. Bakterien verwerten die anfallenden Nährstoffe und beschleunigen den Alterungsprozeß des Wassers. Wichtig ist, daß die Nitritkonzentration nahe bei Null bleibt, da die hypotonischen Salzwasserfische gegenüber einer Nitritvergiftung sehr empfindlich sind.

• Pflege

Ein Untersuchungsbecken mit Filterungseinrichtung braucht höchstens einmal im Jahr gereinigt zu werden. Intensive Beleuchtung ist zu vermeiden, um vermehrtem Algenwachstum vorzubeugen. Grünes Wasser ist für Fische nicht schädlich, im Gegenteil, doch es stört bei der Beobachtung der Fische. Mit einer Folie an den Seitenflächen oder der Abdeckung wird die Photosynthese gestoppt. Wenn der Nitritgehalt einmal auf Null eingestellt ist, muß die Fütterung etwas reduziert werden, wenn er allmählich wieder ansteigt. Mit einem regelmäßigen Teilwasserwechsel kann man den Normalzustand am besten aufrechterhalten. 25% des Tauschwassers können aus der Wasserleitung entnommen werden. Tauscht man mehr als 50% des Wassers aus, muß man vorher dem Wasser ein entchlorendes Mittel, wie eine Na-Thiosulfatlösung (wenn das Leitungswasser gechlort ist!) zugeben. Es stehen gute entchlorende Mittel zur Verfügung. Bei Seewasser muß die spezifische Dichte wieder eingestellt werden. Der partielle Austausch sollte nicht zu häufig vorgenommen werden.

Das Filtersystem bleibt biologisch aktiv, wenn man es zur Reinigung mit lauwarmem Leitungswasser durchspült. Das Filtermedium sollte nicht ersetzt oder sterilisiert werden, da es wertvolle nitratbildende Bakterien enthält. Der Tierarzt muß auf Infektionen und deren Manifestationen achten. Die meisten Fischparasiten sind obligatorisch. Wenn das Untersuchungsbecken ein paar Tage ohne Fischbesatz steht, gehen Parasiten, wie *Ichthyophonus* oder *Saprolegnia* im Süßwasser und *Oodinium* oder *Cryptocaryon* im Salzwasser, zugrunde.

Ansteckende Krankheiten, wie sie z. B. die Tuberkulose (eine Zoonose) darstellt, erfordern eine vollständige Reinigung und Desinfektion. Eine Sterilisation der Netze und der anderen Aquariumsausrüstungen mit wirksamen Desinfektionsmitteln erreicht man am besten mit Jodpräparaten. Da Jodpräparate und besonders Chlorverbindungen für Fische giftig sind, muß man kräftig nachspülen. Andere sicher wirkende Desinfektionsmittel sind Kaliumpermanganat, Wasserstoffperoxid, Methylenblau und Malachitgrün. Die Ecken des entleerten Bassins werden wirkungsvoll desinfiziert, wenn man zweimal mit Isopropanol ausspürht. Der Filter sollte nicht sterilisiert, nur gereinigt werden. Wird jedoch eine Sterilisierung erforderlich, muß der „Einfahrprozeß" zur Einstellung der NO_2-Werte wiederholt werden.

• Untersuchung

Ein zur Untersuchung gebrachter Fisch hat mit Sicherheit etwas Kot in seinem Transportbehälter. Zur mikroskopischen Untersuchung wird abfiltriert, nachdem man den Fisch aus dem Gefäß in das Untersuchungsbecken verbracht hat. Sollten große Temperaturunterschiede bestehen, was man schon mit der Hand feststellen kann, läßt man Flüssigkeit aus dem Untersuchungsbecken in den Transportbehälter laufen. Ein unterkühlter Fisch erholt sich im warmen Aquarium schnell. Andererseits sind für ihn unangenehme Temperaturen stressauslösende Faktoren. Rascher Temperaturabfall ist auf jeden Fall ein großer Stressfaktor.

Um einen Fisch zu betrachten, sind Lupen mit zweierlei Vergrößerungen erforderlich. Mit einer einfachen Leselupe mit 3facher Vergrößerung kann man einen Fisch im Becken, den man mit Hilfe einer Scheibe nach vorn bewegt, aus ca. 8 cm Entfernung untersuchen. Eine 10mal vergrößernde Lupe ist geeignet zur Untersuchung eines anästhesierten Fisches, der aus dem Aquarium herausgenommen worden ist.

Um den Horizontal-Augenbewegungsreflex zu testen, sollte man den Fisch mit behandschuhter Hand im Becken auf die Seite drehen. Große, nicht aggressive Fische kann man so auch zur Entnahme einer Schleimprobe ergreifen und sie auf Ektoparasiten untersuchen. Kleine Fische, große aktive Fische und auf jeden Fall bestimmte Giftfische (z. B. der Rotfeuerfisch, *Pterois volitans*) sollten stets betäubt werden. Anästhetika werden in separate Behälter ins Wasser hinein verabreicht. Nach der Behandlung wird der Fisch zur Erholung in das Untersuchungsbecken zurückverbracht.

Derzeitig spielen acht Erkrankungen bei Fischen eine bemerkenswerte Rolle. Bei Zierfischen wird jedoch nur eine davon festgestellt: die Frühlingsvirämie der Karpfen (SVC, Spring Viraemia of Carp), die auch in Teichen gehaltene Fische wie den Koi befällt. Die SVC wird durch das *Rhabdovirus carpio* verursacht. Es gibt keine wirksame Behandlungsmethode. Deshalb muß man den gesamten erkrankten Bestand töten.

• **Das Heimaquarium**

Sucht der Tierarzt das Aquarium beim Besitzer auf, hat dies den Vorteil, daß man die häuslichen Verhältnisse kennenlernt. Die meisten Erkrankungen der Zierfische sind nämlich Folge einer unzureichenden Haltung. Sie entstehen durch Überfütterung, unzureichende Filterung, durch Vergesellschaftung von Arten, die sich miteinander nicht vertragen, nicht richtig eingestellte Wassertemperatur oder schädliche Wasserzusammensetzung. Es gibt nur wenige Fische, die vollkommen parasitenfrei sind. Starker Schleim auf dem Körper oder in den Kiemen fördert bei schlechten Haltungsbedingungen die Manifestation einer massiven parasitären Infektion. Jegliches Aquariumwasser weist einen hohen Bakteriengehalt auf. Der Fisch muß streßfrei gehalten werden, um dieser Situation gewachsen zu sein. Die Behandlung eines Fisches in einer Klinik stellt nicht die Lösung eines solchen Problems dar.

Wenn ein Tierarzt einen Hausbesuch macht, sollte er ein transportables Untersuchungsbecken mitbringen (dieses kann eine Größe von 30×20×20 cm haben und ein Kunststoffbecken sein). Man sollte einen Schlauch bei sich haben, um das Untersuchungsbecken mit Aquariumwasser füllen zu können. Das Untersuchungsbecken kann auch zur Betäubung benutzt werden. Ein Testsatz zur Bestimmung des Nitritgehaltes ist unentbehrlich. Der Seewasseraquarianer besitzt meist zur Kontrolle der Wasserwerte ein eigenes Testbesteck. Er weiß auch in der Regel die Befunde zu deuten. Dennoch sollte man sich vergewissern, daß die Wasserteste auch genau arbeiten.

Ein Hausbesuch kann dazu benutzt werden, dem Aquarianer beizubringen, wie er Antibiotika zu verabreichen hat, wenn dies angezeigt ist. Er ermöglicht dem Tierarzt ferner die Einschätzung der biologischen Belastung; vielleicht kann der Fisch sogar gewogen werden. Von Säugetieren übernommene antibiotische Dosierungen können für den Fisch tödlich sein. Man sollte sich immer erst in der Literatur vergewissern und nicht annehmen, daß man die richtige Dosierung im Kopfe hat.

• **Der Teichfisch**

Der stattliche Japanische Karpfen, genannt „Koi" (das japanische Wort für „Liebe"), ist ein populärer Fisch für den Gartenteich. Einige Halter haben sich sehr aufwendige und teuere Filteranlagen installiert, um zur Betrachtung ihrer Fische immer klares Wasser im Teich zu haben. Für Kois, die zur Zucht bestimmt sind, werden hohe Summen gezahlt, weshalb Wert auf tierärztliche Betreuung gelegt wird. Die Besitzer riskieren normalerweise nicht das Einfangen und den Transport eines solchen wertvollen Fisches zur Klinik. Für die Untersuchung sollte der Tierarzt eine weiße Babybadewanne, einen großen Polyäthylenbeutel und ein Teichnetz bei sich haben. Mit dem Netz wird der kranke Koi (oder ein großer Goldfisch) nicht eingefangen, sondern überlistet, in die Badewanne überzuwechseln. Man muß sehr sorgfältig vorgehen, damit nichts und niemand in den Teich hineinfällt. Wird es notwendig, den Fisch zwecks weiterer Behandlung hochzunehmen, manövriert man ihn am besten in einen großen Polyäthylenbeutel. So kann man auch vorgehen, wenn man den Fisch vor dem Hochheben betäuben will (Abb. 15.2.). Er wird dann in ein Handtuch, das mit Teichwasser getränkt ist, eingepackt. Mit einem Teil des Handtuches werden die Augen des Fisches bedeckt. Von Zeit zu Zeit spritzt man Teichwasser über die Kiemen (Abb. 15.3.). Auf diese Weise können auch Wunden gesäubert und Injektionen durchgeführt werden. Anschließend wird der Fisch zur Erholung zunächst im Beutel in den Teich zurückgesetzt. Sollte das Baden eines Fisches in

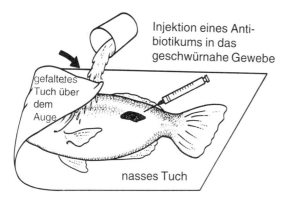

Abb. 15.2. Ein anästhesierter Fisch sollte während der Behandlung feuchtgehalten werden, dies trifft besonders für die Kiemen zu.

Abb. 15.3. Teichfische werden vor dem Anästhesieren in einen Kunststoffbeutel umgesetzt.

Vorteil, daß es sich nicht so leicht an den Flossen, Barteln oder Schuppen verfängt. Für die etwas rauhere Haut der Meeresfische ist es zweckmäßig, das Netz mit gelochtem Polyäthylen auszufüttern. Große und gefährliche Fische sollten nicht mit einem Netz gefangen werden. Man lockt sie in eine Schüssel oder in einen Kunststoffbeutel, oder man betäubt sie in situ (Abb. 15.5.).

Zum Transport benutzt man einen Plastebeutel, der zu einem Drittel mit Wasser aus dem Aquarium oder aus dem Teich gefüllt ist. Der obere Teil des Behälters enthält zu zwei Drittel Luft, ist mit einem

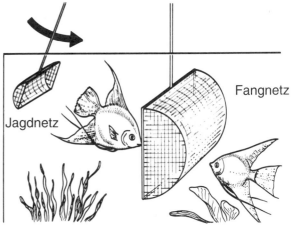

Abb. 15.4. Schnelles Einfangen eines Fisches mit Hilfe zweier Netze (Treibnetz und Fangnetz).

einer chemischen Substanz erforderlich sein, kann man dazu auch die Babybadewanne benutzen. Medikamente dürfen nicht in Teiche direkt eingebracht werden. Das Wasservolumen wäre dann für eine kosteneffektive Behandlung zu groß, und es ist schwierig, die richtige Verdünnung herzustellen. Zudem könnte durch ein Chemotherapeutikum das Filtersystem eines Karpfenteiches beeinträchtigt werden, was katastrophale Folgen für einen preisgekrönten Koi-Besatz haben kann.

• Fangen und Transportieren von Fischen

Wenn zum Fangen eines Fisches ein Netz erforderlich ist, sollte man immer gleich zwei Netze einsetzen. Man nimmt den Fisch gewissermaßen in die Zange, so daß der Fisch von einem Netz in das andere hineinflüchtet (Abb. 15.4.). Jagd man einen Fisch mit nur einem Netz von einem Ende des Beckens zum anderen, versetzt man ihn in einen Stresszustand, der sogar zum Tode führen kann. Ein grünes Netz sollte bevorzugt werden. Ein geöffnetes weißes Netz sieht für den Fisch wie das Maul eines Raubfisches aus. Es steigert Furcht- und Fluchtreaktionen. Ein feinmaschiges Netz hat den

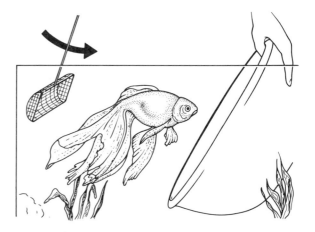

Abb. 15.5. Größere Fische werden in eine tiefe Schüssel getrieben.

Gummi dicht verschlossen und durch ein elastisches Band abgedichtet. Für Reisen, die mehrere Stunden dauern, benutzt man besser Sauerstoff. Kleine Fische können gemeinsam in einem Behälter transportiert werden. Man muß jedoch darauf achten, daß sie sich nicht panisch in den Ecken zusammendrängen, wo die Kiemen durch Beutelfolie abgedrückt werden, so daß die Tiere ersticken. Beutel mit rundem Boden eignen sich deshalb besser. Quadratische Beutel entschärft man, indem man die Ecken zubindet. Ein Plasteeimer scheint die beste Methode zu sein, um Fische zu transportieren, aber die Bewegung des Wassers (besonders während der Autofahrt) kann die Fische gegen die Wände des Gefäßes schlagen und Verletzungen verursachen. Für tropische Fische muß die notwendige Temperatur im Transportgefäß aufrechterhalten werden (Abb. 15.6.). Eine Polystyrolbox (wie sie für den Fischimport benutzt wird oder auch eine Kühlbox) ist ideal. Es genügt auch eine Tragetasche, wenn sie mit Papier oder weichem Tuch ausgeschlagen ist. Man hält den Fisch im Dunkeln, wodurch während der Reise der Stoffwechsel reduziert wird. Kaltwasserfische sollten vor jedem Lichteinfall geschützt werden.

• Literatur

Amlacher, E. (1992): Taschenbuch der Fischkrankheiten. 6. Aufl. Gustav Fischer Verlag, Jena–Stuttgart.

Andrews, C., Exell, A., and Carrington, N. (1988): The Interpret Manual of Fish Health. Salamander Books Ltd., London.

Carrington, N. (1985): A Fishkeeper's Guide to Maintaining a Healthy Aquarium. Salamander Books Ltd., London.

Cooper, J. E., Hutchinson, M. F., Jackson, O. F., and Maurice, R. J. (1985): Manual of Exotic Pets. BSAVA, Cheltenham.

Duijn, C. van (1973): Diseases of Fishes. Iliffe Books, London.

Elkan, E., and Reichenbach-Klinke, H.-H. (1974): Colour Atlas of the Diseases of Fishes, Amphibians and Reptiles. TFH Publication No. H-948, New Jersey.

Ford, D. M. (1987): Successful Fishkeeping and Fishkeeping Made Easy. From Aquarian Advisory Service, P.O. Box 67, Elland, W. Yorks, HX5 057.

Hoffmann, G. L., and Meyer, F. P. (1974): Parasites of Freshwater Fishes. TFH Publication No. PS-208, New Jersey.

Reichenbach-Klinke, H.-H. (1980): Krankheiten und Schädigung der Fische. 2. Aufl. Gustav Fischer Verlag, Stuttgart.

Reichenbach-Klinke, H.-H. (1977): All about Marine Aquarium Fish Diseases. TFH Publication No. PS-747, New Jersey.

Untergasser, D. (1989): Handbook of Fishes. TFH Publication No. TS-123, New Jersey.

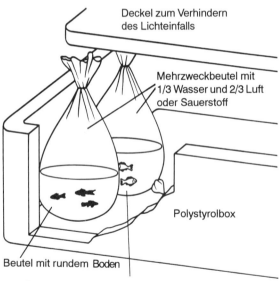

Abb. 15.6. Transport von Fischen. Tropische und Meeresfische müssen warm gehalten werden, für ausreichend Sauerstoff ist zu sorgen.

16. Kleinsäuger

(Paul Flecknell)

• Einführung

Der Umgang mit kleinen Säugetieren kann eine Reihe von Schwierigkeiten bereiten. Viele davon sind vermeidbar, wenn man sich etwas Zeit nimmt, um zu erlernen, wie man mit diesen Tieren korrekt umgeht. Das Risiko, daß sich der Untersucher bei der Behandlung schwere Verletzungen zuzieht, ist verhältnismäßig gering und z. B. nicht vergleichbar mit den Gefahren, die beim Umgang mit Pferden auftreten können. Kleinsäuger können andererseits schmerzhafte Bißverletzungen verursachen. Die Mehrzahl der Nagetiere und Kaninchen, die entweder zu Hobbyzwecken oder in Forschungsinstituten gehalten werden, ist verhältnismäßig zahm. Es entstehen mit ihnen wenig Probleme, vorausgesetzt, exakte Handlingstechniken werden angewendet. Demgegenüber muß das Handling wildlebender Kleinsäuger unterschiedlich erfolgen, worauf am Ende des Kapitels eingegangen wird.

• Einfangen und Zwangsmaßnahmen

Kleinnager. Das erstmalige Einfangen domestizierter Kleinnager wird wesentlich erleichtert, wenn man sie in einem kleinen Transportkasten oder Käfig einsperrt. Der Versuch, die Tiere zwischen Laufrädern, Fütterungs- und Tränkeinrichtungen und ähnlichen Gegenständen einzufangen, löst oft unnötigen Streß aus. Der Tierarzt sollte seine Klienten dahingehend belehren, Kleinnager in einem Schuhkarton oder ähnlichen Behälter zur Praxis zu bringen. Da alle Kleinnager einen Pappkarton sehr schnell durchknabbern, darf man einen solchen Behälter nur für kurze Zeit unbeobachtet lassen. Nager, die in Forschungsinstituten gehalten worden, sind gewöhnlich in Käfigen untergebracht. Man kommt ohne Schwierigkeiten an die Tiere heran im Gegensatz zu den kleinen Öffnungen an Käfigen von Hobbynagern. Ehe man einen Käfig oder Transportbehälter öffnet, sind alle Türen und Fenster zu schließen, damit die Tiere nicht entkommen können. Kleinnager sind im allgemeinen leicht zu handhaben, aber gerade weil sie so klein sind, können sie leicht verletzt werden, z. B. indem man sie fallen läßt, wenn sie beißen. Wenn die Kleinnager sich an gewisse Handhabungen gewöhnt haben, sind sie nicht aggressiv. Mit ihren scharfen Schneidezähnen können sie aber einen schmerzhaften Biß verursachen. Wird man von einem Kleinnager gebissen, und hat sich das Tier festgebissen, darf es nicht gewaltsam weggezogen oder abgeschüttelt werden. Durch die nach hinten gerichteten Schneidezähne kann die Wunde noch vergrößert werden, und beim Abschütteln des Tieres kann es sich selbst schwer verletzen. Das Tier wird in solchen Fällen in seinen Käfig zurückgesetzt, wonach es sehr bald den Biß lockert und losläßt.

Werden erstmals Zwangsmaßnahmen eingeleitet, ist es wichtig, sich dem Tier ganz ruhig zu nähern, genauso wie es bei anderen Tierarten der Fall ist. Die folgenden Methoden werden für den Umgang mit Hobby- oder Laboratoriumstieren empfohlen.

Gerbils. Gerbils (Wüstenspringmäuse) reagieren auf ein Handling sehr unterschiedlich; sie sind sehr aktiv und lassen sich schwer einfangen. Ihren langen Schwanz, der sich für Zwangs- bzw. Handlingsmaßnahmen direkt anbietet, sollte man nicht anfassen, da die Haut sehr leicht einreißt. Ist das Tier an das Handling gewöhnt, kann es in der hohlen Hand

202 Paul Flecknell

Abb. 16.2. Der erste Schritt zum Festhalten eines Meerschweinchens ist das Fassen um die Schultern.

Abb. 16.1. Halten eines Gerbils bei intraperitonealer Injektion. Die Injektion selbst sollte von einem Assistenten übernommen werden.

gehalten werden. Sicherer ist es jedoch, wenn man das Tier zunächst in beide Hände nimmt oder eine Hand über das Tier legt. Die Finger werden dabei so gehalten, daß sie den Tierkörper umfassen und der Kopf zwischen Daumen und Zeigefinger herausschaut (Abb. 16.1.). Andererseits kann man die Haut am Nacken und Rücken fassen, wie es für die Maus beschrieben wurde.

Meerschweinchen. Meerschweinchen sind fügsame Tiere, erschrecken jedoch leicht und laufen dann aufgeregt in ihrem Käfig herum. Es ist schwierig, sie einzufangen. Um dieses Problem zu vermeiden, nähert man sich dem Tier schnell, aber ruhig. Dann faßt man es mit einer Hand um die Schultern (Abb. 16.2.) und kann es ohne Schwierigkeiten aus seinem Käfig herausnehmen. Man darf nur vorsichtig auf den Thorax drücken und nur mit Daumen und ein bis zwei Fingern das Tier um die Schulter fixieren. Wiegt das Meerschweinchen mehr als 200–300 g, ist es besser, die Hinterhand des Tieres mit der anderen Hand zu unterstützen (Abb. 16.3.). Das gilt besonders für die Behandlung großer (>1000 g) und tragender Tiere. Der Daumen wird dabei unter den Unterkiefer gelegt, oder man kreuzt

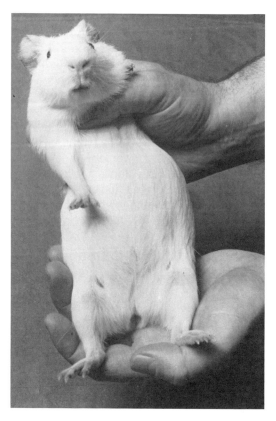

Abb. 16.3. Festhalten eines Meerschweinchens zur Untersuchung. Die Nachhand sollte dann unterstützt werden, wenn das Tier mehr als 200–300 g wiegt.

die Vordergliedmaßen unter dem Kinn. Dadurch kann das Tier den Kopf nicht herunternehmen und beißen, falls kleine Manipulationen an ihm vorgenommen werden.

Hamster. Hamster können verhältnismäßig leicht gegriffen und in beiden Händen gehalten werden. Man faßt sie im Genick. Sollte das Tier aggressiv sein, wird es zunächst immobilisiert, indem man eine Hand über den Körper legt und dabei seinen Kopf freiläßt (Abb. 16.4.). Dann kann die Haut über Nacken und Thorax zwischen den Fingern und dem Daumen hochgezogen werden, womit ein fester Griff im Genick des Tieres gewährleistet ist (Abb. 16.5.). Auf diese Art kann das Tier auch aus seinem Käfig herausgenommen und ohne das Risiko gebissen zu werden, untersucht werden. Zu keinem Zeitpunkt der Untersuchung sollte man es dem Tier erlauben, unkontrolliert über den Untersuchungstisch zu laufen. Die meisten Hamster sind nicht imstande, die Kante des Tisches wahrzunehmen; sie stürzen ab und verletzen sich.

Mäuse. Viele Mäuse versuchen zu beißen, wenn sie gefangen werden. Man muß deshalb vorsichtig vorgehen. Um das Tier aus dem Käfig herauszunehmen, wird es am besten im proximalen Drittel des Schwanzes gefaßt und auf eine rauhe Unterlage, ein Handtuch oder den Ärmel des Laborkittels gesetzt. Wenn man am Schwanz vorsichtig zieht, ergreift das Tier das Handtuch und versucht, es wegzuschieben (Abb. 16.6.). In dieser Position kann eine erste Untersuchung erfolgen. Sollten zusätzliche Fixationsmaßnahmen erforderlich sein, faßt man mit Daumen und Zeigefinger der einen Hand

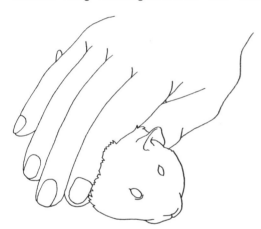

Abb. 16.4. Erster Griff zum Festhalten eines Hamsters; man hält ihn mit der hohlen Hand.

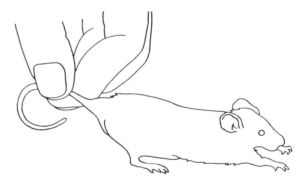

Abb. 16.6. Festhalten einer Maus. Der Schwanz sollte an der Basis erfaßt werden. Danach wird die Maus aus dem Käfig genommen und auf eine rauhe Unterlage gesetzt.

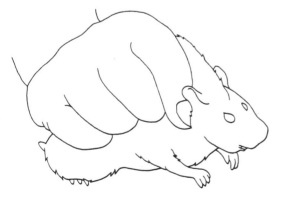

Abb. 16.5. Nachdem das Tier, wie in Abb. 16.4. dargestellt, immobilisiert worden ist, kann es im Genick gegriffen werden.

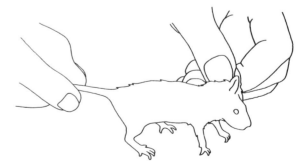

Abb. 16.7. Nachdem die Maus gegriffen worden ist (s. Abb. 16.6.), wird sie mit Daumen und Zeigefinger am Genick gefaßt.

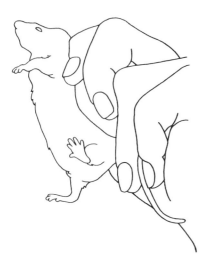

Abb. 16.8. Nachdem man die Maus im Genick und am Schwanz gegriffen hat, kann sie hochgehoben und der Griff am Schwanz vom Mittel- und Ringfinger übernommen werden.

Abb. 16.9. Ratten entnimmt man dem Käfig durch Fassen um die Schultern.

ins Genick, die andere Hand hält den Schwanz fest (Abb. 16.7.). Die Maus kann jetzt vom Tuch abgehoben werden, wobei man den Schwanz zwischen den dritten und vierten Finger nimmt (Abb. 16.8.).

Ratten. Ratten sind generell fügsame Nagetiere, vorausgesetzt, man nähert sich ihnen und behandelt sie auf eine ihnen genehme Art. Auch die Ratte nimmt man hoch, indem man die Schulter umgreift (Abb. 16.9.). Sie kann dann ohne Schwierigkeiten aus dem Käfig herausgenommen werden. Man sollte auch hierbei den Daumen unter den Unterkiefer legen, um zu verhindern, daß man gebissen wird (Abb. 16.10.). Ganz wichtig ist, sie um die Schultern herum sicher zu halten, damit das Tier nicht entkommen kann. Man darf aber dabei nur vorsichtig auf den Brustkorb drücken. Ungeübte Pfleger fassen, wenn die Ratte strampelt, so fest zu, daß sie die Bewegungen des Brustkorbes stark einschränken. Die Ratte kommt dadurch in Bedrängnis und wehrt sich sogar noch mehr, sie wird zyanotisch und u. U. beißen, wenn sie freikommt. Wehrt sich die Ratte beim ersten Handling, kann sie gewöhnlich dadurch beruhigt werden, daß man sie nur ganz sanft anfaßt und ihr erlaubt, sich auf dem Arm des Pflegers auszuruhen. Zwischendurch faßt man sie immer wieder einmal um die Schultern oder an

Abb. 16.10. Wurde die Ratte aus dem Käfig genommen, wird der Daumen unter den Unterkiefer geschoben, um ein Beißen zu verhindern.

der Schwanzbasis. Letzteres ist aber nur notwendig, wenn man ihre Position verändern will oder wenn sie versucht zu entkommen. Nach kurzer Zeit werden Ratten ruhig und ausgeglichen. Sie können dann leicht zur Untersuchung fixiert werden und lassen unten angeführte Maßnahmen zu. Ist die Ratte aggressiv, hebt man sie an der Schwanzbasis hoch und setzt sie auf eine rauhe Unterlage, wie es bei der Maus beschrieben worden ist. Dann ergreift man sie um die Schultern. Es ist nur selten erforderlich, eine Ratte im Genick zu fassen. Diese Art nimmt das Tier, da es daran nicht gewöhnt ist, meist übel.

Kaninchen. Kaninchen sind besonders stressempfindlich und verletzen sich bei unvorsichtigem Umgang leicht. Sie sind gewöhnlich nicht aggressiv, unternehmen aber heftige Fluchtversuche, wenn sie erschreckt werden. Gelegentlich ist ein Tier aggressiv, es greift den Pfleger an und versucht zu beißen oder zu kratzen. Solche Tiere sind leicht unter Kontrolle zu bekommen, wenn die im folgenden beschriebenen Zwangsmaßnahmen schnell und sicher angewendet werden. Kaninchen haben kräftige, mit scharfen Krallen ausgestattete Hintergliedmaßen, mit denen sie schmerzhafte Kratzwunden verursachen können.

Um ein Kaninchen zu fixieren, faßt man es fest an der Haut über dem Nacken. Unter keinen Umständen sollte man es an den Ohren fassen. Manche Leute erfassen Genick und Ohren gleichzeitig. Man kann das akzeptieren, vorausgesetzt, das Kaninchen wird nicht an den Ohren gezogen. Tierbesitzer oder Laien, die dies beobachten, können solche Zwangsmethoden mißverstehen und annehmen, daß das Kaninchen an den Ohren hochgehoben wird. Aus diesem Grunde empfiehlt es sich, die Ohren zur Fixation des Kaninchens am besten gar nicht anzufassen.

Hat man das Kaninchen im Genick erfaßt, sollte die andere Hand um die Hinterhand gelegt werden (Abb. 16.11.). Strampelt das Tier, kann man den Unterarm auf seinen Rücken legen, wodurch verhindert wird, daß sich das Kaninchen bewegt. Es kann somit ohne weiteres aus seinem Stall genommen werden (Abb. 16.12.). Sein Kopf befindet sich dabei unter dem Arm des Pflegers, während es an Rücken und Nachhand getragen wird (Abb. 16.13.). Mit diesen Vorsichtsmaßnahmen wird ein Ausreißen verhindert. Sollte das dennoch passieren, zieht sich das Kaninchen leicht Frakturen oder Luxationen im Bereich der Lendenwirbelsäule zu. Es kann außerdem den Tierhalter verletzen. Weiterhin ist es wichtig, den Rücken des Tieres so sicher wie möglich zu halten, besonders wenn man es auf den Unter-

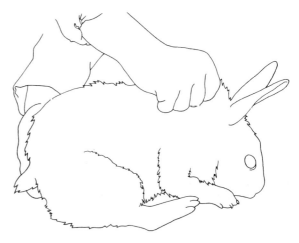

Abb. 16.11. Kaninchen faßt man zur Fixation im Genick. Die Nachhand unterstützt und fixiert man mit der Hand.

Abb. 16.12. Hat man das Kaninchen ergriffen (s. Abb. 16.11.), kann es ohne Schwierigkeiten aus dem Käfig herausgehoben werden.

206 Paul Flecknell

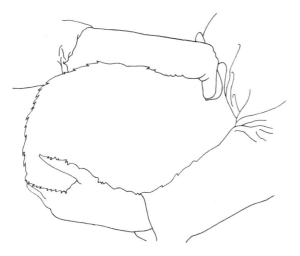

Abb. 16.13. Ist das Kaninchen aus dem Käfig genommen (s. Abb. 16.12.), sollte man den Kopf des Tieres vorsichtig unter den Oberarm nehmen, Rücken und Nachhand trägt man mit dem Unterarm. Die andere Hand verbleibt im Genick.

sich lenken, bevor man das Tier anfaßt. Im Gegensatz zu anderen Säugetieren hat das Frettchen einen kräftigen, gut bemuskelten Hals, der ganz fest gehalten werden muß. Daumen und Zeigefinger müssen unter dem Unterkiefer liegen. Dadurch kann das Tier den Kopf nicht herunternehmen und beißen.

Abb. 16.14. Ein Frettchen ergreift man beim ersten Zufassen zwischen Hals und Schultern.

suchungstisch setzt. Immer wieder wird von Unerfahrenen der Fehler gemacht, die Tiere loszulassen, ehe sie vollen Kontakt mit der Unterlage haben. Manchmal werden die Kaninchen fallen gelassen, weil sie strampeln, wobei sie sich selbst verletzen. Beim Zurückbringen des Kaninchens in den Käfig oder seine Transportbox sollte man beide Arme gleichzeitig aus der Box herausnehmen, um zu vermeiden, daß man gekratzt wird. Dabei wird daß Tier so in den Käfig gesetzt, daß es eine Seitenwand ansieht. Wird das Kaninchen jedoch plötzlich losgelassen, und kann es sich dabei zur Rückwand der Box drehen, strampelt es mit den Hintergliedmaßen, so daß der Besitzer verletzt oder mit Sägemehl und Kot beschmutzt wird.

Frettchen. Frettchen sind in ihrem Temperament sehr unterschiedlich. Es gibt zahme Hobbytiere und unberechenbare Angreifer für die Wildkaninchenjagd („Frettieren"). Frettchen, die im Laboratorium leben, sind einfach zu fixieren, gelegentlich kann aber ein besonders aggressives Tier darunter sein. Das Frettchen sollte fest am Hals gegriffen werden (Abb. 16.14.). Die Hintergliedmaßen und das Becken werden unterstützt, wenn das Tier aus der Transportkiste oder dem Käfig genommen wird (Abb. 16.15.). Man sollte die Aufmerksamkeit auf

Abb. 16.15. Ist das Frettchen gegriffen (s. Abb. 16.14.), kann man es hochheben; die Hinterhand wird an Hinterbeinen und Becken gehalten.

• Allgemeine Manipulationen

Gerbils. Nachdem ein Gerbil, wie beschrieben, eingefangen worden ist, erfaßt man ihn an den Schultern und um den Brustkorb. Weiter kann man ihn durch Unterstützung der Hinterhand fixieren. Streckt eine Hilfsperson eine Hintergliedmaße, kann eine intraperitoneale Injektion in den hinteren Quadranten der Abdominalhöhle erfolgen. Die Nadel wird parallel zur Hintergliedmaße eingeführt (s. Abb. 16.1.). Intramuskuläre Injektionen verabreicht man in die Quadrizepsmuskulatur. Das Tier wird dabei auf die gleiche Art und Weise festgehalten. Subkutane Injektionen erfolgen in der Flanke, oder man ergreift das Tier im Genick und injiziert in die vordere Nackenhautfalte. Intravenöse Injektionen erfolgen in die seitliche Schwanzvene. Die Haut des Schwanzes ist jedoch so zart, daß man solche Eingriffe am besten mit Hilfe von Kunststoffgehäusen vornimmt, wie sie bei der Maus in Gebrauch sind (s. Abb. 16.20.).

Es ist öfter notwendig, die Zähne zu untersuchen, wie auch die Krallen zu beschneiden sind. Zur Untersuchung des Gerbils hält man das Tier genauso wie bei der intraperitonealen Injektion. Die Untersuchung der Backenzähne muß in Allgemeinnarkose erfolgen. Auf dieselbe Weise kann man das Tier zum Krallenbeschneiden halten. Dies sollte man mit einem Assistenten durchführen, der jede Gliedmaße während des Krallenkürzens einzeln fixiert.

Hamster. Nachdem man wie oben beschrieben den Hamster eingefangen hat, kann subkutan in die stark ausgebildete Unterhaut des Genicks injiziert werden. Das Tier wird dabei wie in Abb. 16.5. gehalten. Wurde das Tier einmal aus dem Käfig herausgenommen, öffnet der Hamster meistens das Maul von selbst, so daß zumindest die Schneidezähne gut überschaubar sind. Die Untersuchung der Backenzähne und der Backentasche wird am besten in Allgemeinnarkose ausgeführt. Wenn der Hamster wie in Abb. 16.16. gehalten wird, kann ein Assistent ein Hinterbein des Tieres strecken und eine intraperitoneale Injektion in den hinteren Quadranten des Abdomens ausführen. Auf die gleiche Art kann intramuskulär in die Quadrizepsmuskulatur injiziert werden. Der Hamster hat keine oberflächlichen Venen, die sich für eine

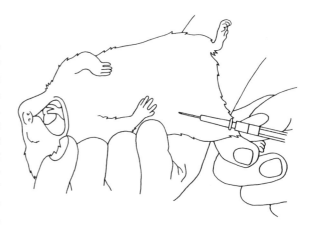

Abb. 16.16. Fixation eines Hamsters zur intraperitonealen Injektion. Dabei sollte ein Assistent eine Hintergliedmaße ergreifen und diese strecken. Injiziert wird in den hinteren Quadranten der Bauchhöhle.

intravenöse Injektion beim nicht betäubten Tier eignen.

Meerschweinchen. Für eine subkutane Injektion in die Genickgegend ist das Meerschweinchen auf eine geeignete Unterlage zu setzen, wobei eine Hand an eine Körperseite des Tieres angelegt wird. Mit dieser Methode kann man auch eine Reihe kleiner Manipulationen durchführen, z. B. die Untersuchung der Schneidezähne, der Ohren und der Krallen. Intravenöse Injektionen kann man beim Meerschweinchen in die Ohrvenen ausführen, die Tiere bewegen dabei jedoch meist heftig den Kopf. Die Backenzähne werden am besten in Allgemeinnarkose untersucht.

Zur subkutanen Injektion kann man das Tier auch in Rückenlage halten (Abb. 16.17.). Die Injektion erfolgt dann in die Kniefalte vor der Leistenregion. Die intraperitoneale Injektion wird in gleicher Position vorgenommen. Der Assistent streckt ein Hinterbein und führt die Nadel parallel dazu in den hinteren Quadranten der Bauchhöhle ein (s. Abb. 16.17.). Intramuskulär wird in die Quadrizepsmuskulatur injiziert, wobei das Tier wie in Abb. 16.18. gehalten wird. Dabei wird eine Hintergliedmaße derart erfaßt, daß die Quadrizepsmuskulatur zwischen Daumen und Zeigefinger liegt. Die Injektion erfolgt dann ins Zentrum der Muskelmasse.

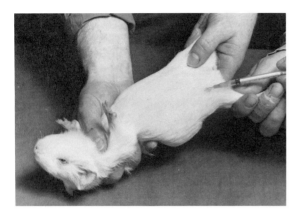

Abb. 16.17. Fixation eines Meerschweinchens zur intraperitonealen Injektion. Man hält das Tier um die Schulter und unterstützt Becken und ein Hinterbein. Ein Assistent erfaßt das andere Hinterbein und injiziert in den hinteren Quadranten der Bauchhöhle.

Mäuse. Die Technik zum Festhalten einer Maus (s. Abb. 16.8.) eignet sich für die meisten Untersuchungen und Manipulationen. Die intraperitoneale Injektion wird wie bei anderen Nager-Spezies durchgeführt. Die Kleinheit der Maus macht es auch möglich, daß man allein, also einhändig, die Maus in der hohlen Hand haltend, die intraperitoneale Injektion vornehmen kann. Es wird auch hierbei in einen der hinteren Quadranten der Bauchhöhle gespritzt. Subkutan injiziert man am Genick. Die Maus wird dabei wie in Abb. 16.19. gehalten. Intramuskulär injiziert man in die Quadrizepsmuskulatur. Für beide Methoden ist eine Assistenz erforderlich. Verhältnismäßig leicht läßt sich intravenös in die seitliche Schwanzvene injizieren. Dabei wird die Maus in ein Kunststoffgehäuse gesetzt, so daß nur der Schwanz hinten heraushängt (Abb. 16.20.).

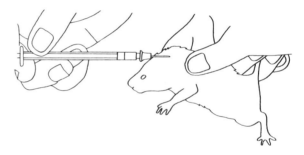

Abb. 16.19. Subkutane Injektion bei der Maus. Man achte darauf, daß die Nadel ins Genick und nicht in die Finger des Injizierenden geht.

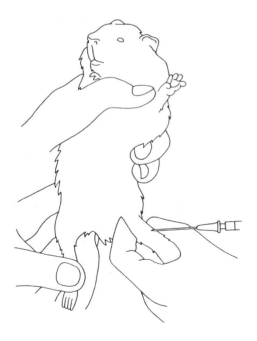

Abb. 16.18. Beim Meerschweinchen wird intramuskulär in die Quadrizepsmuskulatur injiziert. Ein Assistent immobilisiert durch Festhalten ein Hinterbein und nimmt den Quadrizepsmuskel zwischen Daumen und Zeigefinger.

Ratten. Die Methode, eine Ratte zu halten, ist in Abb. 16.10. dargestellt und für die meisten Manipulationen geeignet. Man kann die Schneidezähne untersuchen und die Krallen beschneiden. Ein Assistent kann eine intraperitoneale Applikation durchführen, indem er eine Hintergliedmaße faßt, streckt und parallel dazu in den hinteren Quadranten der Bauchhöhle einsticht und injiziert (Abb. 16.21.). Unter Fixation einer Hintergliedmaße wird in die Quadrizepsmuskulatur injiziert. Die subkutane Injektion erfolgt am besten in der Flankenregion. Wird die Ratte um den Schultergürtel gefaßt, kann auch in die Nackenregion injiziert werden.

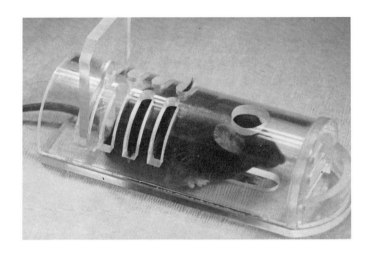

Abb. 16.20. Eine Maus in einer der in verschiedenen Typen vom Handel angebotenen Zwangskammern.

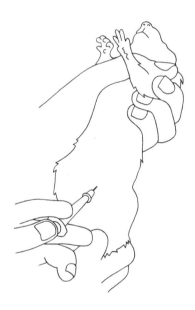

Abb. 16.21. Intraperitoneale Injektion bei der Ratte. Der Pfleger hält das Tier um die Schultern und eine Hintergliedmaße. Ein Assistent streckt die andere Hintergliedmaße und injiziert in den hinteren Quadranten der Bauchhöhle.

Kaninchen. Kaninchen hält man zur intraperitonealen Injektion mit Hilfe eines Assistenten (s. Abb. 16.11.). Diese Methode eignet sich auch zur subkutanen Injektion im Genick. Obwohl diese wie auch die intramuskulären Injektionen in die Quadrizepsmuskulatur vom Behandelnden allein ausgeführt werden können, sollte man es doch vorziehen, daß man mit einer Hand die Hinterextremitäten des Kaninchens festhält, während der Assistent die Injektion ausführen kann. In dieser Position ist es auch für einen Assistenten möglich, die Krallen zu verschneiden, die Schneidezähne zu untersuchen und ein Otoskop einzusetzen, um die Ohrmuscheln zu untersuchen. Die intravenöse Injektion kann an der Ohrrandvene erfolgen. Steht keine Assistenz zur Verfügung, kann man das Kaninchen in ein Handtuch oder in einen Laborkittel einwickeln, wobei nur der Kopf herausschaut (Abb. 16.22.). Ist das Tier sicher eingewickelt, wird das Kaninchen diese Zwangsmethode akzeptieren und sich nicht wehren. Es sind dann beide Hände des Behandelnden frei, und man kann die intravenöse Injektion ausführen. Das Einwickeln des Kaninchens stellt eine optimale Zwangsmaßnahme dar, bei der auch der Rücken stabilisiert wird. Diese Maßnahme ist besser als die Anwendung einer Zwangsbox. Sollten derartige Zwangsmaßnahmen zum Einsatz kommen, müssen sie von der Größe her für ein Kaninchen angemessen sein. Ist das Gerät mit einem Nackenbügel ausgestattet, sollte man diesen am besten nicht benutzen, weil sich das Kaninchen damit bei Abwehrbewegungen erheblich verletzen kann.

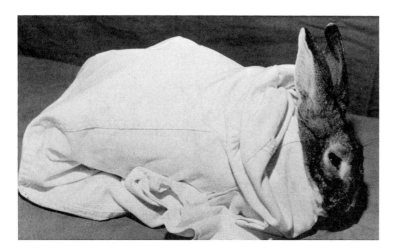

Abb. 16.22. Zwangsmaßnahme beim Kaninchen mit Hilfe eines Laborkittels. Das Kaninchen wird auf den Kittel gesetzt, wobei der Hals mit dem Kragen des Kittels zugedeckt wird. Beide Seiten des Kittels werden fest um das Kaninchen gelegt und der Kittel unter dem Tier gefaltet.

Frettchen. Wenn ein Frettchen, wie beschrieben, fixiert wird, kann von einem Assistenten eine intraperitoneale Injektion in einen hinteren Quadranten der Bauchhöhle ausgeführt werden. Subkutane Injektionen werden am Genick oder unter die lockere Flankenhaut vorgenommen. Intramuskuläre Injektionen erfolgen in den M. quadriceps, intravenöse Injektionen in die V. cephalica (Abb. 16.23.).

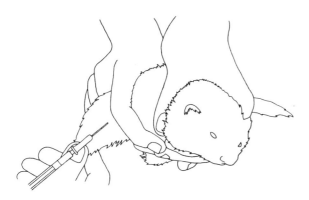

Abb. 16.23. Erfassen eines Frettchens zur intravenösen Injektion. Ein Assistent streckt die Vordergliedmaße. Die Injektion erfolgt in die Vena cephalica.

• Spezielle Fälle

Alte Tiere. Alte Tiere mögen kein Handling, besonders dann, wenn sie chronische Leiden, z. B. Arthritis, haben. Ratten, Meerschweinchen und Kaninchen können im Alter extrem fett werden. Dadurch und wegen der Körpergröße kann es schwierig werden, sie mit einer Hand zu halten. Will man solche Tiere hochheben, muß man gegebenenfalls eine Hilfsperson zuziehen.

Ältere Nagetiere, insbesondere Ratten, leiden häufig an chronischen schweren Lungenerkrankungen. Handling und Zwang können bei solchen Tieren fatale Folgen haben. Deshalb muß man sie besonders vorsichtig einfangen und sollte sie nur so lange wie unbedingt nötig fixieren.

Junge Tiere. Das Handling junger Nagetiere bereitet hinsichtlich Zwangsmaßnahmen wenig Probleme, obwohl junge Tiere extrem aktiv sein können. Junge Mäuse, die gerade vom Muttertier abgesetzt sind, können aus ihrem Käfig springen, wenn die Lider noch geschlossen sind. Ist man darauf eingestellt, können sie schnell wieder eingefangen werden; geschieht das Ganze jedoch unerwartet, kann das Tier entkommen. Das Wiedereinfangen wird meistens schwierig.

Neugeborene sollte man so wenig wie möglich anfassen; sie werden dann häufig von ihren Müttern abgelehnt. Die Pfleger sollten chirurgische Handschuhe tragen und die Tiere nach dem Handling wieder in ihr Nest hineinsetzen. Damit wird der anhaftende Geruch des Pflegers weitgehend vermieden. Kaninchen im Säuglingsalter werden besonders häufig vernachlässigt, nachdem Muttertiere und Junge behandelt worden sind.

Wildnager. Wildnager stellen für das Handling ein besonderes Problem dar. Im Gegensatz zu Hobby- oder Laboratoriumsnagern versuchen die meisten Wildnager, während eines Handlings oder einer Zwangsmaßnahme zu beißen. Aus diesem Grunde ist es ratsam, Schutzhandschuhe zu tragen. Man denke daran, daß diese Tiere hoch gestresst sind. Sie fürchten sich davor, gefangen und verletzt zu werden, während sie in eine Falle gehen. Ehe man versucht, sie weiter zwangsweise zu manipulieren, ist es besser, das Handling zu unterlassen. Sind geeignete Fangvorrichtungen und Käfige vorhanden, kann man die Tiere ohne Handling transportieren. Sollte eine detaillierte Untersuchung eines Tieres erforderlich sein, kann man es betäuben. Dazu kann z. B. die Fangbox oder die Falle in eine Betäubungskammer umfunktioniert werden, wobei Inhalationsnarkotika, z. B. Methoxyfluran, benutzt werden.

Wildnager können mit einer Reihe von Krankheitserregern infiziert sein, die auf den Menschen übertragen werden können (Zoonosen). Um sich nicht zu infizieren, sind Vorkehrungen sehr wichtig. Einfache Maßnahmen, wie das Tragen von Gummihandschuhen und perfekte persönliche Hygiene, können das Risiko einer Kontaktinfektion gering halten. In den meisten Fällen sind jedoch zusätzliche Vorsichtsmaßnahmen erforderlich. Eingesperrte Wildnager wirbeln eine Menge an Staub und Tröpfchen auf, die das Personal infizieren können. Um das zu vermeiden, sind Filtergesichtsmasken zu tragen. Die Tiere müssen u. U. in Unterdruckkabinen behandelt werden. Es ist weiterhin wichtig, daß verdorbene Einstreu und die zugehörigen Käfige gut gereinigt und desinfiziert und die Tiere sicher untergebracht werden.

• Literatur

Flecknell, P. A. (1987): Laboratory Animal Anaesthesia. Academic Press, London.

Harkness, J. E., and Wagner, J. E. (1989): The Biology and Medicine of Rodents and Rabbits. Lea and Febiger, Philadelphia.

Heinecke, H. (Hrsg.) (1989): Angewandte Versuchstierkunde. Gustav Fischer Verlag, Jena.

Tuffery, A. A. (1987): Laboratory Animals. An Introduction for New Experiments. Wiley, Chichester.

UFAW (1987): The UFAW Handbook on the Care and Management of Laboratory Animals (ed. T. B. Poole). 6th ed. Longman Group Ltd., Harlow/U.K.

17. Nerze

(Peter G. Hawkyard)

• Einführung

Die Züchtung von Nerzen begann in den USA in den 20er Jahren. In den letzten Jahrzehnten hat die Nerzhaltung auch in Europa zugenommen, Dänemark ist dabei z. Z. führend in der Welt. Es exportiert 12,5 Millionen Felle pro Jahr, das ist ein Drittel der Weltproduktion.

Nerze werden weltweit unter sehr verschiedenen Bedingungen aufgezogen, häufig in familieneigenen Farmen, wo sie offen unter Schutzdächern gehalten werden. Unter jedem Schutzdach verläuft in der Mitte ein breiter Laufgang mit einer Reihe von Drahtgehegen auf jeder Seite, die jeweils eine Öffnung zu einem Nistgehege haben. Dazu gibt es eine Anzahl von Variationen, von denen die Prinzipien des Handlings von Nerzen abhängen.

Das Handling von Nerzen erscheint für einen zuschauenden Laien äußerst einfach, jedoch ist das Gegenteil der Fall. Einen Nerz muß man mit einem Kniff fangen und fixieren. Schnelles Reaktionsvermögen und manuelle Geschicklichkeit sind erforderlich. Man beginnt mit dem weiblichen Nerz. Die Technik dafür kann durch einen Neuling in relativ kurzer Zeit erworben werden. Voll erwachsene männliche Nerze sollte man erst dann versuchen zu erfassen, wenn man im Umgang mit weiblichen Tieren ausreichend bewandert ist. Männliche Tiere haben das doppelte Körpergewicht (sie wiegen im Durchschnitt 2,5 kg) und sind viel stärker als weibliche Tiere desselben Alters.

• Schutzhandschuhe

Junge Nerze können bis zum Alter von sechs oder sieben Wochen ohne Schutzhandschuhe gegriffen und gehalten werden. Dabei muß man jedoch Obacht geben, daß die Nerzmutter in diesen Augenblicken keinen Zugang zu ihren Jungen hat. Sind die Tiere älter, müssen immer Schutzhandschuhe getragen werden. Man hat sich viel Gedanken gemacht, wie die Schutzhandschuhe beschaffen sein sollen. Wenn weiches und geschmeidiges Leder verwendet wird, kann der Nerz leicht fixiert werden. Der Handschuh wird jedoch sehr leicht von den langen, scharfen Eckzähnen des Nerzes durchbohrt. Ist das Leder hart und/oder dick, wird zwar das Personal geschützt, man hat aber nicht das genügende Berührungsgefühl, das beim Umgang mit Nerzen notwendig ist. Der ideale Handschuh ist deshalb ein Kompromiß zwischen einem, der ein gutes Tastgefühl, aber wenig Schutz gibt, und einem, der einen guten Schutz und nur ein geringes Tastgefühl vermittelt.

• Fangen des Nerzes im Käfig bzw. im Gehege

Die Standardmethode, um einen im Gehege und dort in der Nestbox befindlichen Nerz zu fangen, besteht darin, ihn von der Nestbox in das Gehege zu bewegen. Das kann dadurch geschehen, daß man den Nerz anbläst und/oder kurz die Nestbox schüttelt. Daraufhin läuft der Nerz normalerweise in das Gehege. Wenn ein Nerz besonders störrisch ist, hat der Pfleger die Wahl, entweder den Nerz von hinten mit einem Gegenstand in die gewünschte Richtung zu stoßen oder, wenn er erfahren genug ist, die Nestbox zu öffnen und den Nerz zu ergreifen. Letztere Möglichkeit ist nicht für den Anfänger geeignet, da die Bewegungen eines Nerzes unberechenbar sind und ein Nerz leicht entkommen kann. Befindet sich der Nerz in seinem Gehege, öffnet man die Tür, in die in den meisten Nerzfarmen als zweites Gitter ein Futtergatter eingebaut ist, und greift nach dem Nerz. Wird die linke Hand benutzt, sollte man mit dieser an der linken Wand des Geheges hinuntergreifen bzw. an der rechten Wand, wenn man die rechte Hand benutzt. Falls der Gehegeeingang immer auf der – vom Untersucher aus gesehen – rechten Seite ist, sollte man sich die Technik des Einfangens mit der linken Hand aneignen. Umgekehrt verfährt man, wenn der Gehegeeingang auf der linken Seite ist. Soll der Nerz am entferntesten Ende des Geheges, dessen Eingang vom Pfleger aus gesehen auf der rechten Seite ist, eingefangen werden, greift der Pfleger mit der linken, mit einem gepolsterten Handschuh versehenen Hand nach der hinteren Seite des Geheges. Der Nerz wird auf kürzestem Wege durch die Öffnung der Nestbox laufen wollen. Genau beim Hineinschlüpfen in die Nestbox ergreift man ihn fest am Schwanz. Mit dem Handschuh kann man zufassen, ohne dem Nerz merklich zu schaden. Man zieht ihn bei gestreckter Wirbelsäule aus der Nestbox bis zum Ende des Geheges und kann ihn dann herausnehmen. Die weiteren Manipulationen werden vom Zweck des Handlings bestimmt und sind auch vom Verhalten des Tieres selbst abhängig.

Geht man mit tragenden Nerzen um, ist extreme Sorgfalt angebracht, besonders wenn das Tier zum ersten Mal behandelt wird. Wenn man den Körper des Tieres erfaßt, läßt man selbst zu, daß der Nerz durch die Hand schlüpft, muß dann aber den Schwanz ergreifen. Auf diese Weise wird auf das Abdomen kein zu starker Druck ausgeübt. Der Nerz muß beim ersten oder zweiten Versuch gefangen werden. Wiederholte Versuche durch einen Ungeübten müssen vermieden werden. Es gilt, dem Nerz so wenig wie möglich Schaden zuzufügen.

• **Tragen eines Nerzes**

Der Nerz, der mit einer Hand am Schwanz gehalten wird, streckt sich, beugt sich nach oben und beißt in den Handschuh. Deshalb setzt man ihn mit seiner Vorhand auf das Dach der Nestbox, wo er sich normalerweise mit seinen Vorderpfoten an der Oberfläche festhält und versucht, sich wegzustoßen. Nun kann man die andere Hand unter den Brustkorb des Nerzes legen und das Tier ohne Schwierigkeiten hochheben (Abb. 17.1.). Viele Nerze lassen sich auf diese Art völlig ruhig umhertragen; sie zeigen keinerlei Anzeichen von Unbehagen oder gar Stress. Wird dennoch einmal ein Tier, dessen

Abb. 17.1. Tragen eines friedlichen Nerzes.

Abb. 17.2. Handling eines aggressiven Nerzes.

Vorderbeine auf dem Dach der Nestbox ruhen, aggressiv, faßt man es mit einer Hand am Schwanz, mit der anderen Hand an Nacken und Schultern und kann es so mit beiden Händen hochheben (Abb. 17.2.).

- **Zwangsmaßnahmen**

Impfung. Soll ein Nerz vakziniert werden, wird er aufrecht gehalten, indem er fest an Schultern und Hals einerseits und am Schwanz andererseits gefaßt wird. Dann ergreift die den Schwanz haltende Hand die Hinterbeine und preßt sie gegen den anderen Stulpenhandschuh. Auf diese Weise wird die Person, welche die Spritze hält, vor Kratzwunden geschützt. Impfungen werden beim Nerz normalerweise subkutan an der Vordergliedmaße vorgenommen.

Blutprobenentnahme. Eine in Nerzfarmen in regelmäßigen Abständen notwendige Maßnahme ist die Blutprobenentnahme. Um ein Drei-Zoll-Kapillarröhrchen mit Blut füllen zu können, wird die Spritze einer Vorderkralle abgeschnitten. Für diese Prozedur sind ein oder zwei Gehilfen erforderlich und ein dritter, der die Blutprobe auffängt. Zwar gibt es Zwangsmaßnahmen dafür, doch entscheidend ist, daß der den Nerz Haltende das Tier sicher fixiert, denn die probenehmende Person arbeitet ohne Handschuhe. Aus der Sicht des Autors beginnt man damit, daß man den Nerz mit der linken Hand um Hals und Schulter faßt und den Schwanz in der rechten Hand hält. Dann wird der Schwanz losgelassen, und während das Tier weiterhin energisch festgehalten wird, steckt man es von oben in den Käfig und benutzt die vordere rechte Ecke als „Zwangsstand". Dabei befinden sich Kopf und Hals des Nerzes außerhalb des Käfigs, der übrige Körper wird mit Handgelenk und Ellenbogen des linken Armes fest in die Ecke und nach unten gedrückt (Abb. 17.3.). Mit der rechten Hand wird eine Vorderpfote des sicher gehaltenen Nerzes auf den Käfigrand gelegt, wo eine andere Person die Blutprobenentnahme bequem vornehmen kann. Einen besonders großen und kräftigen Nerz, den der Pfleger nicht festhalten kann, soll man lieber in seinen Käfig zurückschlüpfen lassen, als daß er entkommt oder beißt.

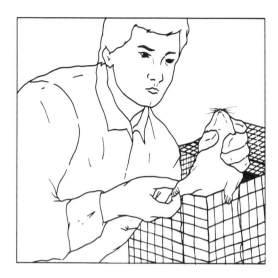

Abb. 17.3. Handling eines Nerzes zur Vorbereitung einer Blutentnahme.

- **Zuchtfähen und Welpen**

Die meisten Würfe können 24 Stunden nach der Geburt kontrolliert und gezählt werden. Man legt ein Stück Fleisch auf das Gehegedach, damit die Mutter aus der Nestbox kommt. Wenn sie diese verlassen hat, wird zwischen Gehege und Nestbox eine Trennwand gestellt. Das muß sehr schnell erfolgen, da das Muttertier alle Anstrengungen unternimmt, zu ihren Jungen in die Nestbox zurückzukehren. Man muß sich auch davon überzeugen, daß die Trennwand sicher steht. Nerze sind sehr gute Mütter; sie akzeptieren auch Welpen, die aus einem anderen Wurf stammen, was man sich in Nerzfarmen zunutze macht, um den Jungen bessere Überlebenschancen zu geben. Besteht ein Wurf aus mehr als elf Tieren, wird die Überlebenschance größer, wenn zwei oder mehrere Saugwelpen zu einer Amme gegeben werden, so daß der eigentliche Wurf am Ende nicht zu groß ist.

- **Wiedereinfangen eines Nerzes**

Für das Wiedereinfangen eines entkommenen Nerzes werden mehrere Personen benötigt. Eine

Person nähert sich dem Nerz soweit wie möglich, ohne ihn zu stören. Sie verhält sich dann absolut still, während die anderen Personen versuchen, den Nerz dazu zu veranlassen, auf erstgenannte Person zuzulaufen. Diese greift den Nerz, wenn er an ihr vorbeirennen will. Um einen entflohenen Nerz wieder einzufangen, kann man auch einen transportablen Schutzzaun aufstellen. Läuft der Nerz am Zaun entlang, kann er kaum entkommen.

- **Literatur**

Blue Book of Fur Farming (Annual), Communication Marketing, Minnesota.
Joergensen, G. (1985, Ed.): Mink Production. Scientific, Hilleroed, Denmark.
Wenzel, U. D. (1987): Pelztiergesundheitsdienst. 2. Aufl. Gustav Fischer Verlag, Jena.
Wilson, H. C. (1976): Mink (*Mustela vison*). In: A Manual of the Care and Treatment of Children's and Exotic Pets (Editor: Cowie, A. F.), pp. 133–146, BSAVA, London.

Sachregister

Damwild 83

Esel 130
 –, Bewegung 130
 –, Einfangen 131
 –, Führen 132
 –, Halfter, Kopfhalter 131
 –, Hufpflege 133
 –, Maulesel 135
 –, Sattelzeug 132
 –, Streßsyndrom, Hyperlipämie 131
 –, Verladen 135
 –, Zahnpflege 134
 –, Zügel, lang 133
 –, Zwangsmaßnahmen, Notfall 135

Grundlagen des Handlings, biologische 15
 –, Angriff 15
 –, Angriff, Antwort, Handling 19
 –, Coping 23
 –, –, Amygdala 24
 –, –, emotionsbezogenes 23
 –, –, Hippocampus 24
 –, –, problembezogenes 23
 –, –, Rückzugsstatus 24
 –, –, Verteidigungsstatus 24
 –, Effekte, additive 20
 –, Emotion 16
 –, Ereignisse, unbekannte 20
 –, Faktoren, innere, individuelle 22
 –, –, –, Geschlecht 21
 –, –, –, Vorerfahrung 21
 –, Furcht, Angriff 17
 –, –, Flucht 17
 –, –, Orientierungsreaktion 17
 –, Gefahr, spezielle, evolutionäre 18
 –, Geschlecht, Einfluß 21
 –, Handlingseffekte 25
 –, –, negative

 –, –, Verminderung 25
 –, Immobilisierung 20
 –, Reize, visuelle, auditive, olfaktorische 19
 –, Schmerz 19
 –, Verhaltensreaktionen, Formen, spezifische, Handling 18
 –, Verminderung, Handlingseffekte, negative 25
 –, Vorerfahrungen 21

Hochwild 74
 –, Arbeitsareale 80
 –, Ausstattung, Gehege 77
 –, Entfernung der Geweihsprossen 82
 –, Gehege, Verbindungswege 77
 –, –, Vorwartehöfe 79
 –, –, Wartehöfe 80
 –, Handling, Prozeduren 74
 –, Handlingsmaßnahmen, Wiegen 80
 –, Nutzung, Vorwarte-, Warte-, Behandlungsareale 82
 –, Verladebuchten 82

Hunde 150
 –, Annäherung, Kontrolle 154
 –, Dominanz, Unterwerfung 151
 –, Fixation, Rückenlage 163
 –, –, Seitenlage 162
 –, Gliedmaßenverletzung 166
 –, Halten, Untersuchung 161
 –, Handling, Zwang, alter Hund 164
 –, –, –, kranker Hund 166
 –, –, –, verletzter Hund 165
 –, –, –, Welpen 164
 –, Hochheben, Bewegen 160
 –, Hundegreifer 157
 –, Körpersprache 151
 –, Stachelhalsbänder 159
 –, Transport 166
 –, Verhaltensmuster 150

–, Würger, Fangleine	159
–, Zwangsmaßnahmen, Injektionen	163
–, Zwingerhaltung	160

Katzen 137
- –, Blutprobenentnahme 146
- –, Fangen, Handling, verwilderte Katzen 141
- –, Festhalten, Allgemeinuntersuchung 138
- –, Handling 137
- –, Injektion, intramuskuläre 145
- –, –, intravenöse 145
- –, –, subkutane 145
- –, Transport, Tragen 148
- –, Körpertemperatur, Messung 142
- –, Verabreichung, Flüssigkeit 142
- –, –, Medikamente, Auge 144
- –, –, –, Ohr 143
- –, –, Tabletten 142
- –, Zwangsmaßnahmen, besondere 141
- –, –, widersetzliche Katzen 140

Kleinsäuger 201
- Kleinnager, Einfangen, Zwangsmaßnahmen 201
- –, –, –, Frettchen 201
- –, –, –, Gerbil 201
- –, –, –, Hamster 203
- –, –, –, Kaninchen 205
- –, –, –, Maus 203
- –, –, –, Meerschweinchen 202
- –, –, –, Ratte 204
- –, Fälle, spezielle, alte Tiere 210
- –, –, –, junge Tiere 210
- –, Manipulationen, allgemeine 207
- –, –, –, Frettchen 210
- –, –, –, Gerbil 207
- –, –, –, Hamster 207
- –, –, –, Kaninchen 209
- –, –, –, Maus 208
- –, –, –, Meerschweinchen 207
- –, –, –, Ratte 208
- –, Wildnager 211

Maultiere, Maulesel 135

Nerze 212
- –, Einführung 212
- –, Fangen 212
- –, Tragen 213
- –, Schutzhandschuhe 212
- –, Wiedereinfangen 214
- –, Zuchtfähen, Welpen 214
- –, Zwangsmaßnahmen 214

–, –, Blutprobenentnahme	214
–, –, Impfung	214

Nutzfische 190
- –, Naturteiche 191
- –, Manipulation, Ausrüstung 191
- –, –, Besonderheiten 192
- –, –, übliche 191
- –, –, Umgebungstemperatur, niedrige 192
- –, –, Zwang, manueller 192
- –, Meerkäfige, Netzkäfige 191
- –, Methoden des Einfangens 190
- –, Tankbehälter, Betonrinnen 190

Pferde, Ponys 105
- –, –, Annähern, Einfangen 107
- –, –, Festbinden 110
- –, –, Führen 111
- –, –, Hochheben, Fuß 113
- –, –, Kopfhalfter, Haltevorrichtung 109
- –, –, Lahmheitsdiagnostik, Maßnahmen 116
- –, –, Longieren 117
- –, –, Transport 127
- –, –, Umgang, Fohlen, junge Pferde 125
- –, –, –, mit Gruppen von Pferden 118
- –, –, Untersuchung, Mundhöhle 122
- –, –, Verhalten, natürliches 105
- –, –, Verhinderung des Schlagens 118
- –, –, Zwangsmaßnahmen, zusätzliche 121

Reptilien 179
- –, Eidechsen 186
- –, –, Annäherung, Einfangen 186
- –, –, Transport 188
- –, Krokodile 188
- –, –, Handling 188
- –, –, Transport 188
- –, Schildkröten 179
- –, –, Annäherung, Handling 180
- –, –, Manipulation 181
- –, –, Transport 184
- –, Schlangen 184
- –, –, Annäherung, Handling 185
- –, –, Riesen-, Giftschlangen, Umgang 185
- –, –, Besonderheiten 185
- –, –, Transport 186

Rinder 30
- –, Annäherung, Einzeltier 39
- –, Arzneimitteleingabe 50
- –, Aufhalftern 40
- –, Behandlungsstand, Zwangsstand 43

–, Brustbremse	48
–, Eigenschaften, Betreuer	34
–, Euter, Behandlung	54
–, Festlieger	50
–, Fluchtdistanz	33
–, Fixieren des Schwanzes	48
–, Geschicklichkeit, Verletzungsrisiko	30
–, Gliedmaßen, Hochheben	53
–, Individualdistanz	33
–, Kontrolle, vorbereitende Arbeiten	34
–, Manipulationen, allgemeine	48
–, Position, stehende	49
–, Sinneswahrnehmung	32
–, Sortieren	36
–, Sozialverhalten	33
–, Training, Erfahrung	34
–, Treiben, Bewegen	35
–, Untersuchung, Mundhöhle, Rachen	51
–, Verhinderung des Schlagens	46
–, Wachheitszustand (Arousal)	31
–, Wohlbefinden	31

Schafe 56
–, Bewegen	62
–, Bewegung, Pferch	59
–, Drenching	66
–, Einfangen	59
–, Halten	61
–, Hochheben	61
–, Immobilität, tonische	65
–, Immobilisation	64
–, Kontrolle, allgemeine	58
–, Niederschnüren	65
–, Planung, Vorbereitung, Handling	57
–, Reaktionsbereitschaft, Erregung	57
–, Schneidezähne, Untersuchung	66
–, Sitzen, Nachhand	66
–, Sortieren	59
–, Verhaltensmuster, artspezifische	56
–, Wiegen	65

Schweine 85
–, Handling, allgemeines	89
–, Kastration	89
–, Immobilisation, Draht- oder Seilschlingen	91
–, –, große Schweine	91
–, –, Halte- und Zwangszangen	91
–, –, Zwangsmaßnahmen, medikamentöse	91
–, Mensch-Tier-Kontakt	85
–, –, Hilfsmittel	86
–, Ohrtätowierung, Zähnekürzen	90
–, Schwanzkürzen	90

Wirtschaftsgeflügel 94
–, Artunterschiede	95
–, Einfangen	94
–, Hörvermögen	94
–, Immobilität, tonische	95
–, Sehvermögen	94
–, Broiler, Einfangen	98
–, Enten	101
–, –, Blutprobenentnahme	102
–, Gänse	102
–, –, Blutprobenentnahme, Abstriche, Flügelstutzen	104
–, Truthühner	99
–, Hühner	95
–, –, ältere	95
–, –, Halten, Tragen	96
–, Küken	95

Ziegen 68
–, Einfangen, Zwangsmaßnahmen	68
–, Manipulationen	69
–, –, Besamung, künstliche	71
–, –, Blutentnahme	69
–, –, Drenching	70
–, –, Enthornung	71
–, –, Geburt	71
–, –, Infusion, Euter	70
–, –, Injektion	70
–, –, Klauenpflege	69
–, –, Schur	71
–, –, Zwangsmaßnahmen, Allgemeinnarkose	70

Zierfische 194
–, Einführung	194
–, Fangen, Transport	199
–, Heimaquarium	198
–, Pflege	196
–, Seewasserbecken	196
–, Süßwasserbecken	195
–, Teichfische	198
–, Untersuchung	197
–, Untersuchungsbecken	194

Zier-, Zoo- und Wildvögel 168
–, –, –, Handling, Vorbereitung	171
–, –, –, Ereignisse, Notfälle, Zwang	173
–, –, –, Fixierung	173
–, –, –, Zwang, körperlicher	172
–, –, –, Zwang, medikamentöser	173

Taschenbuch der Fischkrankheiten
Grundlagen der Fischpathologie

Von Prof. Dr. Erwin AMLACHER; Gastprofessor für Fischkrankheiten an der Ludwig-Maximilians-Universität München, ehem. Lehrbeauftragter für Fischkrankheiten, Anatomie und Physiologie der Nutzfische der Humboldt-Universität zu Berlin und für Angewandte Ökologie der Friedrich-Schiller-Universität Jena

Inhalt:
Allgemeiner Teil: Untersuchungstechnik, Untersuchungsgang • Einsendung von Untersuchungsmaterial • Histologie der wichtigsten Organe, allgemeine pathologische Befunde • Allgemeine Diagnostik • Immunbiologische Grundlagen der Infektionsabwehr • Entzündliche Reaktionen • Anämie • Prophylaxe, Hygiene und Therapie •
Spezieller Teil: Allgemeine Vorbemerkungen • Virosen • Krankheiten multipler oder undefinierter Ätiologie • Bakteriosen • Mykosen • Protozoonosen • Helminthosen • Fischparasitäre Krebse • Umweltbedingte Krankheiten und Schädigungen • Erbbedingte Krankheiten • Geschwulstkrankheiten

6., überarb. Aufl. 1992. 500 S., 241 z. T. farb. Abb., 19 Tab., 6 Bildtafeln,
geb. DM 98,-
ISBN 3-334-00350-7

Vermittlung praktischen Wissens auf der Basis exakter Forschung ist auch in der neuen, in allen Kapiteln überarbeiteten und aktualisierten Auflage das Hauptanliegen des Verfassers geblieben. Ergänzt wurden vor allem die Abschnitte "Immunbiologische Grundlagen der Infektionsabwehr" und "Entzündliche Reaktionen". Ferner wurden Umgruppierungen in der Reihenfolge der Krankheiten vorgenommen, um systematischen Gesichtspunkten besser Rechnung zu tragen.

Anamnese und körperliche Untersuchung kleiner Haus- und Heimtiere

Herausgegeben von Prof. Dr. Adam RIJNBERK und Prof. Dr. Hans W. de VRIES, Utrecht/ Nederland. Bearbeitet von 30 Fachwissenschaftlern.

1993. 398 S., 193 Abb., 12 Tab., kt. DM 78,-
ISBN 3-334-60418-7

Inhalt: Einleitung • Überlegungen zur Buchstruktur • Begriffsinventar und diagnostischer Prozeß • Methoden, Instrumente und Diagnostika • Medizinische Registrierung • Anamnese • Allgemeiner Eindruck • Allgemeine Untersuchung • Respirationsapparat • Herz-Kreislauf-System • Digestionsapparat • Harnapparat • Weiblicher Geschlechtsapparat • Männlicher Geschlechtsapparat • Haarkleid, Haut und Krallen • Milchdrüsen • Bewegungsapparat • Nervensystem • Augen • Ohren • Endokrine Funktionsstörungen • Verhalten • Notfälle • Umgang und Zwangsmaßnahmen • Präanästhetische Untersuchung und Gesundheitskontrolle • Vogelpatienten • Kleine Heimtiere

Ohne Kenntnis der seit Generationen von Tierärzten erprobten und ständig weiterentwickelten anamnestischen und auf den Körper des Patienten bezogenen Untersuchungstechniken verpufft jedes moderne Know-how veterinärmedizinischer Tätigkeit. Visuelles, auditives und taktiles Erkunden der Probleme des vorgestellten Patienten ist Voraussetzung für sicheres diagnostisches Arbeiten.
Ausgestattet mit einem umfangreichen klinischen Erfahrungsschatz, stellen die Verfasser verständlich und mit Akribie Anamnese und körperliche Untersuchung bei Hund, Katze und kleinen Heimtieren (einschließlich Vogelpatienten) dar. Die aufgenommenen Formulare, die jeder Tierarzt nach seinen eigenen Vorstellungen und Gegebenheiten modifizieren kann, dienen der Einsparung von Zeit und Kosten. Mit Hilfe dieses Werkes lernt der Student patientenorientiert zu denken und zu handeln, der Praktiker erhält Unterstützung für gründliches, präzises und rationelles Arbeiten.